人大未来法治研究丛书

数字时代的
权利理论

丁晓东　著

Theories of
Rights in the Digital Age

法律出版社　LAW PRESS·CHINA
北京

图书在版编目（CIP）数据

数字时代的权利理论 / 丁晓东著. -- 北京：法律出版社，2025. -- （人大未来法治研究丛书）. -- ISBN 978-7-5244-0252-7

Ⅰ. D923.04

中国国家版本馆 CIP 数据核字第 2025V5G197 号

数字时代的权利理论
SHUZI SHIDAI DE QUANLI LILUN

丁晓东 著

策划编辑 田亚飞
责任编辑 田亚飞
装帧设计 贾丹丹

出版发行	法律出版社	开本 710 毫米×1000 毫米 1/16
编辑统筹	法律出版社	印张 16　　字数 239 千
责任校对	晁明慧	版本 2025 年 5 月第 1 版
责任印制	胡晓雅	印次 2025 年 5 月第 1 次印刷
经　　销	新华书店	印刷 唐山玺诚印务有限公司

地址：北京市丰台区莲花池西里 7 号（100073）
网址：www.lawpress.com.cn
投稿邮箱：info@lawpress.com.cn
举报盗版邮箱：jbwq@lawpress.com.cn
版权所有·侵权必究

销售电话：010-83938349
客服电话：010-83938350
咨询电话：010-63939796

书号：ISBN 978-7-5244-0252-7　　　　　　　　定价：62.00 元

凡购买本社图书，如有印装错误，我社负责退换。电话：010-83938349

总序　建设面向未来的世界一流法学学科

未来已来！

进入21世纪第二个十年，人工智能、高端芯片、区块链、基因检测与基因编辑技术等突破了一系列重要的技术屏障，开始以我们从未预见的广度、深度和速度普及我们的生产和生活，整个人类都面临数千年未有之大变局！

已经到来的这个未来，令人印象深刻。人生而渴望自由，却无时无刻不身处网络中；人生而渴望平静的生活，却每分每秒都无处躲藏。人类有很多美好的想法，总想"鱼"和"熊掌"能够兼得，我们中国人就此还贡献了一个成语叫"两全其美"。但生活的现实残酷地告诉我们，"鱼"和"熊掌"不可兼得。我们在得到的同时，一定会失去些什么。如果我们想享受农业社会的田园风光，就一定会付出物资相对匮乏的代价；如果我们想享受工业社会丰富的产品，就一定会牺牲恬淡、自然和舒适的生活；那么如果我们想享受人工智能时代的便利，我们准备付出什么？如何能够让人类的获得最大化，让付出的代价在人类可接受的范围内，这可能就是未来法治要着重去思考的问题。

2017年9月8日，中国人民大学法学院集中优质资源，成立未来法治研究院，就是为了回应新一轮科技革命和产业变革给法治带来的机遇和挑战。未来法治研究院要成为促进法学学科与人工智能、互联网、大数据、云计算等现代科技及司法实践深度融合的重要载体，成为具有创新实力、在国际上拥有话语权、能够抢占国际学术制高点的重要战略创新力量，并力争具备在这些新兴学科领域与世界顶尖法学院平等对话和竞争的能力。目前，未来法治研究院已经会聚了一支具有法学、计算机科学、信息科学等跨学科背景，学缘结构多元，年龄优势明显，国际交往能力突出的学术团队。未来法治研究院自成立以来，立足中国问题，面向新一轮科技革命和产业变革所带来的挑战,已先后组织了多期未来法治读书会、具有较大影响力的学术研讨会和前沿讲座,正逐步起到学术引领作用。

未来法治是一个需要充分展现人类想象力的领域。如果说到现在为止,改革开放已经过去的四十多年,中国人向世界展现的主要是我们的学习能力,那么改革开放未来的四十多年,甚至更长的历史时段,中国人需要向世界展现的,应主要是我们的想象能力。面对人类还没有给出答案的问题,要给出适合我们的答案;来到人迹罕至的区域,要留下我们的脚印;我们要在还没有路的地方披荆斩棘,走出一条自己的路!

组织出版这套未来法治研究丛书,就是试图展现未来法治研究院年轻同事们的学术想象力。我一直相信,对于一个百年来不断从人类共同文明中汲取营养的民族,能够对解决相同的问题提出更好的方案,能够对没有答案的问题给出我们的回答,才是这个民族能够对人类共同文明作出的最好回馈。

让我们一起自信勇敢地面对未来!

王 轶

于明德法学楼

目 录

导言　新型权利的涌现与争议　1

第一编　个人信息权利

第一章　隐私权与个人信息权：人际关系与人机关系　7
一、人际关系与人机关系的法律拟制　7
二、隐私与个人信息保护的制度差异　11
三、隐私与个人信息保护的适用场景　15
四、《民法典》与《个人信息保护法》　20
五、结语：权利保护的制度模块视角　26

第二章　个人信息权的自决：从告知同意到多维治理　27
一、告知的性质：合同、声明与权利　28
二、制度困境：信息过载与决策疲劳　33
三、告知的另类用途：从二维到多维　36
四、告知同意的重构：迈向多维治理　41
五、结语：权利保护的多维主体视角　48

第三章　个人信息权的救济：从个体侵权到公共治理　50
一、比较视野下的个人信息司法保护　51
二、迈向治理型的个人信息权利之诉　56
三、个人信息侵权之诉的不确定难题　60

四、迈向治理型的个人信息侵权之诉　　　　　　　　63
五、个人信息侵权之诉的制度性重构　　　　　　　　65
六、结语：权利保护的多部门法视角　　　　　　　　72

第二编　数据相关权利

第四章　数据新型财产权：从排他性保护到行为保护　　77
一、基于财产权理论的数据权益分析　　　　　　　　78
二、从财产权保护迈向行为主义保护　　　　　　　　88
三、政策法律协调下的行为主义保护　　　　　　　　93
四、结语：作为非排他性的数据权利　　　　　　　　97

第五章　数据来源者权：从一般性赋权到沟通型权利　　99
一、数据来源者权的内容与制度目的　　　　　　　　100
二、数据来源者权的困境与法理反思　　　　　　　　105
三、数据来源者权的原理与制度重构　　　　　　　　111
四、结语：作为沟通治理的数据权利　　　　　　　　117

第六章　数据公平利用权：从一般性赋权到数据治理　　119
一、数据公平利用权的现有制度方案　　　　　　　　120
二、现有制度方案的问题与法理反思　　　　　　　　125
三、数据公平利用权的法律原理重构　　　　　　　　131
四、数据公平利用权的法律制度建构　　　　　　　　136
五、结语：基于行为治理的数据权利　　　　　　　　144

第七章　数据爬虫权利争议：从统一界权到个案判断　　146
一、互联网爬虫与数据权利归属争议　　　　　　　　147
二、数据权利主体性归属的四种观点　　　　　　　　149
三、数据权利主体性归属的法条分析　　　　　　　　153

四、数据权利主体性归属的后果分析　　158
　　五、数据权利主体性归属的个案判断　　160
　　六、结语：基于场景案例的数据权利　　165

第三编　人工智能相关权利

第八章　人工智能训练中的数据权困境：重构公共性　　169
　　一、现有数据权利对数据汇聚的挑战　　171
　　二、原理分析：大规模微型权益聚合　　175
　　三、人工智能训练中的数据权利重构　　182
　　四、结语：数据权利的公共领域之维　　193

第九章　人工智能决策的算法解释权难题：重构信任　　195
　　一、算法解释权的不同解释及其争议　　197
　　二、算法解释权的适用困境及其分析　　202
　　三、算法解释权的深层法律原理分析　　208
　　四、算法解释权法律制度的重新建构　　217
　　五、结语：算法权利的沟通信任之维　　220

第十章　人工智能作品的著作权争议：重构人机关系　　222
　　一、比较法下的人工智能作品著作权　　223
　　二、基于自然权利与人格保护的分析　　228
　　三、基于功利主义与激励理论的分析　　232
　　四、独创性与作品人格的法理学反思　　236
　　五、著作权制度的拆解与功能性重构　　240
　　六、结语：版权权利的人机关系之维　　245

结语　在多维部门法制度中理解权利　　247

导言 新型权利的涌现与争议

信息科技与数字技术的兴起催生了一系列新型权利。首先,个人信息权利或个人信息被保护权利的概念与理论被提出。在美国,阿兰·威斯丁(Alan Westin)于1967出版了信息隐私法上的里程碑式的著作《隐私与自由》,将信息处理背景下的隐私权界定为"个人、群体或机构对自身信息在何时、如何以及在什么程度与他人沟通的主张"[1]。威斯丁虽然使用的是"隐私权"的概念,但实际上引入了基于个人信息控制的个人信息权利主张,与第一代侵权隐私形成了显著区别。在欧洲大陆,德国法院针对人口普查所运用的机器化大规模个人信息收集,在影响甚广的人口普查案中提出了信息自决权(right to information determination)的理念。[2]

在其后的发展中,个人信息权利逐渐制度化并成为一种法定权利。1973年,美国医疗、教育与福利部门发布了影响深远的"公平信息实践"(fair information practice)报告。[3] 这一原则随后在全球各国和各国际组织被广泛采用和发展,构成了如今全球通行个人信息保护的基本框架。[4] 这一制度对个体赋予了一系列权利,如知情权、访问权、更正权、删除权等,同时要求信息处理者承担相应义务。欧盟则在《欧盟基本权

---

[1] Alan Westin, *Privacy and Freedom*, New York, Atheneum, 1967, p.7.

[2] See BVerfG, 1 BvR 209/83, 1 BvR 484/83, 1 BvR 440/83, 1 BvR 420/83, 1 BvR 362/83, 1 BvR 269/83(Volkszählungsurteil)(Census case), in Paul M. Schwartz & Karl-Nikolaus Peifer eds, Transatlantic Data Privacy Law, 106 Georgetown Law Journal 115, 127(2017).

[3] See Records, Computers and the Rights of Citizens Report of the Secretary's Advisory Committee on Automated Personal Data Systems (July, 1973), https://epic.org/privacy/hew1973report/Summary.htm.

[4] 参见丁晓东:《论个人信息法律保护的思想渊源与基本原理——基于"公平信息实践"的分析》,载《现代法学》2019年第3期。

利宪章》中将个人数据被保护权界定为一种宪法基本权利,其第8条第1款规定,"每个人都有权保护与其有关的个人数据"。这一规定随后为欧盟的《一般数据保护条例》奠定了基础,确立了以个人数据权利为中心的制度。与美国和欧盟类似,我国的个人信息保护也以个人信息权利为基础,我国《个人信息保护法》第1条开宗明义,将"保护个人信息权益"作为立法目标,第四章则对"个人在个人信息处理活动中的权利"作出明确具体规定。在制度上,以个人信息权利为核心的立法呈现与传统隐私权保护截然不同的法律框架。

其次,随着数据价值的凸显与各方权益纠纷的出现,与数据相关的各种概念与权利被提出并引发了相关争论。一方面,企业数据的数据权益是否应当得到财产权保护成为关注焦点。支持方认为,随着大数据的价值凸显,传统的知识产权等法律制度对数据财产的保护不足。法律应当为企业数据提供财产权或准财产权保护,以激励企业对于数据的收集、加工与利用,并为数据交易流通提供制度保障。而反对方则认为,传统的知识产权法、反不正当竞争法等法律制度已经对其进行足够保护,法律对知识产权保护之外的数据提供保护,将侵蚀公共领域,妨碍数据的合理利用与流通。还有观点认为,对企业数据的保护应当注重财产权之外的行为主义保护,如注重利用合同法、侵权法对其进行保护,充分发挥传统法律制度工具的作用。另一方面,数据来源者权利与数据公平利用权的概念与权利被提出。与数据财产权关注数据的收集方与持有方不同,数据来源者权利关注数据的来源者或被收集方。从数据来源者权利来看,数据财产权的确权会带来数据垄断、数据不公等一系列问题,因此重要的并非对数据收集方与持有方进行保护,而是对数据来源者或被收集方进行赋权与保护。数据公平利用权则在此基础上对数据不公平问题进行了进一步追问。从一般性的数据公平利用权出发,目前的数据主要为少量大型企业所掌握,而广大个人用户和中小型数据来源者则并未享受数据红利。因此,数据公平利用权的支持者认为,应当通过对个人用户与数据来源者赋权来实现数据公平。当然,可以想见无论是数据来源者权利还是数据公平利用权,都会限制甚至架空企业数据财产权。因此,这两种权利也同时受到了不少批评与质疑。在实践中,围绕着"爬虫"——通过自动化手段获取对方数据——的一系列权利归属争议也随之而来。

最后，伴随着人工智能的发展与算法自动化决策的适用，与人工智能相关的权利也被提出与讨论。其一，在人工智能输入端，人工智能训练数据场景下的各方数据权利成为焦点问题。由于人工智能发展高度依赖数据的汇聚与利用，而数据法律制度又对个人信息、著作权数据、平台数据进行保护，人工智能训练数据能否以及如何利用数据就成为亟待解决的问题。其二，在人工智能使用中，人工智能决策中的算法解释权成为一个焦点问题。众所周知，人工智能算法决策具有黑箱属性，同时可能对个人权益造成重大影响。在此背景下，一些法律与制度确立了与算法决策相关的制度，如拒绝纯粹基于自动化决策的权利、对相关决策的知情权等权利。在相关研究中，这些权利被统称为算法解释权。而围绕这一权利，相关研究也对其基本原理与制度存在不同观点。僵化理解与适用算法解释权，可能带来一系列问题。其三，在人工智能输出端，人工智能作品的著作权问题也成了一个热点与难点问题。一部分观点认为，人工智能作品具有可版权性。因为人工智能作品已经具有显著的创造性，在人工智能作品之上创设版权，也有利于激励企业和相关主体进行创作。另一部分观点则认为，著作权仍然应当以人类创作为基础。人工智能作品即使比人类作品更具创造性，但只要该作品不是人类所创造，就仍然不应受到著作权的保护。而且对人工智能作品设置著作权，也不利于对各方主体形成合理激励。

本书对上述问题进行依次讨论。其中，第一编讨论个人信息权利。该编讨论了隐私权与个人信息权的关系，个人信息自决权背景下告知同意的困境与出路，以及个人信息司法救济中侵权法的困境与出路。第二编讨论数据相关权利。该编讨论了企业数据财产权保护的问题与替代方案，数据来源者权利与数据公平利用权的问题与替代方案，以及数据"爬虫"争议中的各方权益争议的解决方案。第三编讨论人工智能相关权利。该编讨论了人工智能训练数据中的权利困境与公共性重构，人工智能决策中的算法解释权难题与信任重构，以及人工智能作品的著作权争议与人机关系重构。结语部分指出，新型权利的争议是新问题与老问题的叠加。无论是数字时代的新型权利，还是前数字时代的权利理论，都必须放置在多维部门法的制度视野下进行分析。

第一编　个人信息权利

第一章 隐私权与个人信息权：
人际关系与人机关系

理解个人信息权利，需要首先理解隐私权与个人信息权的关系。为何法律制度会在隐私权保护的基础上，发展出个人信息保护的框架？如何解释隐私权与个人信息权的立法差异？二者在立法上是否存在自相矛盾之处？为何隐私权比个人信息权更核心，隐私权比个人信息所保护的信息类型更窄，但个人信息保护却在某些方面采取了更严格的制度？就法律制度而言，我国《民法典》不仅规定了隐私权条款，而且对个人信息进行了规定，而其后生效的《个人信息保护法》则对个人信息保护进行了更详细的规定，并且也涉及了人格权、合同、侵权等相关制度。当个人同时依据《民法典》和《个人信息保护法》提起隐私权与个人信息权诉讼时，此时哪部法律的适用优先？当个人对信息处理者提起人格权禁令、合同违约、个人信息侵权时，此时法院是否可以适用《民法典》中的人格权禁令、合同、侵权制度？本章从隐私权与个人信息权的关系切入，指出二者的关键在于隐私权保护是一种被拟制为人际关系的法律制度，个人信息权保护则是一种被拟制为人机关系或人与机器之间关系的法律制度。在此基础上，本章将对隐私权与个人信息权以及《民法典》和《个人信息保护法》进行反思。

一、人际关系与人机关系的法律拟制

隐私权的概念始于沃伦与布兰代斯于 1890 年在《哈佛法律评论》发表的《隐私权》一文。在这篇文章中，沃伦与布兰代斯将隐私权界定为"个人独处的权利"。[1] 沃伦与布兰代斯提出隐私权的年代，正是美

---

[1] See Samuel D. Warren & Louis D. Brandeis, *The Right to Privacy*, 4 Harvard Law Review 193 (1890).

国现代媒体尤其是各种哗众取宠媒体(yellow journalism)兴起的年代。[1] 19世纪末,很多媒体开始采用摄影技术,对名人和社会热点事件进行跟踪和拍摄,并将这些照片和信息在媒体上公开,这对很多人造成了困扰。在此之前,法律可能通过诽谤法等法律保护个人名誉,但并不对隐私权进行单独保护。

从隐私权保护的法律特征来看,其所保护的关系具有人际关系的特征。隐私权保护采取侵权法框架,将侵权者和被侵权者拟制为能力平等的民事主体。[2] 而个人信息保护或信息隐私保护从一开始就聚焦"人机关系"或信息处理关系。个人信息保护滥觞于20世纪六七十年代,其背景是计算机与数据库在政府与私人部门的大规模应用。在美国,一系列计算机技术首先被用于联邦政府的规制机构,例如,美国联邦税务系统利用计算机技术储存了大量的个人税务信息,美国联邦调查局(FBI)利用计算机技术储存了大量的个人犯罪记录。计算机技术的兴起,使相关组织信息的处理方式发生了变化。在计算机技术兴起之前,相关组织对个人信息的收集、储存与处理都是零散性、暂时性与小规模的,但计算机的信息处理却是系统性、永久性与大规模的。

美国的个人信息立法正是在这一背景下进行的。1965年,美国提议成立国家数据中心,这直接引起了美国立法机构对计算机技术所造成的隐私侵害的关注。[3] 在随后的几年里,国会召开了"计算机与隐私侵犯"[4]、"计算机与隐私"[5]、"隐私与国家数据银行概念"[6]等一系列听证会。同时,为了回应国会参议员的质疑,美国医疗、教育与福利部门成立了一个"关于个人数据自动系统的建议小组",对个人信息保护进

---

[1] See William L. Prosser, *Privacy*, in Ferdinand Schoeman ed., Philosophical Dimensions of Privacy: An Anthology, Cambridge University Press, 1984, p. 104.

[2] 我国《民法典》第2条规定:"民法调整平等主体的自然人、法人和非法人组织之间的人身关系和财产关系。"

[3] See Priscilla M. Regan, *Legislating Privacy: Technology, Social Values, and Public Policy*, The University of North Carolina Press, 1995, p. 6 – 7.

[4] See Hearings on the Computer and Invasion of Privacy Before the Subcomm. of the House Comm. on Gov't Operations, 89th Cong. (1966).

[5] See Hearings on Computer Privacy Before the Subcomm. of Administrative Practice and Procedure of the Senate Comm. on the Judiciary, 90th Cong. (1968).

[6] See Hearings on Privacy and the National Data Bank Concept Before the Subcomm. of the House Comm. on Gov't Operations, 90th Cong. (1968).

行研究。正是在这一时期,个人信息保护的法律制度开始成型。1970年,美国首先在征信领域制定了具有个人信息保护法雏形的《公平信用报告法案》,要求征信机构向个人提供其记录的访问权、更正权以及授权披露等权利;1974 年,美国制定了《隐私法案》和《家庭教育权利和隐私法》,分别对联邦规制机构和教育领域处理个人信息进行了规定。1988 年,美国制定了《计算机匹配和隐私保护法》,对解决了政府机构之间的数据交换与数据融合问题进行了规定,修正了 1974 年的《隐私法案》。[1]

欧洲的情况和美国类似。在德国、法国等国家和地区,计算机技术被大规模应用于个人信息的储存、检索等活动,这引发了社会的广泛关切,并触发了一系列立法,1970 年,德国黑森州制定了欧洲第一部个人数据保护法——《德国黑森州数据保护法》,对行政机关利用计算机技术进行"自动化数据处理"进行了规定。[2] 1978 年,法国针对"信息计算"对人类身份、人权、隐私和个人或公共自由的威胁,制定了《数据保护法》。[3] 正如长期担任黑森州数据保护官、德国与欧盟个人数据保护法先驱的斯皮诺·西米蒂斯(Spiros Simitis)所言,这一系列的立法都是为了防止"数据库(databank)利用信息进行各种目的支配"。[4]

欧洲的后续立法继续聚焦信息处理关系。1981 年,欧洲委员会签署了《关于在自动处理个人数据中保护个人的公约》(也称《108 号公约》),明确其保护对象为对个人数据的自动处理。1995 年,欧盟颁布了第 95/46/EC 号《数据保护指令》,[5] 聚焦于对数据的自动化处理或结构性档案处理。《数据保护指令》的"重述"(recital)指出,尽管对个人数据的保护"同样适用于数据的自动处理和手动处理",但手动处理仅包

---

[1] See 5 U. S. C. §552a (2006); 20 U. S. C. §1232g (2006).

[2] See Data Protection Act (GVBl. II 300 – 10) of October 7,1970,Section1(1)No. 2.

[3] See Act 78 – 17 of 6 January 1978 on Data Processing, Data Files and Individual Liberties, article 1.

[4] Spiros Simitis, *Privacy—An Endless Debate*?,98 California Law Review 1995 (2010).

[5] See Directive 95/46/EC of the European Parliament and of the Council of 24 October 1995 on the Protection of Individuals with Regard to the Processing of Personal Data and on the Free Movement of Such Data, OJ L 281,23. 11. 1995,p. 31 – 50, article 50.

括存档系统（filing systems），不包括非结构化文件（unstructured files）。[1] 2016年制定的《一般数据保护条例》继承《数据保护指令》的规定，将其规范对象界定为"自动化处理""半自动化处理"，或者为了存档系统（filing system）而进行的手动处理。[2]《一般数据保护条例》的"重述"对此进一步澄清，"未按照特定标准构建的文档或文档集及其封面，不属于本法规的范围"。

我国的隐私权与个人信息保护与欧美具有一定相似性。就隐私权保护而言，我国继承了大陆法系的法律框架。1986年通过的《民法通则》没有规定隐私权，但两年后最高人民法院的司法解释确认了个人隐私权受法律保护。2009年通过的《侵权责任法》第2条将隐私权明确规定为民事权利，将隐私权纳入人格权的保护范畴。2017年通过的《民法总则》第110条中再次确认了自然人享有隐私权，2020年通过的《民法典》则将人格权独立成编，其中对隐私权作出了详尽的规定。《民法典》第1032条将隐私定义为"自然人的私人生活安宁和不愿为他人知晓的私密空间、私密活动、私密信息"。《民法典》第1033条详细列举了侵犯个人隐私的行为："（一）以电话、短信、即时通讯工具、电子邮件、传单等方式侵扰他人的私人生活安宁；（二）进入、窥视、拍摄他人的住宅、宾馆房间等私密空间；（三）拍摄、窥视、窃听、公开他人的私密活动；（四）拍摄、窥视他人身体的私密部位；（五）处理他人的私密信息；（六）以其他方式侵害他人的隐私权。"从我国《民法典》人格权编关于隐私权的规定来看，我国隐私权的法律保护也一直将其调整的关系拟制为人际关系。

就个人信息保护而言，我国近年来的立法也以人机关系或信息处理关系作为调整核心。[3] 2021年11月1日生效的《个人信息保护法》在立法技术上与欧盟相关法律相似，都以"个人信息处理"作为法律调整

---

[1] 参见欧盟《数据保护指令》"重述"第27条。
[2] 参见欧盟《一般数据保护条例》第2条第1款。"重述"第15条进一步指出："对自然人的保护应适用于通过自动化手段处理个人数据，如果个人数据包含在或打算包含在归档系统中，也应适用于手动处理。未按照特定标准构建的文件或文件集及其封面不应属于本法规的范围。"
[3] 参见高富平：《个人信息处理：我国个人信息保护法的规范对象》，载《法商研究》2021年第2期。

与保护的核心。[1] 同时值得注意的是,《民法典》人格权编中的个人信息条款,也同样聚焦人机关系。无论是其中关于个人信息处理原则、处理者的民事责任、个人在处理中的权利,《民法典》都以"个人信息处理"作为核心和前提。就此而言,无论是《个人信息保护法》还是《民法典》人格权编中的个人信息条款,都和《民法典》人格权编中的隐私权保护条款有所区别。如果说后者主要将其保护关系拟制为人际关系,则前者主要将其保护关系拟制为人机关系。

二、隐私与个人信息保护的制度差异

从人际关系与人机关系出发,可以初步理解隐私权与个人信息保护在立法或制度设计上的差异,以及解释二者在立法层面的若干表面冲突。

首先,隐私权与个人信息保护的制度框架不同。隐私权保护主要采取侵权法保护,依赖个体向法院提起司法救济。而个人信息保护则借鉴了公平信用报告、公平劳动实践等制度[2],以"公平信息实践"为制度基础,采取公私法合作治理的方式对个人信息进行保护。1973 年,美国医疗、教育与福利部门发布了影响深远的"公平信息实践"。这一原则随后在全球各国和各国际组织被广泛采用和发展,构成了如今全球通行个人信息保护的基本框架。这一制度一方面对个体赋予了一系列权利,如知情权、访问权、更正权、删除权等,要求信息处理者承担相应义务。另一方面,其对信息处理者施加了一系列义务,如要求信息处理者必须保持处理的透明性,其收集不得超过必要限度,其处理不得超出收集时的目的,其储存和使用必须保证个人信息安全。

其次,隐私权与个人信息保护的适用前提不同。隐私权是一种对世权,可以适用于不特定第三人,因为任何不特定第三人都可以被拟制为民法上的人,从而与被侵权者形成平等的人际关系。相反,个人信息保护只针对信息能力不平等的专业化或商业化的信息处理者,都将只具备

---

[1] 与欧盟《一般数据保护条例》不同的是,其"处理"概念也包括个人信息的收集,这一"处理概念"与《德国黑森州数据保护法》类似。

[2] See Priscilla M. Regan, *Legislating Privacy: Technology, Social Values and Public Policy*, University of North Carolina Press, 1995, p. 75.

人际关系、不具备信息处理关系的情形排除在保护之外。[1] 在适用前提方面,中国、欧盟与美国虽然立法体例不同,但其底层逻辑却具有一致性。[2] 例如,中欧都在其法律条文中明确排除了"因个人或家庭事务而处理个人信息",[3] 以及"非结构化"的手动个人信息处理。美国亦是如此,加利福尼亚州、弗吉尼亚州、科罗拉多州、犹他州、康涅狄格州的消费者数据保护法都将小企业或不具备专业化信息处理的企业排除在适用范围之外。[4]

再次,隐私权与个人信息保护的目标群体不同。隐私权所拟制和调整的是一对一的人际关系,其保护对象是个体,并不直接涉及群体。个人信息保护则不同,其所拟制和调整的是一对多或一对海量个体的关系,其保护目标虽然也从个体出发,但实现群体保护是其重要目标。这一点可以再次从信息处理关系上推出。如果某个主体仅仅对一个人或几个人的信息进行收集与利用,则此类关系就会落入"因个人或家庭事务而处理个人信息"的范畴,仍然适用隐私权保护,不适用个人信息保护。

最后,隐私权与个人信息保护中的个体权利性质不同。隐私权是一种消极防御性的实体权利,而个人信息权则是积极性的程序性权利。消极权利与积极权利的差异较为容易理解,因为隐私权强调对侵害的救济,而个人信息则强调个人对于自身信息的支配。较难理解的是实体性权利与程序性权利的区分。隐私权之所以具有实体性特征,是因为这种权利具有相对确定性的基础与共识,与个体尊严和个人生活安宁密切相关。而个人信息权利之所以是程序性权利或工具性权利,是因为个人信息赋权是为了实现信息关系的有效治理,而非为了实

---

[1] 参见蔡立东:《为什么"数字人权"是第四代人权》,载《数字法治》2023年第3期。

[2] 参见王苑:《数据权力视野下个人信息保护的趋向——以个人信息保护与隐私权的分立为中心》,载《北京航空航天大学学报(社会科学版)》2022年第1期;李锦华:《从对抗到合作:个人信息处理关系的范式转换》,载《西南政法大学学报》2023年第5期。

[3] 参见我国《个人信息保护法》第72条;欧盟《一般数据保护条例》第2条第2款第(c)项。

[4] 以新近通过的《康涅狄格州数据隐私法》为例,该法的适用前提是"控制或处理不少于100,000名消费者的个人数据",或"控制或处理不少于25,000名消费者的个人数据,并从个人数据销售中获得超过25%的总收入"。

现个人对于自身信息的绝对性支配。换句话说,个人信息权利是一种手段,而非目的本身。[1] 近年来,随着研究的深入,这一观点得到了越来越多中外学者的认同。例如,信息隐私法的权威学者施瓦茨(Paul Schwartz)[2]、索洛夫(Daniel Solove)[3]、卡米尼斯基(Margot Kaminski)[4]等人指出了个人信息权利的程序性或有限性。我国学者也指出,个人信息权利的性质应理解为一种规制工具[5],或者理解为保护人格尊严、安全以及通信自由的支配权与救济权[6],或者理解为一种实现多种相关权益保护的"抓手"[7]。这些理解各有差异,但其共同点是指出个人信息权利的工具性与程序性特征[8]。

仅从表面看,隐私权与个人信息保护存在逻辑上的自相矛盾之处。一方面,隐私权被认为是一种比个人信息权利更为核心的权利,例如,我国《民法典》将隐私权规定为一种"权利",而将个人信息保护视为一种"权益";《民法典》对"个人信息中的私密信息,适用有关隐私权的规定",也表明了隐私权的保护范围更窄、程度更高。但另一方面,法律对个人信息的保护又似乎更为严格,例如,隐私权的损害赔偿采用过错原则,个人信息保护中却采取过错推定原则;我国《刑法》对个人信息进行

---

[1] 个人信息权利是一种程序性权利或基于"理性规则"的权利,而非规则本身。See Opinion of Advocate General Jääskinen in Case C-131/12 Google Spain SL & Google Inc v. Agencia Española de Protección de Datos (AEPD) & Mario Costeja González [2013] ECR I-0000, para 30.

[2] See Paul M. Schwartz & Karl-Nikolaus Peifer, *Transatlantic Data Privacy Law*, 106 Georgetown Law Journal 115-180 (2017);

[3] See Daniel Solove, *The Limitations of Privacy Rights*, 98 Notre Dame Law Review 975 (2022).

[4] See Margot E. Kaminski, *Binary Governance: Lessons from the GDPR's Approach to Algorithmic Accountability*, 92 Southern California Law Review 1529 (2019).

[5] 参见王锡锌:《国家保护视野中的个人信息权利束》,载《中国社会科学》2021年第11期。

[6] 参见张新宝:《论个人信息权益的构造》,载《中外法学》2021年第5期。

[7] 参见丁晓东:《个人信息的双重属性与行为主义规制》,载《法学家》2020年第1期。

[8] 早在公平信息实践发展之初,密歇根法学院的米勒教授就指出了个人信息权利的目的为"数据主体参与有关其个人信息决策";信息隐私法的奠基人威斯丁教授也有类似表述。See Arthur R. Miller, *The Assault on Privacy: Computers, Data Banks, and Dossiers*, University of Michigan Press, 1971, p.189; Alan Westin, *Privacy and Freedom*, Atheneum, 1967, p.1-7.

保护[1]，但对隐私权的保护仅规定在《治安管理处罚法》中[2]。

但从上文的法理分析出发，这一制度的表面矛盾将不复存在。从个体的角度来看，隐私权的确在大多数情形下优先于个人信息被保护。当个人信息处理行为不涉及隐私权，个体常常不会感受到自身权益遭受了损害，或者即使遭受了损害，此类损害也经常是风险性和不确定性的，不如隐私权所造成的损害那么现实和具体。[3] 但个人信息保护涉及群体或海量个体，从群体保护或社会风险规制的角度出发，就可以理解为何个人信息保护的范围更广、程度更高。面对个人信息处理所可能导致的"大规模微型侵权"[4]，法律需要对个人信息进行更高程度、范围更广的风险预防[5]。

损害赔偿归责原则的制度矛盾也可以得到合理解释。隐私权保护的是平等个体之间的人际关系损害，因此采取一般过错原则，有利于维持个体行为自由与隐私权保护的平衡。但个人信息保护的制度目标是矫正个体与信息处理者之间的信息能力不平等，同时促进信息处理合规，维护群体权益。采取过错推定原则或违法性要件原则[6]，可以有效发挥个体"私人总检察长"（private general attorney）的功能[7]，利用个体诉讼倒逼信息处理者进行合规建设，维护群体权益。如果仅从个体私权维护出发，二者的损害赔偿归责原则的确存在逻辑矛盾；但如果认识

---

[1] 参见我国《刑法》第253条之一第1款规定："违反国家有关规定，向他人出售或者提供公民个人信息，情节严重的，处三年以下有期徒刑或者拘役，并处或者单处罚金；情节特别严重的，处三年以上七年以下有期徒刑，并处罚金。"

[2] 参见我国《治安管理处罚法》第42条规定，偷窥、偷拍、窃听、散布他人隐私的，处5日以下拘留或者500元以下罚款；情节较重的，处5日以上10日以下拘留，可以并处500元以下罚款。

[3] 参见田野：《风险作为损害：大数据时代侵权"损害"概念的革新》，载《政治与法律》2021年第10期。

[4] 参见王利明、丁晓东：《论〈个人信息保护法〉的特色、亮点与适用》，载《法学家》2021年第6期。

[5] 参见梅夏英：《社会风险控制抑或个人权益保护——理解个人信息保护法的两个维度》，载《环球法律评论》2022年第1期；赵鹏：《"基于风险"的个人信息保护？》，载《法学评论》2023年第4期。

[6] 我国的《个人信息保护法》采取了过错推定原则，而欧盟则采取了违法性要件原则。分别参见我国《个人信息保护法》第69条；欧盟《一般数据保护条例》第82条。

[7] See William B. Rubenstein, *On What a "Private Attorney General" Is—and Why It Matters*, 57 Vanderbilt Law Review 2129 (2004).

到个人信息权利是一种实现群体保护与矫正信息不平等关系的程序性权利,就不难发现二者在立法上并不存在逻辑矛盾。

三、隐私与个人信息保护的适用场景

隐私权与个人信息保护虽然可以在基础理论与制度设计上明确区分,但在适用上却可能呈现多种不同情形。在不存在信息处理关系的情形中,法律只能适用隐私权保护。在存在信息处理关系的情形中,则个人既可以诉诸隐私权救济,也可以诉诸个人信息保护进行救济。此时,监管或法院对于两种制度的适用与机构的定位、制度适用的方式、制度的搭配密切相关。

(一)不存在信息处理关系的适用

在不存在人机关系或个人信息处理关系的情形中,法律对相关主体只能适用隐私权保护。将个人信息保护适用于人际关系或非个人信息处理关系,将严重限制人们的行为自由,造成普遍违法。例如,人们在日常生活中打听他人信息,或者机构组织对于个人信息的偶发性获取。在此类情形中,法律都应当适用隐私权保护,而非个人信息保护。如果在此类情形中适用个人信息保护,要求相关活动获得个人同意,并赋予个人以相关信息权利,那么不仅大量日常活动将因为没有获得同意而成为违法行为,而且还会反向激励相关主体收集更多个人信息,从而保证个人行使查阅复制权、更正补充权、删除权等权利。[1]

比较复杂的是一些临界情形。例如,在引起社会热议的"街拍"活动中,此类行为除了适用隐私权保护,是否可以适用个人信息保护?主张适用个人信息保护的观点认为,隐私权一般只保护私密空间或私密信息,隐私权难以保护公共场合的个人信息。但从本章的分析出发,此类情形仍然需要看"街拍"行为是否涉及个人信息处理。如果相关街拍活动是非专业性的,那么此类活动仍然是个体自由、新闻报道与个人隐私权之间的协调问题,应当适用隐私权保护框架。相反,如果相关街拍活

---

[1] 参见李锦华:《个人信息查阅权的法理基础及实现路径》,载《西安交通大学学报(社会科学版)》2023年第3期。

动涉及对大量个人信息的自动化、半自动化或结构性处理[1],则此时除了可以适用隐私权保护外,也可以适用个人信息保护。

(二)存在信息处理关系的适用

在信息处理关系下,监管机构可以对侵犯隐私或个人信息的违法行为进行监管。我国《治安管理处罚法》第42条规定,偷窥、偷拍、窃听、散布他人隐私的,公安机关可以对当事人处5日以下拘留或者500元以下罚款;情节较重的,处5日以上10日以下拘留,可以并处500元以下罚款。《消费者权益保护法》第50条规定,侵害消费者人格尊严、侵犯消费者人身自由或者侵害消费者个人信息依法得到保护的权利的,市场监督管理部门或者其他有关行政部门可以责令改正、警告、没收违法所得、罚款、责令停业整顿、吊销营业执照。《个人信息保护法》第65条第1款也规定,"任何组织、个人有权对违法个人信息处理活动向履行个人信息保护职责的部门进行投诉、举报。收到投诉、举报的部门应当依法及时处理,并将处理结果告知投诉、举报人"。不过就监管机构而言,其定位与职能在于维护公共利益。这决定了其适用重在维护公共秩序与制止违法行为,而非对个体侵害的赔偿。在上述情形中,监管机构会对侵害隐私权或个人信息的行为进行制止,并作出相应的处罚,但一般不对此类侵犯行为所造成的损害进行直接赔偿。国外监管机构亦是如此,例如,欧盟数据保护机构(EDPS)的职责在于履行和实施《一般数据保护条例》的相关规定,以及"处置数据主体或实体、组织或协会"提起的涉及个人数据的申诉。[2] 美国联邦贸易委员会对侵害个人信息的"欺诈与不正当竞争"行为进行监管。[3] 无论是美国还是欧盟,其监管机构对于侵犯隐私权或个人信息所引发的损害并不进行个体补偿。[4]

法院对于隐私权与个人信息保护的适用则取决于不同国家对于法

---

[1] 有学者以算法来归纳此类活动。参见彭诚信:《论个人信息权与传统人格权的实质性区分》,载《法学家》2023年第4期。

[2] 参见欧盟《一般数据保护条例》第57条第1款第(f)项。

[3] See Daniel J. Solove & Woodrow Hartzog, *The FTC and the New Common Law of Privacy*, 114 Columbia Law Review 585–586 (2014).

[4] See Ryan Calo, *The Boundaries of Privacy Harm*, 86 Indiana Law Journal 1131 (2011).

院的职能定位。有的国家和地区坚持法院的个体救济定位,避免法院行使监管职能。这就导致法院整体上以适用隐私权为主,排除了大部分基于个人信息保护提起的诉讼。以美国为例,美国虽然在立法上赋予了法院适用个人信息保护的权力,赋予了个体基于知情权、访问权、删除权等信息权利的诉权,但在司法实践中,美国联邦最高法院从美国《宪法》第3条出发,认为法院只能受理"案例"或"争议",且必须以损害作为前提。只有当案件具备"具体损害"或"实质性风险",法院才能受理公民提出的个人信息权利之诉。[1] 否则,即使美国国会的立法赋予个体以个人信息知情决定权、查询权、更正权的诉讼权利,依据此类权利提起的诉讼也无法进入司法程序。美国联邦最高法院的这一立场意味着,美国法院更坚持传统私法定位。对于没有产生"具体损害"或"实质性风险"的个人信息侵权案件,法院仍然将其留给监管机构进行监管。[2]

欧盟则在个人信息保护中充分发挥法院的监管功能,限定其传统私法救济角色。在监管功能方面,欧盟赋予了法院与欧盟数据保护监管机构同样的职能。《一般数据保护条例》第79条规定,数据主体具有"针对控制者或处理者的有效司法救济权""任何数据主体认为,由于违反本条例而处理其个人数据,导致其被本条例所赋予的权利被侵犯,在这些情形下其都有获取司法救济的权利"。第78条规定,数据主体"针对监管机构的有效司法救济权""任何自然人或法人都有权对关乎他们的监管机构的有法律约束力的决定获得有效的司法救济"。这些规定意味着,欧盟的法院具有与监管机构相同的权力,可以对个人提起的个人权利诉讼进行直接救济,以及对监管机构所作出的裁决进行复审。当欧盟的法院行使此类权力,其扮演的是对公法基本权利的救济,而非侵权法救济。

在私法救济方面,欧盟严格限定侵权法在个人信息保护中的适用。欧盟《一般数据保护条例》第82条第1款规定,"任何因为违反本条例而受到物质或非物质性伤害的人都有权从控制者或数据者那里获得对损害的赔偿"。对于这一条款,欧盟委员会认定,违反《一般数

---

[1] See Clapper v. Amnesty International, 133 S. Ct. 1138 (2013); Federal Aviation Administration v. Cooper, 132 S. Ct. 1441 (2012); Spokeo, Inc. v. Robins, 136 S. Ct. 1540 (2016); TransUnion LLC v. Ramirez, 141 S. Ct. 2190 (2021).

[2] See William L. Prosser, *Privacy*, 48 California Law Review 388-389 (1960).

据保护条例》本身并不意味着存在损害[1],欧盟各国法院也作出判决,对于没有造成实际损害的违法行为,原告无法获得赔偿[2]。在归责方面,欧盟以违法作为侵权的前提,并引入了被告反证的权利。《一般数据保护条例》第82条第2款规定,"任何涉及处理的控制者都应当对因为违反本条例的处理而受到的损害承担责任。对于处理者,当其没有遵守本条例明确规定的对处理者的要求,或者当其违反控制者的合法指示时,其应当对处理所造成的损失负责"。第3款规定,"控制者或处理者如果证明自己对引起损失的事件没有任何责任,那么其第2款所规定的责任可以免除"。这些规定意味着,欧盟整体上采取"合规吸纳侵权"的立场,侵权法在欧盟个人信息保护中所发挥的角色非常有限。

我国则采取"双管齐下"的方案,既利用法院行使个人信息权利之诉的监管职能,又积极改造传统侵权法对个人信息损害之诉进行救济。一方面,我国《个人信息保护法》第50条第2款规定,"个人信息处理者拒绝个人行使权利的请求的,个人可以依法向人民法院提起诉讼"。这实际上引入了个人信息权利之诉,让法院行使类似欧盟法院或独立监管机构的职能。另一方面,第69条规定:"处理个人信息侵害个人信息权益造成损害,个人信息处理者不能证明自己没有过错的,应当承担损害赔偿等侵权责任。前款规定的损害赔偿责任按照个人因此受到的损失或者个人信息处理者因此获得的利益确定;个人因此受到的损失和个人信息处理者因此获得的利益难以确定的,根据实际情况确定赔偿数额。"第69条的这一规定将传统侵权法的过错归责原则转变为过错推定原则,并将传统侵权法的损失补偿原则改变为多重可选原则。经过这种改造,侵权法在我国个人信息保护中的地位更加突出[3]。

我国"双管齐下"的模式与我国的国家机构设置密切相关。在实体

---

[1] See Irish Claims Board, *GDPR Breach, Compensation Claims*?（Sept. 16, 2021）, https://claimsauthority.ie/gdpr-breach-compensation-claims.

[2] 区别主要在于对于非物质性损害的解释,有的欧洲国家对损害采取了较为宽泛的解释,将个人尊严、自主权丧失、焦虑和痛苦都视为损害,而有的国家则解释较窄,只承认引起精神疾病的损害。参见 Google Inc v. Vidal-Hall, Hann and Bradshaw [2015] EWCA Civ 311; Kelly v. Hennessy [1995] IESC 8。

[3] 参见王道发:《个人信息处理者过错推定责任研究》,载《中国法学》2022年第5期。

法上,我国《个人信息保护法》与欧盟《一般数据保护条例》类似。[1] 但就国家机构设置方面而言,我国却没有设置像欧盟数据保护监管机构(EDPS)那样统一和独立的专业监管机构,我国《个人信息保护法》规定的"国家网信部门"和"县级以上地方人民政府有关部门"的法治化程度仍然不足。[2] 此外,我国法院除了履行其个体救济功能外,也经常承担公共监管的职能,特别是近年来,我国法院不断设立环境法院/环境法庭、金融法院等领域性法院,其制度功能早已不限于传统私法的个体救济。在这一背景下,我国《个人信息保护法》既在第50条中赋予了个体基于个人信息权利之诉的诉权,又改造了侵权法为个人提供保护。在监管机构法治化程度仍然较低的背景下,这一制度设计具有其合理性。

不过需要强调,我国在个人信息保护中赋予法院以更大职责,这需要以认清法院的定位为前提。当法院在个人信息权利之诉中适用法律时,其扮演的是监管角色,行使的是监管职能。[3] 当法院在个人信息侵权损害之诉中适用侵权法时,其目标是利用改造后的侵权法发挥威慑与治理功能。[4] 正如本章所述,个人信息侵权具有大规模微型侵权的特征,无论是个人信息权利之诉还是个人信息侵权损害之诉,其最终目的都是实现群体保护和信息处理关系的治理。[5] 法院在适用个人信息保护法的过程中,需要对自身角色与制度目标有充分的自觉,同时,法院还须注意监管与侵权的配合与协调,避免监管与侵权的双重责任。

综上所述,隐私权保护与个人信息保护是两种制度工具,其适用取

---

[1] 参见我国《个人信息保护法》第50条第2款规定,个人信息处理者拒绝个人行使权利的请求的,个人可以依法向人民法院提起诉讼。

[2] 在欧盟和美国,其监管机构具有显著的司法性特征,不仅为被执法者提供抗辩机会与程序,而且逐渐发展了基于不同场景的案例制度。正是这种司法性特征,使索洛夫教授把美国联邦贸易委员会的个人信息保护称为普通法(common law)保护。See Daniel J. Solove & Woodrow Hartzog, *The FTC and the New Common Law of Privacy*, 114 Columbia Law Review 583 (2014).

[3] 此时个人信息权利诉讼奠基在个体主观公权利之上。参见李海平:《个人信息国家保护义务理论的反思与重塑》,载《法学研究》2023年第1期;韩思阳:《个人信息保护中的主观公权利》,载《法商研究》2023年第4期。

[4] See Victor E. Schwartz, Cary Silverman, *The Rise of "Empty Suit" Litigation: Where Should Tort Law Draw the Line?*, 80 Brooklyn Law Review 599 (2015).

[5] 参见郑玉双:《个人信息权利的共同善维度》,载《浙江社会科学》2023年第2期。

决于适用主体、适用目标、适用方式。当法院面临个体救济与风险预防的双重目标时,其救治方式或制度适用取决于不同的目标、机构定位,救治方式或制度工具如何选择、如何改造、如何协调搭配。[1]

四、《民法典》与《个人信息保护法》

隐私权与个人信息保护的关系和《民法典》与《个人信息保护法》的适用问题密切相连。由于《民法典》在人格权编中不仅规定了隐私权,而且还规定了个人信息保护,而《个人信息保护法》又更为具体地对个人信息保护进行了规定,这就导致法律实践与法律理论对二者的适用关系产生了种种争议。[2] 例如,有观点主张,《民法典》是《个人信息保护法》的基础性法律,二者适用应当遵循一般法与特殊法的关系[3];其他观点则认为,《个人信息保护法》以《宪法》为依据,与《民法典》属于平等关系,在适用上应当遵循平行适用原则[4]。本章认为,应当超越从《民法典》与《个人信息保护法》的二者关系分析。因为无论是《民法典》还是《个人信息保护法》,都不是体系封闭的文本,二者的很多制度存在高度交叉,仅从两部法律文本出发分析其关系,将导致问题分析更为复杂混乱。作为替代,本章提出应当从文本关系转向制度关系,即从隐私权模块与个人信息保护模块出发,分析这两个制度模块之间的关系。[5] 在《民法典》规定个人信息条款的背景下,这就意味着将《民法典》的个人信息条款与《个人信息保护法》视为同一制度模块,分析这一制度模块与隐私权、人格权、合同、侵权等传统法律制度模块的

---

[1] 参见张守文:《信息权保护的信息法路径》,载《东方法学》2022 年第 4 期;James X. Dempsey et al., *Breaking the Privacy Gridlock: A Broader Look at Remedies*, Social Science Research Network, 2021, https://www.law.berkeley.edu/wp-content/uploads/2021/04/remedies.pdf。

[2] 参见郑晓剑:《论〈个人信息保护法〉与〈民法典〉之关系定位及规范协调》,载《苏州大学学报(法学版)》2021 年第 4 期。

[3] 参见王利明:《论〈个人信息保护法〉与〈民法典〉的适用关系》,载《湖湘法学评论》2021 年第 1 期;石佳友:《个人信息保护的私法维度——兼论〈民法典〉与〈个人信息保护法〉的关系》,载《比较法研究》2021 年第 5 期。

[4] 参见周汉华:《平行还是交叉:个人信息保护与隐私权的关系》,载《中外法学》2021 年第 5 期。

[5] 将法律制度视为模块的分析。See Lee Anne Fennell, *Slices and Lumps Division and Aggregation in Law and Life*, University of Chicago Press, 2019, p. 190-226.

关系。

(一)制度视角的优越性

从文本关系视角转向制度关系视角,首先符合相关法律规定。从法律规定来看,《民法典》个人信息条款与《个人信息保护法》具有制度工具上的同质性,与《民法典》隐私权条款则有本质性差异。在《民法典》第1032、1033条关于隐私权的规定中,都没有"处理"的表述,而在第1035条至第1038条的个人信息保护条款中,则都包含了"处理"的表述,而且其内容都与《个人信息保护法》具有高度相似性。例如,第1035条规定了个人信息处理的"合法、正当、必要"原则,第1036条规定了信息处理者的免责事由,第1037条规定了个人在信息处理中的查询、复制、更正、删除权,第1038条规定了信息处理者的安全保障义务。对于法律制度模块,应该根据其制度特征进行理解与适用,而非根据其所处的法律文本进行分析。就像如果我国《民法典》写入劳动法的相关条款,则此时仍然应当以劳动法的逻辑对这些条款进行解读与适用。

其次,制度视角可以避免法律上的逻辑矛盾。其一,《民法典》并未像《个人信息保护法》一样规定,将"自然人因个人或者家庭事务处理个人信息"[1]排除在外,如果完全按照封闭的文本解释,这将得出《民法典》中的个人信息保护条款可以针对"任何组织或个人"[2]的结论。即使在非信息处理关系中获取和处理他人信息,也需要获得对方同意,而且需要保障他人的查询、复制、更正、删除权利。但正如上文分析,这一结论不符合逻辑,在非信息处理关系中适用个人信息保护,将造成人们日常生活中的普遍违法。其二,制度视角可以避免一套制度,两种属性、两种适用的逻辑矛盾。上文提到,《民法典》中所规定的个人信息查询、复制、更正、删除权利,与《个人信息保护法》中的个人信息权利具有高度相似性。但如果仅从其文本归属来看,则会得出这些权利在两部法律中保护不同权利的结论,即《民法典》中的此类权利只保护人格权,而

---

[1] 参见《个人信息保护法》第72条。
[2] 参见《民法典》第111条。

《个人信息保护法》中的此类权利则同时保护"人格尊严""人身、财产安全"。[1] 此外,《民法典》并未对个人信息侵权的归责原则作出特殊规定,《个人信息保护法》第59条则引入过错推定原则。如果完全按照文本而非制度解释,则意味着当个人在个人信息案件中提起侵权损害之诉时,可能会适用不同的归责原则。

最后,制度视角可以大幅降低《民法典》与《个人信息保护法》适用的复杂性。以私密信息与敏感信息的关系为例,这两个概念分别规定在两部法律中,其中《民法典》第1034条规定,个人信息中的私密信息,适用有关隐私权的规定;《个人信息保护法》则将"生物识别、宗教信仰、特定身份、医疗健康、金融账户、行踪轨迹等信息,以及不满十四周岁未成年人的个人信息"等"一旦泄露或者非法使用,容易导致自然人的人格尊严受到侵害或者人身、财产安全受到危害的个人信息"界定为个人敏感信息。二者的关系引起了学界诸多讨论。[2] 仅从文本或概念界定的角度,会发现二者难以清晰界定、不可避免存在交叉,在文本规定的"叠床架屋"中很难把握制度适用。[3] 但如果采取制度视角,就可以发现私密信息和敏感信息仅是隐私权保护与个人信息保护两种制度下的概念工具:私密信息可以被理解为人际关系中不被允许的那类信息,而敏感信息则是在个人信息处理中风险较高的那类信息。其中,私密信息由于其人际关系的特征,其范围的确定常常需要依据双方关系,具有高度不确定性,例如朋友之间未经同意获取对方家庭住址信息,此类行为一般不属于违法;而媒体未经个人同意曝光个人住址,则显然属于违法。[4] 在这个意义上,私密信息更多是隐私权侵权认定后的结果,很难也不必

---

[1]《个人信息保护法》虽未明确规定个人信息权利的具体属性,但从法律原理与相关条文中可以推出其权利属性的多样性。例如,《个人信息保护法》第28条规定,敏感个人信息是一旦泄露或者非法使用,容易导致自然人的人格尊严受到侵害或者人身、财产安全受到危害的个人信息。敏感信息作为一般个人信息的"升级"版本,反映了《个人信息保护法》所保护的权利至少涉及人格尊严与人身财产安全。

[2] 参见许可、孙铭溪:《个人私密信息的再厘清——从隐私和个人信息的关系切入》,载《中国应用法学》2021年第1期;朱晓峰、黎泓玥:《私密信息与敏感个人信息区分保护论》,载《经贸法律评论》2023年第1期。

[3] 仅从文本的角度出发,在交叉的情形中,同一类信息可能出现依据《民法典》适用隐私权保护,依据《个人信息保护法》适用个人信息强化保护的双重方案。

[4] See Robert C. Post, *The Social Foundations of Privacy: Community and the Self in the Common Law Tort*, 77 California Law Review 957 (1989).

要进行事前确定。相反,个人敏感信息由于其人机关系或信息处理关系,其所面临的风险往往和社会的客观情况相关,具有相对确定性,法律也常常采取"列举+开放"评估的模式加以界定。从隐私权模块与个人信息制度模块的视角出发,私密信息与敏感信息这一极为复杂的问题就可以迎刃而解。

(二)制度视角下的法律适用

从制度视角出发,可以更清晰地分析《民法典》与《个人信息保护法》中的规范适用关系。首先是人格权适用。我国《民法典》第997条规定了人格权禁令制度:"民事主体有证据证明行为人正在实施或者即将实施侵害其人格权的违法行为,不及时制止将使其合法权益受到难以弥补的损害的,有权依法向人民法院申请采取责令行为人停止有关行为的措施。"这一制度可以适用于侵害隐私权可能导致的损害,如法院可以针对某一视频偷拍行为发布禁令。但这一制度是否可以适用于《个人信息保护法》或《民法典》中的个人信息条款?如果当个人提起查询复制、更正删除等要求时,却被信息处理者拒绝,此时个人是否可以要求法院发布个人信息处理的禁令?这一问题的答案取决于个人信息处理是否可能存在违法行为或侵害大量个体,而非个人信息处理是否对个体造成损害。如果信息处理仅对某一个体造成损害,对其他主体并无影响,也并不存在违法行为,则此时法院就不能发布禁令。如果信息处理者对行为具有严重违法或侵害大量个体的情形,则此时法院可以考虑借助《民法典》第997条颁发禁令。不过,即使法院颁发禁令,也应注意这时的法院是在履行类似监管机构的职责。对于此类颁布禁令的权力,欧盟在《一般数据保护条例》第57条中明确将其赋予监管机构[1];美国虽然赋予法院以颁布禁令等权力,但明确将其限定在个人信息泄露等情形中,并且给予了企业以合规补救的机会[2]。

其次是合同法适用。我国《民法典》与《个人信息保护法》中的告知同意是否适用合同法?对于信息处理者来说,答案显然是否定的,因为

---

〔1〕 参见欧盟《一般数据保护条例》第58条第2款第(f)项。

〔2〕 See California Civil Code, Section 1798.150(a)(1),(b); American Data Privacy and Protection Act Draft, Section 3.

即使获取个人明确同意,个人也仍然拥有个人信息的查询、复制、更正、删除、撤回、反对自动化决策等权利,信息处理者无法通过隐私政策剥夺个人的此类权利。[1] 但是,个人是否可以在信息处理者违反隐私政策的情形中适用合同法、对信息处理者提起违约责任之诉?[2] 此时同样需要注意的是,告知同意制度是一种一对多的授权或合法性许可制度,具有多维的治理特征。[3] 在大多数情形下,信息处理者违反其隐私政策,其所侵害的是市场竞争秩序或海量个体的个人信息被保护权;就个体而言,其所遭受的具体损失往往非常有限。因此,对于违反隐私政策的行为,个人所提起的主张具有违法举报的性质,各国对此类行为主要由监管机构进行处罚,个体的诉权则仅限于极少数情形。[4] 例如,当信息处理者与个人进行单独协商,对采集的个人数据明确支付报酬,在此类情形中,如果信息处理者违反约定未支付报酬,则个人可以依据合同法对信息处理者提起违约之诉。在后一种情形中,个人与信息处理者之间的关系更接近本章所称的人际关系而非人机关系。

最后是侵权法适用。在实践中,个体往往在信息处理关系中同时提起隐私权之诉、个人信息权之诉、个人信息侵权损害之诉,此时应当适用《民法典》中的一般侵权之诉、绝对权之诉,还是《个人信息保护法》第69条规定的特殊侵权之诉?在归责原则上,是否应当适用过错原则、无过错原则还是过错推定原则?从本章所提倡的制度视角出发,这一极为复杂的问题可以较为清晰地回答。一是对于隐私权之诉而言,这一制度以过错原则与损害赔偿为核心,其功能更偏向于个体救济;二是对于个人信息权利之诉而言,这一制度的实质是个体举报与公共监管,即个体向监管机构或具有监管功能的法院进行举报和申诉,监管机构或法院据此作出裁决或判决;三是对于个人信息侵权损害之诉而言,这一制度采取过错

---

[1] 在法理上,此类权利构成了施瓦茨教授所谓的"信息隐私不可让渡性"。See Paul M. Schwartz, *Privacy Inalienability and the Regulation of Spyware*, 20 Berkeley Technology Law Journal 1269 (2005).

[2] 参见罗寰昕:《隐私政策的过去、现在和未来:从合同、基准到信任背书》,载《南大法学》2023年第5期。

[3] 参见丁晓东:《隐私政策的多维解读:告知同意性质的反思与制度重构》,载《现代法学》2023年第1期。

[4] See Paul M. Schwartz & Karl-Nikolaus Peifer, *Transatlantic Data Privacy Law*, 106 The Georgetown Law Journal 138–146 (2017).

推定、举证责任倒置、赔偿方式多样化的特殊侵权归责,从而发挥侵权法的威慑功能与公共治理功能。[1] 在侵权法的适用中,如果信息处理完全合规,信息处理中仅存在个体损害,此时应当注重隐私权的适用。如果信息处理者存在违反个人信息权利的违法行为,但并不存在具体损害或风险,则此时应当注重个人信息权利之诉。如果信息处理完全合规,但存在侵害群体的下游损害风险,则此时应当注重个人信息侵权损害之诉。[2]

综合而言,《民法典》与《个人信息保护法》的关系并非选择或优先适用问题。《民法典》本身就是一个包含了多种制度工具的工具包,其中大部分制度工具具有传统私法的特征,但很多制度也具有特殊私法的特征,如《民法典》的侵权归责也规定了过错推定原则,并且在损害赔偿中引入了"获得的利益""实际情况"的赔偿方案。[3] 另外,《个人信息保护法》采取了公私法融合的综合治理模式,也包含了多种制度工具。在多种制度工具并存并且存在交叉的背景下,关键是确定法律适用的目标,理解不同制度工具的特征与优缺点,并在此基础上选择、改造和配合使用不同的制度工具,以实现个人信息的有效治理或"精巧"治理。[4] 例如,在信息处理关系缺乏公法规制或有效监管的背景下,此时通过改造后的私法或特别私法,可以较为有效地利用私法发挥公共治理功能。而在个人信息处理关系已经得到有效规制的前提下,也可能需要坚守传统私法,避免双重治理。[5] 但无论如何,都不能简单将适用某一目标的制度工具,不加改造地用于实现另一目标。[6]

---

[1] 参见丁晓东:《从个体救济到公共治理:论侵害个人信息的司法应对》,载《国家检察官学院学报》2022 年第 5 期;侵权法的公共治理功能;Mark A. Geistfeld, *Tort Law in the Age of Statutes*, 99 Lowa Law Review 957 (2014); Catherine M. Sharkey, *The Administrative State and the Common Law: Regulatory Substitutes or Complements?*, 65 Emory Law Journal 1705 (2016)。

[2] 参见谢鸿飞:《个人信息处理者对信息侵权下游损害的侵权责任》,载《法律适用》2022 年第 1 期。

[3] 参见《民法典》第 1182 条。

[4] 参见郭雳:《数字化时代个人金融数据治理的"精巧"进路》,载《上海交通大学学报(哲学社科版)》2022 年第 5 期。

[5] 参见宋亚辉:《风险立法的公私法融合与体系化构造》,载《法商研究》2021 年第 3 期;胡敏洁:《从融合到尊让:民法典时代的公法与私法》,载《法治现代化研究》2023 年第 3 期。

[6] 除了行政监管与侵权的协调,还包括刑事法律、公益诉讼带来的协调问题。参见谭佐财、冉克平:《论个人信息保护机制的衔接路径》,载《新疆社会科学(汉文版)》2023 年第 2 期。

五、结语：权利保护的制度模块视角

隐私权与个人信息权、《民法典》与《个人信息保护法》的关系是一个经典难题。本章从制度模块的视角出发，指出隐私权与个人信息保护的不同在于：前者将法律拟制为调整平等主体之间的人际关系，依赖侵权法；后者则将法律拟制为调整一对多的不平等主体之间的人机关系或个人信息处理关系，采取合作治理的保护方式。[1] 隐私权与个人信息权的关系和传统民法权利与消费者权利、传统民法权利与劳动者权利有一定的相似性。不过比起消费者权利和劳动者权利的法律保护，个人信息权利保护呈现更多的公法因素。[2] 其原因在于，个人信息处理所涉及的个体权益往往是"微型"权益，个体常常难以做出理性判断。[3] 面对"大规模微型侵权"，个人信息保护法需要依赖政府规制、企业自我规制与个体救济的合作治理。相反，消费关系和劳动关系中的个体权益往往涉及切实可见的利益，个体反而更可能做出符合自身利益的决定，在消费者保护与劳动者保护中，私法自治更可能发挥作用。

在区分和理解了隐私权与个人信息保护的逻辑后，就可以发现二者的关系是一种制度工具的关系。在纯粹人际关系中，隐私权保护是唯一可以适用的制度工具。而在人机关系或个人信息处理关系中，则法律既可以适用隐私权保护，也可以适用个人信息权利保护。不过，这种适用取决于法律所要实现的不同制度目标和不同的适用机构和机构定位。监管机构、角色定位为传统私法救济的法院与具有监管职能的法院对于二者的适用各不相同。从隐私权与个人信息权利保护的关系出发，《民法典》与《个人信息保护法》的适用问题可以迎刃而解。二者的关系应该转变为制度关系，将两部法律中的类似权利与制度作为同一制度模块加以分析。法律需要首先确定其治理目标，在此基础上选择、改造与搭配不同的权利类型与制度工具。

---

〔1〕 参见郭春镇、熊捷：《数字化时代个人信息的治理结构及优化》，载《厦门大学学报（哲学社会科学版）》2023 年版第 2 期；李芊：《网络平台暗黑模式的法律规制——从合同自治与基本权利到信义义务》，载《上海政法学院学报》2023 年第 2 期。

〔2〕 参见丁晓东：《法律如何调整不平等关系？——论倾斜保护型法的法理基础与制度框架》，载《中外法学》2022 年第 2 期。

〔3〕 See Susan Athey, Christian Catalini & Catherine Tucker, *The Digital Privacy Paradox*: *Small Money, Small Costs, Small Talk*, (2017), https://www.nber.org/papers/w23488.

第二章 个人信息权的自决：从告知同意到多维治理

第一章提到，个人信息保护法将其调整的关系拟制为人机关系或个人信息处理关系，赋予个人在信息处理关系中的个人信息权利。在制度方面，本章对个人信息权利的前端保护制度——告知同意进行分析与反思。在个人信息权利的保护中，这一制度占据核心地位。例如，我国《个人信息保护法》将告知同意作为信息处理者处理个人信息的"一般规定"，其中第13条至第18条详细规定了告知同意制度，其他条款在不同场景对如何适用这一制度进行了规定。[1]

但另一方面，围绕个人信息权利与告知同意的性质与实施却存在诸多争议。就原理而言，个人信息权利是否可以通过告知同意而进行让度或交易？当信息处理者在其网站或交互界面上设置隐私政策，当用户点击同意或继续使用时，这一行为是否构成一种民事行为上的意思表示？相应的，当企业或个人违反隐私政策中的内容，这是否构成了传统合同上的违约？或者，告知同意是否是一种免责声明？当信息处理者获取个人同意后，是否就构成侵权法上的违法阻却事由？又或者，基于隐私政策的告知同意是一种信息处理者保护个人信息去哪的合规行为？[2] 在

---

[1] 其他规定包括委托处理个人信息（第21条）；转移个人信息（第22条）；向其他处理者提供个人信息（第23条）；公开个人信息（第25条）；公共场所收集个人信息（第26条）；处理公开个人信息（第27条）；处理敏感个人信息（第29条）；处理未成年人个人信息（第31条）；向境外提供个人信息（第39条）。

[2] 参见高富平：《同意≠授权——个人信息处理的核心问题辨析》，载《探索与争鸣》2021年第4期；程啸：《论个人信息处理中的个人同意》，载《环球法律评论》2021年第6期。

实施方面,告知同意也被认为具有"流于形式"的风险[1],个人信息主体常常没有时间、精力和兴趣阅读隐私政策,企业所获取的同意也常常不是用户的真实意愿。在告知同意制度饱受批评的背景下,需要探讨这一制度是否可以有效保护个人信息权利。

本章首先对告知同意制度的性质进行分析,指出基于隐私政策的告知同意在不同国家和地区具有合规工具、声明与合同等多重特征。告知同意虽然难以通过个人自决而发挥其作用,但这一制度可以作为企业内部合规的工具、市场声誉机制的信息媒介、司法执法的依据、信任沟通与隐私教育的工具。为重新激活告知同意制度,应解绑告知与同意,适度放松同意要求,强化告知要求。

一、告知的性质:合同、声明与权利

反思告知同意制度的法律性质,有助于深化对告知同意制度的认识。借助比较法视野,可以发现美国有时将告知同意视为传统合同,但更多情况下将其视为类似产品说明书的企业声明;而欧盟整体将其视为公法基本权利的合规要求,但也具有一定的消费者合同特征。我国《个人信息保护法》采取和欧盟类似的保护型法的立法进路[2],但和欧盟与美国都有不同。无论是我国还是欧美,隐私政策都呈现公私法融合的特征,是一种多维法律制度工具。

(一)美国:作为合同与声明

基于隐私政策的告知同意制度起源于美国。20世纪八九十年代,互联网企业开始走出实验室,进入商业领域,随着互联网企业开始广泛收集个人信息,其对个人隐私的威胁引起了社会的关注。为了消除社会的担忧,同时为了避免政府对互联网企业采取严厉的规制措施,互联网企业开始在其网站上设置隐私政策说明,在自由放任与政府规制之间寻

---

[1] 参见周汉华:《个人信息保护的法律定位》,载《法商研究》2022年第3期;Elettra Bietti, *Consent as a Free Pass: Platform Power and the Limits of the Informational Turn*, 40 Pace Law Review 307(2020)。

[2] 参见张守文:《信息权保护的信息法路径》,载《东方法学》2022年第4期;龙卫球:《〈个人信息保护法〉的基本法定位与保护功能——基于新法体系形成及其展开的分析》,载《现代法学》2021年第5期。

求一条"自我规制"的中间道路。到21世纪初,几乎美国所有的互联网企业都自愿设置了隐私政策。[1]

在多数案件中,美国法院将告知同意视为没有传统合同约束力的声明。[2] 例如,在2005年的一场集体诉讼中,西北航空公司在其隐私政策中规定,其收集的个人信息将只用于特定目的,但实际上西北航空公司却与一家联邦机构共享大量消费者数据,用于研究航空安全。法院在该案件中否定了告知同意的合同性质。[3] 在少数的案件中,法院将告知同意作为传统合同看待。例如,在2005年针对捷蓝航空(In re JetBlue Airways Corp. Privacy Litigation)和美联合航(In re American Airlines Inc. Privacy Litigation)的诉讼中,[4] 法院认为,被告违反隐私政策的信息处理行为可以视为违约。当然,只有在点击协议或引起用户反复注意的浏览协议中,美国法院才有可能将其视为合同。根据美国法院的主流看法,用户在这类协议中有机会浏览隐私政策因此可以将其视为合同。[5] 而在浏览协议中,法院一般倾向于否定其合同性质[6];只有浏览协议采取弹窗模式,显著提醒用户,法院才可能将其视为合同[7]。

值得注意的是,虽然很多形式的告知同意不构成合同,但其自我承诺的特征却可能招致美国联邦贸易委员会(FTC)等机构的监管。正如索洛夫教授(Daniel Solove)所言,联邦贸易委员会在美国个人信息保护

---

[1] See Allyson W. Haynes, *Online Privacy Policies: Contracting Away Control over Personal Information?*, 111 Penn State Law Review 587 (2007).

[2] 最新的实证研究,参见 Gregory Klass, *Empiricism and Privacy Policies in the Restatement of Consumer Contract Law*, 36 Yale Journal on Regulation 45 (2019)。更早之前,Oren Bar-Gill 教授的研究得出了相反结论,参见 Oren Bar-Gill et al., *Searching for the Common Law: The Quantitative Approach of the Restatement of Consumer Contracts*, 84 University of Chicago Law Review 7 (2017)。

[3] See In re Northwest Airlines Corp., 208 F.R.D. 174 (E.D. Mich. 2002).

[4] See In re Jet Blue Airways Corp. Privacy Litigation, MDL-1587 (J.P.M.L. Feb. 24, 2004); In re American Airlines Inc. Privacy Litigation, 370 F. Supp. 2d 552 (N.D. Tex. 2005).

[5] See Christopher Kuner, *European Data Protection Law: Corporate Compliance and Regulation*, Oxford University Press, 2nd ed., 2007, p. 242.

[6] See Stephen Y. Chow, *A Snapshot of Online Contracting Two Decades After ProCD v. Zeidenberg*, 73 The Business Lawyer 267 (2017).

[7] See Cullinane v. Uber Techs., Inc., 893 F.3d 53, 62 (1st Cir. 2018); Meyer v. Uber Techs., Inc., 868 F.3d 66, 75 (2d Cir. 2017).

中承担了关键角色,其对违反企业自身隐私政策,特别是构成不公平和欺诈性行为进行调查和监管。[1] 美国联邦贸易委员会的执法逻辑是,既然企业在市场中做出了自我承诺,那么企业违反这一承诺,就可能构成对消费者的伤害和对其他企业的不公平竞争,破坏市场秩序。此外,虽然美国法院将某些形式的告知同意定性为合同,但在这些案件中,却经常以缺乏损害为由驳回原告的违约之诉。[2] 例如,在 2011 年针对 Facebook 的一个案例中,法院认为,Facebook 违反规定和第三方共享信息不足以构成合同法上"明显和实际的损害"[3];在 2012 年以雅虎为被告的一个案例中(Rudgayzer v. Yahoo! Inc.),法院认为,雅虎在电子邮箱里显示和披露其姓名,这不足以构成"实际伤害"[4]。

(二)欧盟:作为基本权利的合规措施

与美国不同,欧盟采取个人信息基本权利保护的路径,将个人信息被保护权视为一种宪法基本权利。《欧盟基本权利宪章》第 8 条第 1 款规定,"每个人都有权保护与其有关的个人数据"。欧盟《一般数据保护条例》第 1 条第 2 款也规定,"本条例保护自然人的基本权利和自由,特别是其个人数据被保护的权利"。在这一背景下,欧盟整体上将设置隐私政策与获得告知同意视为公法基本权利的合规措施,但也在一定程度上具有消费者合同的性质。

首先,欧盟法下的隐私政策并非传统合同或声明。如果说美国法上的隐私政策可以被视为市场中可以自由设计的合同或声明,具有自我规制的特征,那么欧盟法则排除了其市场化特征。在欧盟法上,信息处理者没有美国企业那样广泛自由设置隐私政策的权利,其隐私政策所规定的内容、告知的方式都必须符合法定合规要求。正如施瓦茨所指出,欧盟法的基本假设是,处理个人信息将对公民的人格尊严产生威胁,威胁

---

[1] See Daniel J. Solove & Woodrow Hartzog, *The FTC and the New Common Law of Privacy*, 14 Columbia Law Review 583 (2014).

[2] See Joel R. Reidenberg, *Privacy Wrongs in Search of Remedies*, 54 Hastings Law Journal 877 (2003).

[3] See In re Facebook Privacy Litigation, Case No. C–10–02389–RMW (N. D. Cal. Feb. 13,2015).

[4] See Rudgayzer v. Yahoo! Inc., Case No.: 5:12–CV–01399 EJD (N. D. Cal. Nov. 9,2012).

"法秩序",因此对个人数据保护整体采取了"信息不可让渡性"的制度框架,将其视为一种不可交易与不可自由设定的人权。[1]

其次,欧盟法下的告知同意也并非侵权法上的免责事由或违法阻却事由。免责事由将告知同意视为过失相抵、受害人故意、第三人过错、自甘风险、正当防卫、紧急避险的行为,但告知同意仅仅是信息处理者合规的一环。信息处理者即使获得用户的明确同意,也可能因为违反"目的限制""数据最小化"等诸多原则而被认定违法。[2] 正如库纳教授所言:企业总是痴迷于通过告知同意为获取个人信息"提供充分法律依据的机制,但忽略了处理的法律依据",欧盟法所规定的数据处理的合法性基础"不是一项具体行动,而是一项重要原则,在公司合规计划的所有阶段都应牢记"[3]。

再次,欧盟在隐私政策的司法与执法问题上也采取了合规进路。当信息处理者的隐私政策不够清晰明确,或者其信息处理行为与其隐私政策存在不一致,其救济一般通过行政执法进行救济。个体也可以参与这一过程,可以向独立数据监管机构或法院提起申诉或诉讼,但这种申诉或诉讼都是依据基本权利的合规要求而提起,并非依据信息处理者违反合同而提起。[4] 在信息处理者对个人造成损害的侵权诉讼中,欧盟《一般数据保护条例》也以违法性作为前置条件,即只有在信息处理者违规的前提下,个体才能进行侵权之诉。[5]

最后,欧盟的隐私政策也具有一定的消费者合同特征。一方面,虽然欧盟坚持个人信息保护的基本权利特征,并且引入了"目的限定""数据最小化"等原则,但《一般数据保护条例》等法律仍然给予了个人与信息处理者一定的平等协商空间。例如,当信息处理者希望获取更多个人

---

[1] See Paul M. Schwartz, *Privacy Inalienability and the Regulation of Spyware*, 20 Berkeley Technology Law Journal 1269 (2005).

[2] 参见张新宝:《个人信息收集:告知同意原则适用的限制》,载《比较法研究》2019年第6期;刘权:《论个人信息处理的合法、正当、必要原则》,载《法学家》2021年第5期;武腾:《最小必要原则在平台处理个人信息实践中的适用》,载《法学研究》2021年第6期。

[3] Christopher Kuner, *European Data Protection Law: Corporate Compliance and Regulation*, Oxford University Press, 2007, p.242.

[4] See Paul M. Schwartz & Karl-Nikolaus Peifer, *Transatlantic Data Privacy Law*, 106 Georgetown Law Journal 115 (2017), p.138-146.

[5] 参见《一般数据保护条例》第82条规定:"任何因为违反本条例而受到物质或非物质性伤害的人都有权从控制者或数据者那里获得对损害的赔偿。"

信息,以便为个人提供更多服务,此时信息处理者仍然可以在基础服务所需的个人信息之外,通过告知同意而获取更多个人信息。只不过,信息处理者不能通过"捆绑""搭售"等方式拒绝为个人提供基础服务,也不能拒绝个人的撤回权等其他权利。另一方面,欧盟也在很多地方借鉴了消费者保护法的规则,例如,《一般数据保护条例》"重述"第 42 条直接引用了《1993 年关于消费者合同中不公平条款的理事会指令》,指出任何未经单独协商的合同条款,如果"导致合同双方的权利和义务发生重大不平衡,损害消费者利益",都是不公平的。[1]

(三)我国告知同意制度的性质

结合比较法与我国法律,可以发现告知同意制度的性质应做多维解读。一方面,我国《个人信息保护法》与欧盟《一般数据保护条例》具有较高的相似性,都将个人信息被保护权视为一种基本权利[2],并将告知同意制度视为处理个人信息的合法性基础之一。这就意味着我国现行立法下的告知同意也具备合规要求的属性,而非传统合同或格式合同。[3] 事实上,《个人信息保护法》在立法过程中曾经试图用合同中的意思表示来进行规定。一审稿第 14 条曾经规定,"处理个人信息的同意,应当由个人在充分知情的前提下,自愿、明确作出意思表示",但二审稿很快就删除了"意思表示"。这表明,我国的立法者也清晰觉察到了告知同意制度与传统合同自治之间的区别,将告知同意制度视为具有保护型法特征的制度。

另一方面,我国的文化背景与立法细节也与欧盟存在若干区别,我国《个人信息保护法》虽然也将个人信息被保护权视为一种基本权利,但并未像欧盟那样高度意识形态化,反而整体比较关注消费者权利保护。[4] 在个人信息保护法的实施机制层面,我国的制度反而和美国具

---

〔1〕 See Jane K. Winn & Mark Webber, *The Impact of EU Unfair Contract Terms Law on U. S. Business-to-Consumer Internet Merchants*, 62 The Business Lawyer 209 (2006).

〔2〕 参见王锡锌:《个人信息国家保护义务及展开》,载《中国法学》2021 年第 1 期;彭錞:《宪法视角下的个人信息保护:性质厘清、强度设定与机制协调》,载《法治现代化研究》2022 年第 4 期。

〔3〕 参见韩旭至:《个人信息保护中告知同意的困境与出路——兼论〈个人信息保护法(草案)〉相关条款》,载《经贸法律评论》2021 年第 1 期。

〔4〕 参见张守文:《消费者信息权的法律拓展与综合保护》,载《法学》2021 年第 12 期。

有若干相似性,如二者都未设立独立监管机构,反而采取了多部门监管与救济体制。[1] 就此而言,我国的告知同意制度也应注重美国法律制度的经验。在理论和制度优化层面,应将告知同意视为一种兼具消费者合同、声明、基本权利合规的多维制度。

二、制度困境：信息过载与决策疲劳

在实践中,告知同意面临多方面的困境,学术界更是从多个不同角度对告知同意进行了批评,指出这一制度可能走向形式主义。同时,一些试图强化告知同意的做法不仅无法有效回应这些困境和批评,反而可能加剧某些问题。告知同意面临的困境,与前一部分提到的分析有密切关系。如果仅以合同的视角看待告知同意,这一制度将很难发挥效果。

(一) 告知的困境

就告知而言,首先隐私政策常常无法有效告知用户。信息隐私法的研究从各个角度指出,用户面对冗长、专业、枯燥的隐私政策,很少用户会在各种交互界面阅读隐私政策,阅读此类政策需要大量时间和专业知识。有国外学者推算,如果要通读网络隐私政策,一个人平均每年需要大约 244 个小时。[2] 这还是 2012 年的研究,随着社会生活的全面数字化,各类物联网、智能家居收集个人信息的场景无处不在,隐私政策的复杂性、专业性更胜以往。[3] 而没有专业性知识,阅读隐私政策就可能像普通人阅读微积分,看上去每个字都认识,但实际上却很难理解或进入语境。例如,绝大部分普通用户都不了解动态 IP 与静态 IP 的区别,也很难理解软件开发工具包(SDK)处理个人信息的运行原理。在专业知

---

[1] 参见丁晓东:《〈个人信息保护法〉的比较法重思:中国道路与解释原理》,载《华东政法大学学报》2022 年第 2 期。

[2] See Lorrie Faith Cranor, *Necessary But Not Sufficient*: *Standardized Mechanisms for Privacy Notice and Choice*, 10 Journal of Telecommunications and High Technology Law, 274 (2012).

[3] 智能算法的问题又大大加剧了这一问题。参见万方:《算法告知义务在知情权体系中的适用》,载《政法论坛》2021 年第 6 期。

识背景不充分的情形下,个体就很难理解或容易误解各类隐私政策中的内容。[1]

此外,用户很少会对隐私政策提起兴趣。在过去的十几年里,信息隐私领域最热门的研究主题之一即是"隐私悖论":人们虽然口头上对个人信息保护无比重视,但实际上却并不太关心隐私政策,很容易就"用隐私换便利",而且是换取极小的便利。[2] 行为主义研究阵营中的法学家、经济学家和心理学家指出,造成这一现象的原因在于侵害个人信息的风险常常不确定,而且是非即时性的。对于这样一种风险,个人不太可能有兴趣对其进行阅读和了解。

事实上,现代社会中的产品说明与信息披露早已面临很多困境,个人信息保护中的告知同意只是又增添了另一例证。本沙哈教授曾经在《强制披露的失败》经典论文中描述过这一现象,现代社会中的个人每天都会遇到海量的信息提示:从使用剃须刀的产品说明、到收发快递的邮政说明、到吃饭时餐厅食物过敏提示。在信息过载的背景下,消费者拒绝阅读隐私政策或产品说明,其实是一种理性选择。正如本沙哈教授所言,"一次披露可以处理,但海量披露会压垮人,人们不可能关注比洪水更多的披露"[3]。

(二)同意的困境

就用户同意而言,首先在个人没有充分知情的前提下,个人同意可能变成一种没有理性的情绪表达,无法反映个人的真实想法与意志。理查德(Neil M. Richards)和哈特佐格(Woodrow Hartzog)两位教授曾将这类同意概括为"非知情的同意"。两位学者指出,由于个体不理解法

---

[1] See Patricia A. Norberg, Daniel R. Horne & David A. Horne, *The Privacy Paradox: Personal Information Disclosure Intentions Versus Behaviors*, 41 Journal of Consumer Affairs 100 (2007). 对隐私悖论的批判,参见 Daniel J. Solove, *The Myth of the Privacy Paradox*, 89 George Washington Law Review 1 (2021)。索洛夫教授的批判并不影响本章的论证,因为其批判也同样承认用户很难在短时间内有效获取信息。See Daniel J. Solove, *Introduction: Privacy Self-Management and the Consent Dilemma*, 126 Harvard Law Review 1880 (2013).

[2] See Neil Richards & Woodrow Hartzog, *The Pathologies of Digital Consent*, 96 Washington University Law Review 1461 (2019).

[3] Omri Ben-Shahar & Carl Schneider, *The Failure of Mandated Disclosure*, 159 University of Pennsylvania Law Review 647 (2011).

律协议、不理解技术背景或不理解后果风险,个体在很多情形下所作出的同意只是一个空壳,远非"知情和自愿同意的黄金标准"。[1]

其次,个体同意可能具有被诱导性或胁迫性。其中原因可能有多种,如市场可能被一两家头部平台所垄断,用户没有太多选项;或者即使用户有比较多的选项,但面对用户黏性和路径依赖,个体也可能很难说不。此外,企业常常有很多的技巧和"套路"让用户同意,如企业通过巧妙的交互界面设计,常常诱导用户同意其隐私政策。近年来,此类现象已经引起了越来越多的研究,如哈里·布里格努尔(Harry Brignull)将此类套路称为"暗黑模式"[2];一系列信息信义义务的研究认为企业可以对用户进行操控[3]。这些研究的共同发现是,个体的同意常常是被支配或操控下的非真实意思表示。

最后,个体的同意也常常被绑定,无法作出具有"颗粒度"的同意。信息处理者处理个人信息,有的是为了实现基础服务功能,有的是为了提供额外的增值服务或进行数据的进一步利用。面对信息处理者的多重目的,用户常常很难对所有目的进行"颗粒化"的分析,并分别一一作出同意或拒绝。更多的情况是,用户常常同意为了实现各种不同目的的信息处理,导致同意机制的异化。伯特·贾普·库普斯(Bert-Jaap Koops)教授将这类异化称为"功能蠕变",认为同意机制常常导致个人信息被用于个人并不真正认同的初始目的,违反"目的限定"原则。[4]

(三)强化告知同意的困境

应当看到,现行的不少法律、指南与意见都看到了告知同意的困境,并对其进行了针对化的改进。例如,针对告知,我国《个人信息保护法》第17条明确要求个人信息处理者在处理个人信息前,应当以"显著方

---

[1] See Neil Richards & Woodrow Hartzog, *The Pathologies of Digital Consent*, 96 Washington University Law 1461 (2019).

[2] See Jamie Luguri & Lior Strahilevitz, *Shining a Light on Dark Patterns*, 13 Journal of Legal Analysis 43 (2021).

[3] See Jack M. Balkin, *The Fiduciary Model of Privacy*, 134 Harvard Law Review Forum 11 (2020); Tal Zarsky, *Privacy and Manipulation in the Digital Age*, 20.1 Theoretical Inquiries in Law 157 (2019).

[4] See Bert-Jaap Koops, *The Concept of Function Creep*, 13 Law Innovation and Technology 1 (2021).

式、清晰易懂的语言真实、准确、完整地"向个人告知,欧盟《一般数据保护条例》同样规定控制者"应当以一种简洁、透明、易懂和容易获取的形式,以清晰和平白的语言来提供"。但如果仅从个体认知出发,则此类告知仍难以解决上述无兴趣、无时间、无专业、信息过载等难题。例如,当法律要求信息处理者采取"警示"的方式进行告知,但一旦"警示"过多,个人就会对此类警示疲劳;当法律要求信息处理者采取清晰平白语言,隐私政策就会更加冗长;当法律要求隐私政策简洁,告知就会不全面不清楚。无论如何,要求信息处理者在一个交互界面对微型不确定专业风险问题进行充分告知,无异于是一个不可能任务。[1]

同意的困境同样难以解决。欧盟《一般数据保护条例》对于同意功能的弱化非常关注,并进行了针对性的规定。例如,其第 4 条第 11 款明确规定了同意的四个要素:自由作出(freely given)、具体(specific)、知情(informed)、通过声明或行动明确表明数据主体的意愿(unambiguous indication of wishes),并且在"重述"和欧盟数据保护委员会(EDPB)关于同意的指南中对这四项作出了进一步要求。但这些要求无法解决个体无意进行太多决断这一根本性困境。在个人信息保护中,个体的同意并不像买卖高额商品或从事高危活动,一个理性个体不可能对此类微型权益进行深思熟虑的权衡。当法律作出强制规定,要求信息处理获得的个人同意必须是更高级别的同意,此类强制规定只会增加用户负担。例如,当企业对所有个人信息收集均采取弹窗形式,或者要求用户采取"选择加入"而非"选择退出"的方式进行同意,那么此类做法只会降低用户体验,而非激发真实同意。[2]

三、告知的另类用途:从二维到多维

从个人信息权利自决出发,告知同意面临困境、效果有限。但转换视角,从信息处理者自我规制、市场声誉机制、法律有效实施、沟通教育工具等角度出发,却可以发现作为告知同意载体的隐私政策的若干"意

---

〔1〕 这一问题在传统格式合同中就存在,参见 Yannis Bakos et al., *Does Anyone Read the Fine Print? Consumer Attention to Standard-Form Contracts*, 43 Journal of Legal Studies 1 (2014)。
〔2〕 对于"选择加入"与"选择退出"的利弊分析,参见 Hans Degryse & Jan Bouckaert, *Opt in Versus Opt Out: A Free-Entry Analysis of Privacy Policies*, SSRN (Oct. 24, 2006), https://ssrn.com/abstract=939511。

外"作用,隐私政策除了为用户个体提供告知,还可以发挥其他作用。

(一) 自我规制的章程

从消费者或用户的角度来看,隐私政策艰深晦涩且无足轻重,但从专业人员的角度来看,隐私政策却是理解企业处理个人信息的重要参照,帮助信息处理者建立良性的合规流程与制度。[1] 在没有隐私政策之前,企业内部可能各自为政,没有专业人士专门从事个人信息保护工作,也没有人了解个人信息处理的整体图景、形成处理个人信息的统一流程。但通过隐私政策的人员设置、前期调研、条款撰写、协调沟通,此类情形却可以大幅改善。在这个意义上,隐私政策可以成为信息处理者自我规制的章程。

曾经担任克林顿政府时期美国管理和预算办公室(OMB)首席隐私顾问的彼得·斯怀尔(Peter Swire)教授曾对此进行论述。在任职期间,斯怀尔参与和推动了一系列隐私政策的发展与成型。[2] 他指出,首先隐私政策推动了很多信息处理者设置专门的首席隐私保护官(CPO),或者由专门的法律总顾问来专门负责个人信息保护,这大大提升了信息处理者的隐私保护能力。其次,隐私政策大大降低了信息处理者从事危险信息处理的概率。在没有隐私政策之前,信息处理者的信息处理实践常常处于不受约束的状态,隐私政策的存在未必能完全约束信息处理者,但可以对某些恶劣的信息实践产生影响,"使得向第三方进行大规模、无监管转让的可能性大大降低"[3]。

如今,各国法律都将企业自我规制作为个人信息保护的重要一环。例如,我国《个人信息保护法》第51条规定,企业应当"制定内部管理制度和操作规程"等措施,第52条规定,符合要求的信息处理者"应当指定个人信息保护负责人,负责对个人信息处理活动以及采取的保护措施

---

[1] 参见高秦伟:《个人信息保护中的企业隐私政策及政府规制》,载《法商研究》2019年第2期。

[2] See Peter Swire, Markets, *Self-Regulation, and Government Enforcement in the Protection of Personal Information*, in Privacy and Self-Regulation in the Information Age by the U. S. Department of Commerce (Jun. 10, 2017), Department of Commerce, https://ssrn.com/abstract = 11472.

[3] Peter Swire, *The Surprising Virtues of the New Financial Privacy Law*, 6 Minnesota Law Review 86, 155 (2002).

等进行监督";欧盟《一般数据保护条例》也规定了企业内部合规建设、数据保护官(DPO)等制度。[1] 这些制度与隐私政策的功能密切相连,离开了隐私政策,企业内部将很难建立统一的个人信息保护政策,所谓企业的自我规制也无法展开。[2]

(二)声誉机制的媒介

隐私政策还可以成为声誉机制的重要媒介,建构个人信息保护的市场机制。单就个体而言,个人信息保护由于其专业性与信息高度不对称性,无法形成普通商品的信誉市场,甚至可能导致劣币驱逐良币的"柠檬市场",造成企业处理个人信息的机会主义行为。[3] 但市场中存在大量的中介机构,这些机构可以通过对隐私政策的理解、评级与认证,为信息处理者的信息处理提供打分机制,促成声誉机制的形成。

事实上,在隐私政策的发展历程中,此类机构就扮演了重要作用。例如,成立于1998年的在线隐私联盟(OPA),这一机构由80多家全球化公司组成,将"领导和支持自律倡议,为在线隐私创造一个信任的环境"作为其使命。该机构不仅自己发布在线隐私通知指南、自我规制执法框架,而且要求其所有成员都使用并公布其自身的隐私政策。通过对其成员隐私政策的监督,该机构在早期个人信息的行业保护方面发挥了重要作用,促进了市场声誉机制的有效发挥。[4]

声誉机制与社会监督制度也在各国法律中被广泛应用。例如,我国《个人信息保护法》第58条要求大型平台建立"个人信息保护合规制度体系,成立主要由外部成员组成的独立机构对个人信息保护情况进行监

---

[1] 个人信息保护制度中的企业自我规制,参见 Dennis D. Hirsch, *The Law and Policy of Online Privacy: Regulation Self-Regulation, or Co-Regulation?*, 34 Seattle University Law Review 439, 458 – 459 (2011)。

[2] See William McGeveran, *Friending the Privacy Regulators*, 58 Arizona Law Review 959 (2016).

[3] See Lauren Henry Scholz, *Fiduciary Boilerplate: Locating Fiduciary Relationships in Information Age Consumer Transactions*, 46 Journal of Corporation Law 143, 144 – 145 (2020).

[4] 参见 Privacy Alliance, Online Privacy Alliance, http://www.privacyalliance.org/resources, 这一机构现在已经不再活跃,但诸如 TRUSTe 和 ePrivacyseal 等类似机构已经更为成熟。

督"。欧盟《一般数据保护条例》第 40 条至第 41 条规定了"行为准则",对代表信息处理者的行业协会制定更细化的规则进行了规定,第 42 条对"建立数据保护认证机制、数据保护印章和标记,以证明控制者和处理者的处理"合规的认证制度进行了规定。这些兼具合规与声誉机制的制度如要发挥作用,都离不开隐私政策这一工具。

(三)法律实施的依据

隐私政策还可能成为个人信息申诉、司法与执法的重要依据。如果说隐私政策在企业自我规制与市场声誉中扮演的是"软法"治理的角色,那么当相关组织与机构提起申诉、诉讼或进行执法,隐私政策就可能变成"硬法"治理的一部分。

一方面,个体、社会组织可能依据隐私政策提起申诉或诉讼。为了调动社会各主体参与个人信息治理,各国都在不同程度上赋予了个体与社会组织的申诉权或诉讼权,以发挥此类主体"私人总检察长"的职责。[1] 例如,我国《个人信息保护法》第 50 条第 2 款和第 69 条分别赋予了个体的个人信息权利之诉与侵犯个人信息权利导致的侵权之诉,第 70 条规定了"人民检察院、法律规定的消费者组织和由国家网信部门确定的组织"可以提起公益诉讼。[2] 欧盟《一般数据保护条例》也认可了个人申诉与司法诉讼权,并且在其第 80 条首次引入了代表性诉讼[3],规定"数据主体有权委托非营利机构、实体或协会代表其行使"申诉和司法救济的权利。美国新近影响巨大的《数据隐私保护法案》(ADPPA)也规定,个体可以向监管机构提起申诉,如果监管机构或总检察长对于个人投诉不采取行动,个体还可以直接提起诉讼。[4] 在此类诉讼中,隐私政策往往在其中扮演关键性角色,个体与社会组织往往依

---

[1] See Danielle Keats Citron & Daniel J. Solove, *Privacy Harm* (Feb. 18,2022),https://ssrn.com/abstract = 3782222.

[2] 相关制度建构,参见余凌云、郑志行:《个人信息保护行政公益诉讼的规范建构》,载《人民检察》2022 年第 5 期;蒋红珍:《个人信息保护的行政公益诉讼》,载《上海交通大学学报(哲学社会科学版)》2022 年第 5 期。

[3] See Michael L. Rustad & Thomas H. Koenig, *Towards a Global Data Privacy Standard*,71 Florida Law Review 365,426 – 428 (2019).

[4] See American Data Privacy and Protection Act,TITLE IV,§ 403.

据隐私政策对信息处理者展开调查和提起诉讼。[1]

另一方面,监管机构、检察机构的执法活动也高度依赖隐私政策。当执法机构根据个人举报或相关线索进行个人信息执法,其切入口往往是隐私政策。[2] 例如,美国联邦贸易委员会在过去几十年里承担了信息隐私的重要执法功能,其在 Facebook 与剑桥分析公司丑闻等重大案件中,就是从调查企业的隐私政策开始,一步步调查企业的信息处理是否具有欺诈与不公平现象。[3] 在欧盟的若干重要案件中,隐私政策也常常是监管机构的执法线索与监管对象。例如,2019 年,法国国家信息自由委员会(CNIL)对谷歌处以 5000 万欧元的罚款,其理由就是谷歌的隐私政策不够清晰。[4]

(四)沟通教育的工具

对普通用户而言,隐私政策中的告知内容还可能扮演沟通教育功能,为用户提供个人信息保护的相关知识与联系方式等信息,强化用户的个人信息保护意识。

一方面,隐私政策可能成为一种沟通工具。在用户打开或登录网站、下载或安装相关软件时,个体很可能没有心思详细浏览隐私政策;用户可能更想尽快浏览网站、完成相应工作。但在平时,也有用户可能想更多了解隐私政策与信息处理实践。此时,用户就可能抱着学习钻研的态度理解隐私政策,隐私政策就能发挥其告知功能,承担与用户进行沟通交流的桥梁。而且,隐私政策不仅包括了个人信息处理的相关做法,还包含联系性信息、执法性信息等各类信息,这有利于个体建立对信息处理者的信任。例如,我国《个人信息保护法》规定隐私政策中的告知应当包括"个人信息处理者的名称或者姓名和联系方式""个人行使本法规定权利的方式和程序""个人行使本法规定权利的方式和程序"等事项。欧盟《一般数据保护条例》,美国联邦层面与各州的

---

[1] 最有代表性的诉讼当属奥地利公民马克西米利安·施雷姆斯(Maximillian Schrems),他提起了包括推翻美欧数据传输的安全港协议、隐私盾协议的相关案件,对欧盟乃至全球个人数据保护都产生了重要影响。

[2] See Daniel J. Solove & Woodrow Hartzog, *The FTC and the New Common Law of Privacy*, 114 Columbia Law Review 585 (2014).

[3] See Facebook, Inc., F.T.C. No. 1823109 (Jul. 24, 2019).

[4] See *The Sanctions Issued by the CNIL*, https://www.cnil.fr/en/sanctions-issued-cnil.

立法也作出了类似的规定。这些告知事项等于为个体提供了一本维权工具书。

另一方面,隐私政策可能增强用户的个人信息保护意识,从而间接促进个人信息保护。近年来大量研究指出,个人信息保护面临"大规模微型侵权"的难题,仅仅依靠个体救济,难以对各类大型信息处理者进行有效制约。[1] 而集体监管以及公权力支持的私法救济要发挥作用,就需要公民提高隐私意识,通过个体维权、公共舆论监督等方式促进个人信息保护制度的落地。目前,各国已经通过相关制度进行推动,例如,我国《个人信息保护法》第11条规定国家"加强个人信息保护宣传教育",欧盟《一般数据保护条例》第57条规定监管机构应当"提高公众意识"。除了这些规定,隐私政策的合理呈现也可以扮演关键性角色,可以让用户在日常生活中意识到个人信息保护的重要性。当然,此类呈现应当是适度的、合理的,如果基于隐私政策的告知非常频繁,甚至严重降低用户体验,那么此类呈现就可能造成用户的麻木心理,甚至造成逆反心态。[2]

四、告知同意的重构:迈向多维治理

从上文分析出发,可以对告知同意进行重构。告知同意一旦重新设计,就能避免告知同意在个体层面的困境,改善其作用;同时,这一制度也能保留甚至强化其多种功能。

(一)告知与同意的适度解绑

首先,告知与同意应当进行适度解绑。[3] 从个体意思自治与权利自决的角度出发,告知与同意往往被视为一个问题的两面:同意必须先

---

〔1〕 参见丁晓东:《从个体救济到公共治理:论侵害个人信息的司法应对》,载《国家检察官学院学报》2022年第5期;Peter C. Ormerod, *A Private Enforcement Remedy for Information Misuse*, 60 Boston College Law Review 1893 (2019)。

〔2〕 参见吕炳斌:《个人信息保护的"同意"困境及其出路》,载《法商研究》2021年第2期;马新彦、张传才:《知情同意规则的现实困境与对策检视》,载《上海政法学院学报(法治论丛)》2021年第5期。

〔3〕 近年来有少数外文文献注意到这一点,参见 Daniel Susser, *Notice After Notice-and-Consent: Why Privacy Disclosures Are Valuable Even If Consent Frameworks Aren't*, 9 Journal of Information Policy 37 (2019)。

进行告知,告知最终是为了获得同意。[1] 但从上文的分析出发,会发现二者并不一定需要深度捆绑:告知的对象在有的情况下可能对个体发生作用,但在更多的情形下,其对个体产生的作用有限,[2] 而对信息处理者内部人员、市场与社会主体、法律实施者,其告知反而有效。既然如此,同意就不应成为隐私政策的唯一或最重要目标,而告知也不应以个体作为唯一对象。

在同意要求方面,应适度放松其形式要求,避免同意要求的不断"升级加码"。[3] 同意可以有多种不同设置,如法律可以将同意等同于明示同意,即要求用户明确进行点击;法律也可以将很多行为视为默示同意,如将用户浏览或知晓用户协议的情况下继续使用视为同意。法律还可以进一步强化同意,如要求信息处理者设置默认不同意的对话框,只有用户明确打钩和选择加入,此时才将用户行为视为同意;或者法律可能要求信息处理者对不同类型的个人信息收集进行分别同意,要求用户在对话框进行多种选择。在个人信息保护面临挑战的情形下,人们很容易想到强化同意的解决方案。但正如本章分析,在个体无兴趣、无时间、无专业、信息过载的背景下,对同意做过高要求,会让同意流于形式,带来上文所列举的种种弊端。[4]

当然,避免同意的升级加码并不意味着取消同意,或者在所有的情形下都应当放松同意的形式要求。当个体所需要同意的信息处理属于较为重要的事项,并且普通个体对于此类事项具有充分认知时,此时同意不但必要,而且还需要通过各种形式对同意的形式作出严格要求。例如,当电脑或手机调取摄像头,或者当网站获取账户、密码等个人信息,此时信息处理者应当获得个体的非常明确的同意。此类明确同意不但

---

[1] 这一问题的背后是学界已经讨论了很多的个人信息自决权的困境。参见杨芳:《个人信息自决权理论及其检讨:兼论个人信息保护法之保护客体》,载《比较法研究》2015 年第 6 期。

[2] 参见王琳琳:《个人信息处理"同意"行为解析及规则完善》,载《南京社会科学》2022 年第 2 期。

[3] 参见林洹民:《个人信息保护中知情同意原则的困境与出路》,载《北京航空航天大学学报(社会科学版)》2018 年第 3 期;翟相娟:《个人信息保护立法中"同意规则"之检视》,载《科技与法律》2019 年第 3 期。

[4] 避免对同意作出高要求,也更符合个人信息保护的基础法理,个人信息被保护具有工具性特征,并非绝对性权利。参见张新宝:《论个人信息权益的构造》,载《中外法学》2021 年第 5 期。

有利于个人信息的自我保护,而且有助于信息处理者获取个人信任,促进和谐信息关系的建立。[1]

从各国法律看,美国在同意方面要求较低。首先,美国很多领域并不要求个人同意,但包括美国联邦贸易委员会在内的很多机构都出台了隐私政策指南,企业也基本都建立了隐私政策告知。其次,就要求同意的情形,美国在大部分情况下都采取了选择退出要求,即隐私政策的默认选项是企业可以处理个人信息。[2] 只有在涉及敏感信息或特定情况,美国法才以选择加入的方式来获取同意。例如,美国《公平信用报告法》规定,当消费者信贷报告用于就业目的,或当其包含医疗信息时,此时必须采取选择加入的方式获取用户同意。[3]

相比美国,欧盟在同意方面的要求较高。欧盟《一般数据保护条例》的"重述"第 32 条认为,"明确的肯定性行为"包括"通过书面声明(包括通过电子手段)或口头声明",但"沉默、预先勾选的方框"不构成同意,而且"当处理有多个目的时,应给予所有目的的同意"。欧盟数据保护委员会在其 2020 年发布的《关于〈一般数据保护条例〉同意的指南》中认识到了这一点,指出"同意请求"不应被理解为对相关服务进行"不必要干扰",但仍然认为,如果以"较少侵犯或干扰的方式"会引起"模糊性",则仍应"中断使用体验"。[4] 欧盟的这一立场使其网站的同意设置变得复杂而烦琐,对于保护用户与消费者的良好体验并不友好。

目前,我国《个人信息保护法》对于个人同意的规定仍然较为原则,很多制度仍然有待于实践的进一步探索。《个人信息保护法》第 14 条规定"自愿、明确作出",第 23 条规定向第三方提供个人信息应当获取"单独同意",第 29 条规定处理敏感信息应当获得"单独同意"或"书面

---

[1] 近年来,中外学者都开始注重信任在个人信息保护中的作用,参见 Claudia E. Haupt, *Platforms as Trustees*: *Information Fiduciaries and the Value of Analogy*, 134 Harvard Law Review Forum 34, 35 (2020);姚佳:《知情同意原则抑或信赖授权原则——兼论数字时代的信用重建》,载《暨南学报(哲学社会科学版)》2020 年第 2 期。

[2] 这一做法也招致了不少学者的批判,参见 Edward J. Janger & Paul M. Schwartz, *The Gramm-Leach-Bliley Act*, *Information Privacy*, *and the Limits of Default Rules*, 86 Minnesota Law Review 1219, 1241 (2002)。

[3] See Fair Credit Reporting Act, 15 U.S.C. § 1681b(a)(2012).

[4] See EDPB, Guidelines 05/2020 on consent under Regulation 2016/679, para 82.

同意"。这些规定一方面对同意作出原则性规定,对特殊情况作强化要求;另一方面,这一立法模式并未对同意的具体要求作出特别明确的规定,为信息处理者在具体实践中建构同意标准留出了一定的空间。我国可以在参考欧美经验的同时,在实践中探索更符合具体场景和用户合理期待的同意机制。[1]

(二) 多样分层的沟通机制

在告知与同意适度分离的思路下,告知不但不能省略,而且还应进一步强化和完善。由于告知的对象既包括普通个体,也包括企业合规人员、社会主体、司法与执法人员,告知应当采取分层框架,在简洁性、清晰性、具体性等方面作出细致安排,以实现与多主体的有效交流沟通和实质性参与。[2]

在呈现警示度方面,告知可以采取链接、弹窗、警示等不同程度的呈现形式。底部链接的方式常常为很多网站所采用,以维持页面的简洁。例如,谷歌、百度、必应、搜狗等搜索引擎,这类网站往往在其界面的边角处设置隐私政策的链接,不太容易为用户所注意。相较之下,一般性的弹窗则可以引起用户的关注,而警示性弹窗则可以通过红黄等颜色,更进一步引起用户警觉。不同警示度的告知形式各有优劣。警示度较低的告知往往难以引起用户注意,但也因此不会影响用户体验;警示度高的告知则刚好相反。为此,法律对于呈现度的要求可以兼顾二者,在具体场景中对相关设置进行判断与优化。例如,对于搜索引擎,大部分情形下搜索引擎所收集的个人信息往往是匿名性或去标识化的搜索信息。[3] 因此,应当可以允许网站设置链接性隐私政策,但其链接名称应当可以在搜索页面中直接找到。

---

[1] 参见姜野:《由静态到动态:人脸识别信息保护中的"同意"重构》,载《河北法学》2022年第8期。

[2] 参见冯健鹏:《个人信息保护制度中告知同意原则的法理阐释与规范建构》,载《法治研究》2022年第3期。

[3] 个人信息的匿名性或去标识化是一个极为复杂的问题。参见丁晓东:《论个人信息概念的不确定性及其法律应对》,载《比较法研究》2022年第5期。

在呈现结构方面，隐私政策可以采取分层结构[1]，采取各类复杂产品说明书的展开模式。上文指出，隐私政策的简洁性与详细性、专业性与平白性要求各有优劣，为了最大限度发挥优势，避免劣势，可以要求或倡导企业采取双层或多层的隐私政策。在直接和用户交互的界面或第一层链接，隐私政策应简洁平白，为用户提供一目了然的信息目录，避免过于复杂和专业化的表述。第一层链接是信息处理者和普通用户对话的首要窗口，此类设置有利于普通用户获取更多有效信息。但到了第二层或第三层链接，此时的读者可能是企业、社会与执法部门的专业人士，或者对隐私政策抱有更专业性期待的读者，此时隐私政策应当展开更为全面，兼顾专业性与平白性，为这类读者提供更详细专业的指引。

(三)隐私政策的合规内嵌

如上文所述，隐私政策不仅写给外部人士看，其对内部合规也具有重要意义。为了发挥隐私政策的这一功能，隐私政策应当成为信息处理者内部的合规指引，内嵌到信息处理的不同部门，成为产品设计的一部分。[2]

隐私政策首先应当前置和融入信息处理者的内部，在企业内部交流、协调、探讨后确定。正如有学者指出，"起草隐私声明为公司提供了一个盘点和评估内部实践的机会，确保这些实践是最新的、必要的和适当的。它还可以作为一个决策平台，根据与品牌相关的考虑以及法律、政策或市场实践的发展，决定是否继续进行数据实践或部署技术"[3]。斯怀尔教授也曾经进行研究，发现美国《格雷姆－里奇－比利雷法》(Gramm-Leach-Bliley Act, GLBA)生效后，许多金融机构第一

---

[1] 参见郑佳宁：《知情同意原则在信息采集中的适用与规则构建》，载《东方法学》2020年第2期。

[2] 参见王苑：《中国未成年人网络个人信息保护的立法进路——对"监护人或家长同意"机制的反思》，载《西安交通大学学报(社会科学版)》2019年第6期；李芊：《从个人控制到产品规制——论个人信息保护模式的转变》，载《中国应用法学》2021年第1期；张继红：《经设计的个人信息保护机制研究》，载《法律科学(西北政法大学学报)》2022年第3期。

[3] Paula J. Bruening & Mary J. Culnan, *Through a Glass Darkly: From Privacy Notices to Effective Transparency*, 4 North Carolina Journal of Law and Technology 17, 66 (2016).

次在内部进行了广泛的交流,以"了解数据在组织的不同部门之间以及与第三方之间如何共享和不共享"[1]。在企业内部合规前置方面,应当承认,目前我国在这方面还有较大不足。我国法务人员在企业中的地位相对较低,其协调沟通的能力也相对较弱。未来我国应在这方面加大力度,政府在执法过程中,也应加大对企业内部合规的执法检查。[2]

隐私政策还应与产品设计结合,成为隐私设计或个人数据保护设计的一部分。[3] 隐私设计的概念首先由加拿大渥太华信息与隐私委员会前主席安·卡沃基安(Ann Cavoukian)提出。卡沃基安认为,产品设计往往对于个人信息保护具有关键作用,当企业从产品源头对信息收集与处理的方式进行把关,可以比个人更有效地保护隐私,同时实现个人与企业的双赢。[4] 隐私设计的概念经过发展,逐渐成为个人信息保护领域的共识。例如,欧盟《一般数据保护条例》采纳了"数据保护设计和默认数据保护"的原则,其第25条规定,数据处理者应当通过设计和默认设置来有效实现数据主体的权利和自由。我国《个人信息保护法》虽然未直接规定隐私设计原则,但也规定了"采取相应的加密、去标识化等安全技术措施"的一些类似规定。[5] 在隐私政策的形成与撰写过程中,应将隐私政策视为与前端产品设计密切沟通协调后的产物,而非仅仅是产品成型后的解释说明。[6]

---

〔1〕 Peter Swire, *The Surprising Virtues of the New Financial Privacy Law*, 86 Minnesota Law Review 1236 (2002).

〔2〕 对合规问题的公司法分析,参见赵万一:《合规制度的公司法设计及其实现路径》,载《中国法学》2020年第2期。

〔3〕 有学者主张,应以产品责任法的思路保护个人信息。参见 Danielle Keats Citron, *Reservoirs of Danger: The Evolution of Public and Private Law at the Dawn of the Information Age*, 80 Southern California Law Review 241, 244 (2007); James Grimmelmann, *Privacy as Product Safety*, 19 Widener Law Journal 793 (2010)。

〔4〕 See Ira Rubinstein, *Regulating Privacy by Design*, 26 Berkeley Technology Law Journal 1409 (2012).

〔5〕 参见《个人信息保护法》第51条。

〔6〕 对于市场是否可以有效设计产品保护个人信息,有不同观点,但都认同产品设计的重要性。See Woodrow Hartzog, *Privacy's Blueprint: The Battle to Control the Design of New Technologies*, Harvard University Press, 2018, p. 1 – 10; Kenneth A. Bamberger & Deirdre K. Mulligan, *Privacy on the Books and on the Ground*, 63 Stanford Law Review 247 (2011).

(四)隐私政策的风险与模块化设计

隐私政策还应基于风险,对相关风险点进行模块化设计。例如,针对信息处理者是否进行去标示化操作,其收集的信息是否与第三方共享,企业采取何种措施防止个人信息泄露和进入黑市,政府执法部门与市场中的第三方机构可以不断发现、调整与列明信息市场中的风险点,引导信息处理者对其进行防范,并在隐私政策中对这些风险点进行模块化的设计。[1]

采取基于风险的模块化披露,首先有利于司法诉讼与行政执法。上文提到,隐私政策的一大功能是可以作为社会监督者、行政执法者的依据。为了使这种依据能够有效发挥作用,隐私政策就应当针对个人信息保护中的实际风险进行阐述,形成模块化的清单。一旦形成此类清单,信息处理者就能与监督者、执法者形成有效的风险交流与风险监管,而非对隐私政策中的每个细节都进行无差别的检查。[2] 此外,此类清单一旦模块化,特别是形成机器可读的模块,监督者与执法者就能对隐私政策进行批量化监督,实现监管的智能化与高效化。目前,包括我国在内的世界各国都对隐私政策的合规要求作出了某些规定,或者发布了某些指引,但这些规定或指引的探索仍然较为初步,需要未来进一步围绕风险点进行动态调整与合理设计。

采取基于风险的模块化披露,也有利于个人信息保护市场机制的发挥。如上所述,个人信息保护存在信息不对称的"柠檬市场"难题。为了应对这一难题,学者和专家们提出过不少建议,例如,保罗欧姆(Paul Ohm)教授主张,应借鉴商标的理念,将互联网企业的隐私政策商标化,供用户直观选择,以此解决隐私政策的信息不对称与市场无序问题。[3] 还有学者主张,隐私政策应模仿食品中的成分标签,要求信息处理者按

---

[1] 个人信息保护的风险维度,参见梅夏英:《社会风险控制抑或个人权益保护——理解个人信息保护法的两个维度》,载《环球法律评论》2022年第1期;赵精武:《民法上安全原则的确立与展开:以风险社会治理转型为视角》,载《暨南学报(哲学社会科学版)》2022年第4期。

[2] 对于个人信息行政罚款的探讨,参见孙莹:《违法处理个人信息高额罚款制度的理解与适用》,载《华东政法大学学报》2022年第3期。

[3] See Paul Ohm, *Branding Privacy*, 97 Minnesota Law Review 907 (2013).

标签进行披露。[1] 本章所提倡的建议与这些建议有一定相似之处,当隐私政策进行基于风险的模块化披露,并辅之以上文提到的个人信息保护认证等机制,隐私政策可以重新激活个人信息保护的市场声誉机制。[2]

五、结语：权利保护的多维主体视角

基于隐私政策的告知同意已经成为个人信息保护法的一般规则[3],也被视为信息主体不可转让的核心利益[4]。本章从比较法与法律原理角度出发,对这一制度进行重思,可以发现其性质与制度都应当进行重构。

就性质而言,告知同意制度的性质具有多维特征,在不同国家和地区呈现的面貌不同。在美国,告知同意在采用点击协议的形式下可能被视为合同,但在浏览协议等形式下可能不被认定。但即使被认定为合同,个人也可能因为缺乏损害而无法起诉,隐私政策在更多的情形下具有产品声明的特征,其实施依赖于执法。在欧盟,个人信息保护是公法基本权利在私人领域的辐射,告知同意更接近于基本权利的合规要求。但即使是欧盟,隐私政策也具有一定的消费者合同特征。我国的个人信息保护与欧盟存在整体相似性,但为市场化机制预留了更大空间,告知同意应被视为一种兼具消费者合同、声明、基本权利合规的多维制度。[5]

就实施效果而言,如果仅采取二维视角,将告知同意制度视为合同或意思自治,则这一制度将无法有效保护个人信息权利保护。信息处理

---

[1] See Corey A. Ciocchetti, *The Future of Privacy Policies: A Privacy Nutrition Label Filled with Fair Information Practices*, 26 The John Marshall Journal of Information Technology & Privacy Law 1, 47 (2008).

[2] See Florencia Marotta-Wurgler, *Self-Regulation and Competition in Privacy Policies*, 45 Journal of Legal Studies 13 (2016).

[3] 参见衣俊霖:《论个人信息保护中知情同意的边界——以规则与原则的区分为切入点》,载《东方法学》2022年第3期。

[4] 参见王洪亮:《〈民法典〉与信息社会——以个人信息为例》,载《政法论丛》2020年第4期。

[5] 作为规制工具的个人信息权益,参见王锡锌:《个人信息权益的三层构造及保护机制》,载《现代法学》2021年第5期。

者将无法在即时交互场景下让个人有兴趣、时间和专业能力理解隐私政策,各种改进措施也只会强化信息过载与决策疲劳的困境。但如果拓宽维度,从多维主体视角看待基于隐私政策的告知同意,就会发现隐私政策的多重功能,隐私政策可以成为企业自我规制的章程、市场声誉机制的媒介、司法诉讼与行政执法的依据、沟通信任与隐私教育的工具。[1]

为真正有效保护个人信息权利,基于隐私政策的告知同意制度应进行制度重构。首先,告知与同意应适度解绑,在同意方面适度放松,避免同意要求的不断"升级加码",但在告知方面则应进一步强化与优化。其次,隐私政策在警示度方面可以采取链接、弹窗、警示等不同程度的呈现形式;在结构方面可以采取分层框架,以实现隐私政策与多主体的有效沟通。再次,隐私政策应成为信息处理者内部的合规指引,内嵌到信息处理的不同部门,成为产品设计的一部分。最后,隐私政策应采取基于风险的模块化披露,助推司法诉讼、行政执法与市场声誉机制的有效运行。

---

[1] 作为沟通信任机制的信息披露,参见丁晓东:《基于信任的自动化决策:算法解释权的原理反思与制度重构》,载《中国法学》2022年第1期。

第三章　个人信息权的救济：从个体侵权到公共治理

第二章对个人信息权利的前端保护制度——告知同意进行了分析与反思。本章将对个人信息权利的后端保护制度——司法救济进行分析与反思。在个人信息权利兴起之前，基于侵权法的司法救济在隐私权保护中扮演了关键角色。无论是美国普通法体系下的隐私保护[1]，还是大陆法系以人格权为基础的隐私保护[2]，都基本依赖法院进行侵权法保护。但到了个人信息权利保护，一系列争议性问题就开始出现。

其一，如何理解个人信息权利诉讼的性质与诉讼规则？这类诉讼是否为人格权的侵权诉讼，可以适用人格权禁令？还是一般侵权诉讼，适用一般过错原则？又或者，此类信息权利诉讼是一种具有公益性质的私人诉讼，因此其适用原则应更类似向监管机构提起的举报与申诉？其二，如何理解和适用造成损害的个人信息侵权之诉？我国《个人信息保护法》第69条第1款规定，"处理个人信息侵害个人信息权益造成损害，个人信息处理者不能证明自己没有过错的，应当承担损害赔偿等侵权责任"。对于这一规定，如何界定损害？如何理解与适用归责原则？如何确定个人获得的救济与赔偿？

本章将对侵害个人信息的司法救济进行整体性思考。首先从比较

---

[1] 隐私法的权威学者威廉姆·普罗斯所总结的四类隐私侵权成了美国隐私保护的共识，普罗斯同时是侵权法的权威学者，是《美国侵权法》"重述"（第2版）的报告人，参见 William L. Prosser, *Privacy*, 48 California Law Review 383（1960）。

[2] See Paul M. Schwartz & Karl-Nikolaus Peifer, *Prosser's Privacy and the German Right of Personality: Are Four Privacy Torts Better than One Unitary Concept?*, 98 California Law Review 1925（2010）.

法的视野分析侵害个人信息的司法救济,其次依次分析不存在明确损害的个人信息权利之诉与存在明确损害的个人信息侵权之诉。本书认为,二者的重心都应从个体补偿救济转向公共治理。其中,个人信息权利具有程序性与工具性特征,个人信息权利之诉应当被视为一种申诉与举报,法院应当在此类诉讼中发挥独立监管机构的角色。而个人信息侵权之诉的制度目标则应从个体损害赔偿救济转向合理威慑。综合而言,侵害个人信息的司法救济应当服务于个人信息治理的总体目标,侵权法与司法制度都应根据这一目标而进行制度升级与功能定位。

一、比较视野下的个人信息司法保护

(一)欧盟

在比较法上,欧盟的个人信息司法保护采取了权利救济与侵权赔偿的二元模式。就权利救济而言,《一般数据保护条例》第 79 条规定了"针对控制者或处理者的有效司法救济权",该条第 1 款规定,"任何数据主体认为,由于违反本条例而处理其个人数据,导致其被本条例所赋予的权利被侵犯,在这些情形下其都有获取司法救济的权利"。从性质上看,这一条款并非传统侵权救济,而是提供了对个人信息被保护权这一基本权利救济,具有私人触发公共执法的特征。[1]

这是因为,欧盟将个人数据被保护权视为一种源自《欧盟基本权利宪章》的宪法性权利[2],正如《一般数据保护条例》第 1 条第 2 款所言,"本条例保护自然人的基本权利和自由,特别是其个人数据被保护的权利"。在这种个人信息权利定位下,数据主体法院提起权利请求,本质上是请求法院对个人信息权利进行确认与执法,而非对传统侵权法意义上的"损害"进行赔偿。

也正因如此,《一般数据保护条例》在第 79 条之前设置了个人向监管机构提起个人信息权利申诉的规定;第 77 条规定,"在不影响任何其

---

[1] See Margot E. Kaminski, *Binary Governance: Lessons from the GDPR's Approach to Algorithmic Accountability*, 92 Southern California Law Review 1529 (2019).

[2] 《欧盟基本权利宪章》第 8 条第 1 款规定:"每个人都有权保护与其有关的个人数据。"

他行政或司法救济的前提下,每个数据主体都有向监管机构进行申诉的权利"。如果个人信息权利之诉为传统侵权损害之诉,则监管机构不应具有此类权利,因为传统侵权损害之诉一般只能为法院救济,监管机构不应对此类侵权进行救济。

此外,也正是因为个人信息权利之诉是一种私人执法机制,《一般数据保护条例》引入了"数据主体代表制度",第80条第2款规定,"不论数据主体是否委托",符合条件的"任何机构、组织或协会如果认为本条例所规定的数据主体的权利已经因为处理而受到侵犯,都有权在成员国向第77条规定的有权监管机构提起申诉,行使第78条和第79条规定的权利"。如果个人信息权利之诉为传统侵权损害之诉,此类申诉或诉讼将无权提起。

个人信息权利之诉还有若干问题需要注意。其一,个人信息权利并非绝对性权利,而是一种工具性权利或程序性权利。正如《一般数据保护条例》"重述"所言,"个人数据保护权不是一项绝对权利;必须结合其在社会中的作用加以考虑,并与其他基本权利相平衡"。这就意味着监管机构或法院在确定个人信息权利边界时,必须考虑与言论自由、信息自由、商业自由等多种价值相平衡。[1] 其二,在个人信息权利之诉中,欧盟法院实际上扮演独立监管机构的角色,发挥和欧洲数据保护监管局(European Data Protection Supervisor)类似的功能。在此类诉讼中,法院不仅需要理解技术类专业知识,而且其适用的规则也不同于传统侵权诉讼。

就造成损害的侵权赔偿之诉而言,欧盟法院采取了传统的侵权法模式。欧盟《一般数据保护条例》第82条规定了"获取赔偿的权利与责任",该条第1款规定,"任何因为违反本条例而受到物质或非物质性伤害的人都有权从控制者或数据者那里获得对损害的赔偿"。第2款和第3款进一步规定,"任何涉及处理的控制者都应当对因为违反本条例的处理而受到的损害承担责任。对于处理者,当其没有遵守本条例明确规定的对处理者的要求,或者当其违反控制者的合法指示时,其应当对处理所造成的损失负责";"控制者或处理者如果证明自己对引起损失的事件没有任何责任,那么其第2段所规定的责任可以免除"。

---

[1] 参见《一般数据保护条例》"重述"第4条。

欧盟的侵权损害之诉也有若干要点值得关注。其一，其对损害赔偿的界定仍然较为狭窄，违法并不等于损害。《一般数据保护条例》"重述"规定，"损害的概念应根据法院的判例法进行广义解释"[1]。这一规定曾经引起疑惑，是否违反《一般数据保护条例》，即构成对个人的损害？欧盟委员会对此给出了明确否定的回答，要求必须提供额外证明来证明损害的存在。[2] 在司法实践中，欧盟各国法院也作出判决，对于没有造成损害的违法行为，原告无法获得赔偿。[3] 区别主要在于对于非物质性损害的解释，有的欧洲国家对损害采取了较为宽泛的解释，将个人尊严、自主权丧失、焦虑和痛苦都视为损害[4]，而有的国家则解释较窄，只承认引起精神疾病的损害[5]。其二，在归责原则方面，《一般数据保护条例》规定模糊，一方面第 82 条第 2 款将"违反本条例"作为侵权的前提；但另一方面第 82 条第 3 款又引入了证明自己"没有任何责任"的抗辩，这就可能导致合规与侵权的紧张。例如，当信息处理者进行了完全合规的操作，但却导致了本应可预见的损害，此时信息处理者是否可以将合规作为不存在责任的抗辩？反之，当信息处理者存在违规之处，是否意味着其对侵权损害必然存在责任？

（二）美国

美国对个人信息的司法救济较为有限。在已进行联邦层面个人信息立法的领域和若干已经进行消费者隐私法立法的州[6]，美国法院对

---

[1] 参见《一般数据保护条例》"重述"第 136 条。

[2] See R. Caroline McGrath BL & Mark Finan BL, *GDPR Breach: Compensation Claims?*, Irish Claims Board（Sept. 16, 2021）, https://claimsauthority.ie/gdpr-breach-compensation-claims/.

[3] See Amtsgericht Diez, 07-11-2018, 8 C 130/18; Amtsgericht Bochum, 11-03-2019, 65 C 485/18; Oberlandesgericht Dresden, 4 Zivilsenat, Beschluss vom 11-06-2019, Az.: 4 U 760/19 and Landgericht Karlsruhe; 02-08-2019; 8 O 26/19; Rechtbank Overijssel; 28-05-2019; AK 18 2047, Rechtbank Amsterdam; 02-09-2019; 7560515CV EXPL 19-4611, and Rechtbank Noord-Nedeland; 15-01-2020; C/18/189406/HAZA 19-6.

[4] 如英国的相关判决，参见 Google Inc v. Vidal-Hall, Hann and Bradshaw [2015] EWCA Civ 311。

[5] 如爱尔兰的相关判决，参见 Kelly v. Hennessy [1995] 3 I. R. 253。

[6] 截至 2025 年 3 月 27 日，美国已有加州、康涅狄格州、科罗拉多州、弗吉尼亚州、犹他州等 19 个州进行了州层面的消费者数据隐私立法。

个人信息仅提供侵权法保护,但不提供类似欧盟的纯粹基于个人信息权利的诉讼。在立法上,美国法对于诉讼权利的规定就较为谨慎,从联邦层面的《健康保险可携性和责任法案》(HIPPA)、《儿童在线隐私法案》(COPPA)到州层面的《加州消费者隐私法》(CCPA),美国的个人信息保护法并不允许个人针对信息权利向法院寻求救济,救济的权利主要被赋予了监管机构或州检察长。[1] 只有在涉及个人信息泄露等情形下,个人才可以向法院提起诉讼,寻求司法救济。[2]

使司法救济更为困难的是,即使某些个人信息立法赋予了个人向法院寻求救济的权利,法院也不予支持。美国法院从美国《宪法》第3条出发,认为个人不能仅仅依据法定权利而提起诉讼,法院只能受理"案例"或"争议",且必须以损害作为前提。[3] 在2013的Clapper v. Amnesty International案中,美国联邦最高法院认为,针对美国国家安全局的大规模监视,原告仅推测可能存在监视,未能证明存在"实质性风险"的伤害,因此不具有诉权。[4] 在2016年的Spokeo Inc. v. Robins案中,一家提供个人信用与背景调查的网站Spokeo收集了当事人Robins的信息,但其信息存在错误,误将当事人的资料填为富有、已婚以及具有专业背景的人员,当事人依据美国《联邦公平信用报告法案》提起更正请求,但遭到了网站的拒绝。当事人于是向法院提起诉讼,认为网站的错误信息损害了其就业机会,使一般企业不敢雇用当事人。但在此案中,美国联邦最高法院认为,侵权法的救济要求损害必须是"具体的""无形的伤害",只有在满足"真实的损害风险"的情形下,才可能得到救济,法院据此将案件发回下级法院重审。[5] 其后,在2021年的TransUnion LLC v. Ramirez案中,美国联邦最高法院再次确认,企业没

---

[1] See Anupam Chander, Margot E. Kaminski & William McGeveran, *Catalyzing Privacy Law*, 105 Minnesota Law Review 1733 (2021).

[2] 美国所有的州都制定了个人信息泄露的法律,并且赋予了个体诉权,参见 *Security Breach Notification Laws*, National Conference of State Legislatures(Jan. 17, 2022), https://www.ncsl.org/technology-and-communication/security-breach-notification-laws。

[3] See Lujan v. Defenders of Wildlife, 504 U. S. 555 (1992); Antonin Scalia, *The Doctrine of Standing as an Essential Element of the Separation of Powers*, 17 Suffolk University Law Review 881, 890 – 91 (1983).

[4] See Clapper v. Amnesty International, 133 S. Ct. 1138 (2013); Doe v. Chao, 540 U. S. 614(2004); Federal Aviation Administration v. Cooper, 132 S. Ct. 1441 (2012).

[5] See Spokeo Inc. v. Robins, 136 S. Ct. 1540, 1549 (2016).

有向消费者披露其收集的个人信息或个人信息收集存在错误,并不构成对个人的"具体伤害"。[1]

当然,美国法院仍然允许对少部分个人信息违规行为进行侵权救济。一是造成具体伤害或一定预期伤害的信息处理行为。这类侵害行为可能是身体或经济伤害,如信息处理者将个人信息贩卖给犯罪分子,用以伤害个人或盗取存款,也可能是名誉伤害、歧视伤害等人格性伤害。二是对于可能造成实质性风险的数据泄露或数据违规披露等行为,美国法院也允许提起侵权之诉。美国在州层面大都制定了数据泄露法,并且允许提起侵权之诉。[2]例如,上文提到的2021年的TransUnion LLC v. Ramirez案,美国联邦最高法院虽然否定了一部分群体基于个人信息知情权与更正权而提起的诉讼资格,但认为未经当事人同意向第三方提供信息构成了具体伤害,因而这部分群体仍然具备诉权。[3]

美国的个人信息司法救济也有若干点需要注意。其一,美国收紧侵权法司法救济的做法受到了很多隐私法学者的批判。例如,在Spokeo的法庭之友意见中,多位著名的信息隐私法学者指出,国会制定《公平信用法案》明确授予了个人以访问权、更正权等消费者权利,违反这些权利并"不意味着没有伤害",恰巧相反,这说明"国会认识到记录这种伤害的难度",因此以一种法定损害和赔偿的方式在成文法里进行规定。[4]其二,虽然美国联邦层面的侵权法救济门槛较高,但美国规制机构在个人信息执法中扮演了重要角色;特别是联邦贸易委员会,在个人信息保护中发挥了关键性角色。美国的个人信息保护整体上采取市场规制的路径,联邦贸易委员会对"不正当与欺诈性贸易行为"进行监管。此类监管的目的在于确保市场秩序的公平竞争,并对个体进行损害救济。[5]其三,联邦贸易委员会虽然在性质上为

---

[1] See TransUnion LLC v. Ramirez, 141 S. Ct. 2190 (2021).

[2] See Danielle K. Citron, *The Privacy Policymaking of State Attorneys General*, 92 Notre Dame Law Review 747 (2017).

[3] See TransUnion LLC v. Ramirez, 141 S. Ct. 2190 (2021), at 2200.

[4] See Julia Cohen, Chris Hoofnagle, William McGeveran, Paul Ohm, Joel R. Reidenberg, Neil M. Richards, David Thaw, Lauren E. Willis, *Information Privacy Law Scholars' Brief in Spokeo*, Inc. v. Robins (Sept. 4, 2015), https://ssrn.com/abstract=2656482, p. 12.

[5] See 15 U.S.C. § 45(a)(1) (2012).

规制机构,但这类规制机构也具有典型的司法特征,包括联邦贸易委员会在内的很多机构在执法时,实际上采取了基于案例的执法,并且赋予被执法者抗辩、和解、诉讼等诸多权利,而非通过发布规制或命令进行执法。也因此,美国联邦贸易委员会的执法有时也被称为普通法保护。[1]

二、迈向治理型的个人信息权利之诉

在实体法规定方面,我国《个人信息保护法》采取了与欧盟《一般数据保护条例》近似的立法模式。二者都将个人信息权利的渊源追溯到宪法层面,同时二者都规定了知情同意权、决定权、查阅复制权、转移权、更正补充权、删除权、解释说明权等个人信息权利。只不过我国《个人信息保护法》的表述略有区别,如我国采用了"决定权""更正补充权""转移"的表述,这与欧盟中的相关信息权利构成细微区别。[2] 如果仅从《个人信息保护法》来看,我国的个人信息权利诉讼应该与欧盟类似,也应该是一种公法基本权利在民事领域的直接适用。[3]

但《民法典》对于个人信息权益的相关规定使问题变得较为复杂。在制定《个人信息保护法》之前,《民法典》人格权编第1035条至第1039条就规定,自然人可以向信息处理者查询复制、更正、删除信息。在这一背景下,个人信息权利之诉到底是民事权利之诉,还是公法基本权利之诉?如果是民事权利之诉,是否可以说,个人信息权利是一种人格权,因此适用人格权侵权的一般规定,甚至可以适用人格权禁令制度?[4] 又或者,当个人依据《民法典》相关规定提起个人信息权利诉讼时为人

---

[1] See Daniel J. Solove & Woodrow Hartzog, T*he FTC and the New Common Law of Privacy*,114 Columbia Law Review 583 (2014).

[2] 另一较大区别是《个人信息保护法》引入了死者亲属的信息权利,欧盟并不存在此类权利。

[3] 参见张翔:《个人信息权的宪法(学)证成——基于对区分保护论和支配权论的反思》,载《环球法律评论》2022年第1期;汪庆华:《个人信息权的体系化解释——兼论〈个人信息保护法〉的公法属性》,载《环球法律评论》2022年第1期。

[4] 参见程啸:《民法典编纂视野下的个人信息保护》,载《中国法学》2019年第4期。

格权侵权之诉,而依据《个人信息保护法》提起诉讼时为公法基本权利之诉?[1]

首先,无论个人依据《民法典》个人信息条款还是《个人信息保护法》提起诉讼,都应当被视为同一性质的法律行为。如果个人依据这两部法律所进行的同一行为性质不同,将造成司法适用的混乱与法律体系的冲突。其次,我国的个人信息权利之诉应当被定位为公私法高度融合的权利之诉。这其中原因在于,无论是《民法典》个人信息条款还是《个人信息保护法》,实际上都以"处理关系"为核心,都不是传统意义上针对国家的诉讼或针对平等主体的民事诉讼。[2]《个人信息保护法》自不必说,其所有规定都围绕处理关系展开;需要强调的是,即使是《民法典》个人信息保护条款,在其条款里明确将"处理关系"作为前提。就此而言,《民法典》中的个人信息保护条款,从性质上也应理解为一种融合了公法价值的新民事权利。如此,《民法典》中的个人信息保护条款将和《个人信息保护法》高度协调,为个人信息权利诉讼提供融贯一致的法律基础。[3]

在救济方式上,个人信息权利之诉也应进行相应设计。无论是依据《民法典》个人信息条款还是依据《个人信息保护法》提起诉讼,都应将其视为类似独立监管机构提起的申诉,而非传统民事侵权之诉。传统民事侵权之诉要么建立在损害的基础上,要么建立在财产权、人格权等绝对性权利的基础上,但个人信息权利是一种国家赋予的积极性权利[4],在个人信息权利之诉中,个体在民事上所受的损害,如果剔除隐私权、名誉权等传统人格权,并没其他明显损害。例如,企业不提供隐私政策,不支持个体的访问权、更正权、删除权等权利请求,很难说个体就受到了明

---

〔1〕 这一争论有大量文献,代表性论述有王利明:《和而不同:隐私权与个人信息的规则界分和适用》,载《法学评论》2021年第2期;张新宝:《〈民法总则〉个人信息保护条文研究》,载《中外法学》2019年第1期;周汉华:《个人信息保护的法律定位》,载《法商研究》2020年第3期。

〔2〕 参见王锡锌:《个人信息国家保护义务及展开》,载《中国法学》2021年第1期;王苑:《个人信息保护在民法中的表达——兼论民法与个人信息保护法之关系》,载《华东政法大学学报》2021年第2期。

〔3〕 参见丁晓东:《个人信息权利的反思与重塑——论个人信息保护的适用前提与法益基础》,载《中外法学》2020年第2期。

〔4〕 参见王锡锌:《个人信息权益的三层构造及保护机制》,载《现代法学》2021年第5期。

确"损害",或者个体人格权益受到了重大侵害。[1] 只有当个人信息泄露,或者信息处理者利用个人信息实施了其他侵犯个人权益的行为,此时"损害"才较为明显。

值得注意的是西方学界对个人信息诉讼中"损害"的讨论。正如上文所述,很多西方学者曾经对"损害"进行扩大解释,如西特鲁恩(Danielle Citron)和索洛夫(Daniel Solove)两位学者在最近发表的《隐私伤害》一文中,二位学者一口气列举侵害个人信息可能造成的14种伤害:身体伤害、经济伤害、名誉损害、情感伤害、关系伤害、寒蝉效应伤害、歧视伤害、期望挫败伤害、控制伤害、数据质量伤害、知情选择伤害、脆弱性伤害、干扰伤害、自主性伤害。[2] 但这类研究主要针对美国背景下个人信息救济不足的问题。这些学者对损害做扩大化论述,其原因是如果对损害进行狭窄界定,那么美国司法将在很大程度上缺席个人信息保护。例如,克雷默(Seth Kremer)认为,诉讼资格的限定将导致"在网络化、系统化、基于信息的伤害时代,司法系统将变得越来越无关紧要"。[3] 科恩(Julie Cohen)教授则是从政治经济学的角度,认定法院不愿对个人信息保护中的风险进行救济,是一种经济与社会技术支配的结果,会让法院无力应对社会问题。[4]

反观我国,由于我国直接赋予个人信息权利的诉权,我国并不存在美国背景下的司法救济门槛过高的问题。相反,我国的问题在于如何使法院具备与个人信息诉讼相应的制度功能。上文已经提到,个人信息权利并非绝对性权利,这一权利与信息自由、公众知情、企业经营自主权等很多基本权利存在冲突。进一步分析,可以发现很多权利的行使还可能面临侵犯隐私、技术不可行等难题。例如,查询复制权的行使,在效果上会倒逼企业收集更多个人信息,以满足个体行使访问权的请求;删除

---

[1] 张新宝教授由此区分了"本权权益"与保护"本权权益"的权利,参见张新宝:《论个人信息权益的构造》,载《中外法学》2021年第5期。

[2] See Danielle Keats Citron & Daniel J. Solove, *Privacy Harm*, 102 Boston University Law Review 793（2022）; Danielle Keats Citron, *Risk and Anxiety: A Theory of Data-Breach Harms*, 96 Texas Law Review 737,743−744,756−773（2018）.

[3] Seth F. Kreimer, "*Spooky Action at a Distance*": *Intangible Injury in Fact in the Information Age*, 18 Journal of Constitutional Law 745（2016）.

[4] See Julie E. Cohen, *The Regulatory State in the Information Age*, 17 Theoretical Inquiries in Law 369,371（2016）.

权的行使,除非对硬盘进行物理毁灭,在技术上几乎不可能实现永久性删除;携带权的行使,则更受限于技术与场景。[1] 在这样的背景下,法院就必须从治理的角度对相关权利进行分析:个人信息权利之诉并不是寻求对个体损害的补偿,也并非对具有绝对权性质的人格权的确认,而是在具体场景中分析不同信息权利是否有利于信息处理关系的治理。[2] 法院不仅需要衡量不同信息权利所期望达到的功能与目标,而且需要具备技术与专业化知识对此进行判断。

综合而言,我国个人信息权利之诉是合作治理下的一种制度,其个体救济与公益保护密切融合;合作治理的研究常常将此类诉讼中的个体称为"私人总检察长"。1943年,杰罗姆·弗兰克(Jerome Frank)法官首先使用了这一术语,其后,法院有时利用这一术语来表明私人诉讼的公益性质。例如,在罗森巴赫诉六旗娱乐公司案(Rosenbach v. Six Flags Entertainment Corporation)中,美国伊利诺伊州最高法院指出,立法机关制定《伊利诺伊州生物识别信息隐私法》(BIPA)并赋予个体诉权,其目的不仅是对原告进行救济,而且是为了发挥个体"私人总检察长"的功能,威慑与阻止相关违法行为。[3] 我国《个人信息保护法》在终审稿中纳入了个人信息诉权,这一诉权也应同样被视为具有触发公益执法性质的诉讼。

在这一背景下,我国法院的制度也应进行公益监管的定位。这种定位首先契合我国《个人信息保护法》的成文法规定,既然第50条纳入了个人信息权利之诉,法院就不得不承担这一责任。法院可以在个人起诉前告知当事人,劝导当事人向有关机关进行个人信息违法举报,但无法拒绝对个人提起的此类诉讼进行受理和裁判,实现一种事后的有限监管。其次也更重要的是,由法院来承担执法监管功能,在我国具有重要制度意义。如上所述,美欧等国家和地区的监管机构具有显著的司法特征,其执法往往具有听证、控辩等准司法程序,这些特征使其对个人信息的监管可以最大限度地避免恣意与武断。目前,我国尚未设立独立的

---

〔1〕 参见王锡锌:《国家保护视野中的个人信息权利束》,载《中国社会科学》2021年第11期。

〔2〕 参见丁晓东:《个人信息的双重属性与行为主义规制》,载《法学家》2020年第1期。

〔3〕 See Rosen bach v. Six Flags Entertainment Corporation et al., No. 123186,2019Ill. Lexis 7(Ill. Jan. 25,2019).

个人信息专业监管机构,而个人信息的行政执法部门往往业务繁多,而且在执法中常常采取"命令—控制"模式。此时由法院来承担我国个人信息的监管功能,就可以发挥其制度上的比较优势,为个人信息权利的落地提供基于程序与抗辩的执法机制。当然,在专业能力上,我国法院和法官也应强化学习,不断增强专业性知识。近几十年来,西方法院出现了行政监管化的部分特征[1],我国法院也在环境、金融等诸多领域进行积极探索,在个人信息保护领域也应对法院与法官做此类要求,以满足司法的监管职责。

三、个人信息侵权之诉的不确定难题

基于损害的个人信息侵权与基于个人信息权利的诉讼不同,[2] 前者在性质与制度设计上更接近传统侵权法。但出于个人信息侵权诉讼的特征,传统侵权法制度也应进行重构。简单而言,其目标应当从损害赔偿之诉转变为威慑预防的治理之诉。因为以损害赔偿为目标,不仅很难实现,而且没有意义。

(一)可行性困境

损害赔偿首先面临损害不确定性的难题。在个人信息所引起的损害类型中,有的人身财产损害较为明显和确定,如个人信息泄露导致用户的账户被盗窃,导致财产损失。但在更为普遍的侵害个人信息的案例中,损害并不明显。有的情形可能带来的是骚扰,如个人信息泄露可能导致很多广告推销,给个人邮箱发送邮件,给个人打电话推销广告。有的情形可能带来的是风险,如个人信息泄露可能暂时没有引起任何损害,但长期来看却可能存在危险,个人在知晓后,也可能会因为感到威胁而取消很多活动,或采取额外的安保措施。有的情形则可能带来的是纯粹的焦虑,如企业可能进行完全合法合规的个性化推荐,但个人可能因为相关个性化推荐和自身信息具有高度巧合,因而产生高度焦虑。在上

---

[1] 法院司法功能与监管功能之间的模糊化,是现代司法的一个重要特征。See Judith Resnik, *Managerial Judges*, 96 Harvard Law Review 374 (1982).

[2] 参见商希雪:《侵害公民个人信息民事归责路径的类型化分析——以信息安全与信息权利的"二分法"规范体系为视角》,载《法学论坛》2021年第4期。

述的各类情形中,从严与从宽界定损害的标准相差很大。[1]

如果对损害过宽界定,那么结果将是大量案件涌入法院,造成司法系统的崩溃;相反,如果损害界定过窄,则结果可能是大量案件得不到救济。也正因如此,很多国家都引入了法定赔偿的方案。例如,《加州消费者隐私法》规定,因企业违反合理安全程序而致使个人信息泄露的,消费者可以提起"100 美元到 750 美元的损害赔偿金或实际损害赔偿金"的民事诉讼。[2] 法定赔偿金的引入,就说明了其不再以实际损害作为唯一界定标准。

另外,侵害个人信息常常具有复杂的因果关系。个人信息违规所导致的相关损害链条往往非常长,一条信息泄露所导致的诈骗,往往不知道源头是在哪里泄露,其间经过了多少主体的转卖。侵害主体可能非常多,对个人造成伤害的主体不仅包括违规处理或泄露个人信息的处理者,也不仅包括实施具体伤害行为的终端加害者,而且包括各类与侵害行为相关的主体和个人。例如,有的数据经纪商可能倒卖个人信息,有的大型平台可能并未完全尽到我国《个人信息保护法》第 57 条规定的安全保障义务[3],在很多情形下,损害还可能由周围的亲戚朋友疏忽造成,如某人在社交平台分享其图片与信息,但此类信息可能被用于分析他人个人信息。此外,导致侵害发生的风险常常是累积的。索洛夫教授曾将个人信息侵权的这种特征概括为"聚合效应",无论是个人信息的识别还是个人信息泄露所导致的各类侵害,常常都由信息的汇聚与相关风险累积而成。[4]

如果个人信息侵权之诉定位于损害赔偿,那么法院将面临因果关系确认与归责的难题。面对复杂的因果关系,法院将很难确定哪个主体具有"过错",应当对造成的损害负责。如果说传统侵权像"雷击"所造成的损害,那么个人信息的损害就更像"雪崩"所造成的损害,很难说哪一片雪花是无辜的,哪一片雪花具有"过错",哪一片雪花应当为造成的雪

---

〔1〕 有学者不仅将风险纳入损害的范畴,而且将焦虑也纳入其中。See Danielle Keats Citron, *Risk and Anxiety: A Theory of Data-Breach Harms*, 96 Texas Law Review 737 (2018).

〔2〕 参见《加州民法典》第 1798.150 节 a。

〔3〕 参见张新宝:《互联网生态"守门人"个人信息保护特别义务设置研究》,载《比较法研究》2021 年第 3 期。

〔4〕 See Daniel Solove, *The Digital Person: Technology and Privacy in the Information Age*, New York University Press, 2004, p.44-47.

崩负责。

(二)可欲性困境

如果个人信息侵权的目标定位于损害赔偿,其意义也可能丧失。首先,《个人信息保护法》之前的相关制度已经足够对这一类型的损害进行救济,没有必要在《个人信息保护法》中再规定相关侵权制度。对于信息处理者自身造成的损害,完全可以依靠隐私权与一般侵权法进行救济。对个人信息泄露造成的第三人侵权,则可以依靠安全保障义务条款进行救济。[1]《民法典》第1198条第2款规定,"因第三人的行为造成他人损害的,由第三人承担侵权责任;经营者、管理者或者组织者未尽到安全保障义务的,承担相应的补充责任。经营者、管理者或者组织者承担补充责任后,可以向第三人追偿"。这一条款完全可以对下游损害问题进行有效救济。[2]

其次,基于损害赔偿的侵权法难以回应个人信息侵权中的"大规模微型侵权"现象。[3] 一方面,侵害个人信息的用户数量往往是海量的。正如个人信息保护制度的适用前提,这一制度仅适用于商业化或专业化的个人信息处理,个人信息侵权并不是对单个个体或少数个体的侵害。另一方面,在大量案件中,用户都无法感受即时性的伤害,或者可能根本没有意识到自己的相关权益被侵犯,或者即使注意到相关事件的发生,可能也会选择息事宁人,将侵权法救济束之高阁。侵害个人信息的这一现象被归纳为"隐私悖论",即人们常常嘴上关心个人信息或信息隐私的保护,但实际上却未必如此在意。[4] 这一理论不管是否

---

〔1〕 采取这一逻辑的方案,参见徐明:《大数据时代的隐私危机及其侵权法应对》,载《中国法学》2017年第1期。

〔2〕 在域外,也有大量类似观点,如西特隆教授认为个人信息处理者就像一个大型储水池,应承担侵权法上的严格责任,格里姆梅尔曼教授认为应借鉴产品责任对信息处理者施加责任。See Danielle Keats Citron, *Reservoirs of Danger: The Evolution of Public and Private Law at the Dawn of the Information Age*, 80 Southern California Law Review 241, 244 (2007); James Grimmelmann, *Privacy as Product Safety*, 19 Widener Law Journal 793, 793–827 (2010).

〔3〕 王利明、丁晓东:《论〈个人信息保护法〉的特色、亮点与适用》,载《法学家》2021年第6期。

〔4〕 See Patricia A. Norberg, Daniel R. Horne & David A. Horne, *The Privacy Paradox: Personal Information Disclosure Intentions Versus Behaviors*, 41 Journal of Consumer Affairs 100, 100–101 (2007).

完全正确[1],但至少可以说明个体难以完全通过"隐私的自我管理"而进行救济[2]。在告知同意这一极为简便的制度工具中,个体尚且如此;在侵权法制度中,个体需要付出很高的成本与精力,个体所能发挥的空间就更为有限。在这样的背景下,即使极少数个体能够通过侵权法而获得微型损害的赔偿,这一赔偿对于解决大规模微型侵权的问题也无济于事。基于赔偿而设计个人信息侵权制度,将造成侵权法制度在个人信息保护中被进一步边缘化。

四、迈向治理型的个人信息侵权之诉

在个人信息保护制度中,对个体权利或损害的补偿是其目标之一,但并非唯一目标或主要目标。法律之所以在隐私权之外进一步制定个人信息保护制度,其目标是实现对个人信息处理关系的有效治理。从个人信息保护的风险性特征与群体保护出发[3],个人信息侵权制度的重心应当从损害赔偿转向合理威慑,以实现对相关风险的预防治理。重新定位个人信息侵权的制度目标,既符合侵权法制度的演化逻辑,也符合个人信息保护的整体目标。

在传统侵权法制度中,损害赔偿具有核心地位,要求过错方承担损害赔偿责任,这被认为是侵权法的首要目标。正如爱德华·怀特教授所言,对于侵权法的首要功能到底是赔偿还是威慑,美国法曾经一度将前者视为共识。[4] 而我国在《民法典》制定之前,也将损害赔偿作为优先选项,《侵权责任法》规定侵害他人人身权益造成财产损失的,"按照被侵权人因此受到的损失赔偿";在被侵权人的损失难以确定,侵权人因此获得利益的情形中,被侵权人才能"按照其获得的利益赔偿"。[5] 只有到了《民法典》,被侵权人受到的损失和侵权人获得的利

---

[1] 对隐私悖论的批判,参见 Daniel J. Solove, *The Myth of the Privacy Paradox*, 89 George Washington Law Review 1 (2021),但索洛夫教授的批判并不影响本章的论证。

[2] See Daniel Solove, *Privacy Self-Management Consent Dilemma*, 126 Harvard Law Review 1880 (2013).

[3] 参见丁晓东:《〈个人信息保护法〉的比较法重思:中国道路与解释原理》,载《华东政法大学学报》2022年第2期。

[4] See G. Edward White, *Tort Law in America: An Intellectual History*, Oxford University Press. 1980, p. 146-147,178.

[5] 参见《侵权责任法》第20条。

益才成为并列关系。[1]《民法典》的这一规定,使得损害赔偿的地位相对下降。

将损害赔偿置于传统侵权的核心,并让过错方承担责任,这符合传统社会的侵权形态与特征。传统社会的侵权形态主要发生在社会民事主体之间,此类侵权中的损害相对容易辨认,因果关系也相对简单。要求过错方进行赔偿,不仅有利于对个体进行有效救济,也可以对社会道德进行判断[2],对未来潜在的侵权者进行有效威慑。但到了现代工业社会,各类产品与事故侵权成为更为主要的类型。在此类侵权中,责任主体越来越难辨认:产品制造商等主体往往仅存在过失,不像传统侵权那样存在故意或放任,而消费者也往往存在过错或过失,很难说到底哪个主体存在"过错"。此外,此类案件的因果关系也更为复杂,因果关系逐渐与责任归属问题合而为一,判断因果关系,很大程度上就是判断责任归属。

在这一背景下,工业社会的侵权法制度已然发生转变。侵权法的损害补偿与确认过错功能逐渐下降,而其威慑与预防功能被日渐凸显。以卡拉布雷西、波斯纳为代表的一大批学者兼法官指出,在产品与事故侵权中,侵权法不应完全采取向后看、个体主义的进路,不应定位于寻找具有过错的责任方并进行损害赔偿。相反,侵权法应当采取向前看、具有公共预防功能的进路。[3] 在责任主体上,侵权法应当找到花费最小成本即可避免侵害发生的主体来承担责任[4],而非徒劳无益地确认谁存在过错。在归责原则与救济措施方面,侵权法应当对侵权方进行合理威慑,以发挥侵权法的公共治理功能。[5]

---

[1] 参见《民法典》第1182条。

[2] 有学者的侵权法理论即以此类侵权为模型,参见John C. P. Goldberg & Benjamin C. Zipursky, *Recognizing Wrongs*, Harvard University Press, 2020, p. 4, 28。

[3] See Guido Calabresi, *Civil Recourse Theory's Reductionism*, 88 Indiana Law Journal 449 (2013); Richard A. Posner, *Instrumental and Noninstrumental Theories of Tort Law*, 88 Indiana Law Journal 469, 473 (2013).

[4] See Guido Calabresi, *The Costs of Accidents: A Legal and Economic Analysis*, Yale University Press, 1970, p. 155.

[5] 对于侵权法的公共治理功能或侵权法的公法之维,参见Kyle D. Logue, *Coordinating Sanctions in Tort*, 31 Cardozo Law Review 2313 (2010); Mark A. Geistfeld, *Tort Law in the Age of Statutes*, 99 Iowa Law Review 957 (2014); Catherine M. Sharkey, *The Administrative State and the Common Law: Regulatory Substitutes or Complements?*, 65 Emory Law Journal 1705 (2016)。

在个人信息侵权中,侵权法制度应更注重其威慑与治理功能。[1] 正如本章所述,个人信息侵权具有大规模微型侵权的特征,对于这一特征,侵权法的威慑功能更为重要。通过合理威慑,侵权法可以对侵害个人信息的社会风险进行有效预防,而不必再纠结于上文提到的损害赔偿这一难以完成的任务。此外,威慑与治理定位也将使侵权法的制度定位与个人信息保护的整体制度保持一致。个人信息保护奠基于"公平信息实践",本身就采取了多主体合作治理的制度,特别是通过个体赋权而实现信息治理。[2] 当侵权法将威慑与治理作为其首要目标,既可以避免上文所提到的损害赔偿难以确定、缺乏意义等困境,也可以发挥个体的"私人总检察长"功能。面对行政监管与自我规制的失灵与漏洞,个人可以扮演相关风险的发现者与执法的触发者。

五、个人信息侵权之诉的制度性重构

从侵权法的威慑与治理功能出发,现代侵权法在产品责任等侵权制度的设计上已经发生了很大变化。[3] 在个人信息侵权之诉中,损害界定、归责原则、因果关系、救济措施等制度也应进行重构。

(一)损害界定

就损害界定而言,其界定不宜太宽,但也不宜太严。如上所述,个人信息处理可能带来明确损害,也可能带来风险与焦虑,我国法院在受理此类案件中,一方面应拒绝将焦虑和非实质性损害认定为风险。如果对损害做过宽限定,将一般性风险也纳入侵权损害范围,则不仅可能引发滥诉,导致法院应对不暇,而且可能给信息处理者施加不合

---

〔1〕 这并不是说基于过错与赔偿的传统侵权法功能就不存在,而是说现代工业社会中的风险侵权,特别是个人信息侵权应当注重威慑与预防。在过去几十年中,侵权法的这两种功能一直并存,卡拉布雷西将其称为"侵权法的二重变奏"。See Guido Calabresi & Spencer Smith, *On Tort Law's Dualism*, 135 Harvard Law Review 184, 184 – 193 (2022).

〔2〕 See Marc Rotenberg, *Fair Information Practices and the Architecture of Privacy: What Larry Doesn't Get*, 2001 Stanford Technology Law Review 1 (2001).

〔3〕 See Carl T. Bogus, *War on the Common Law: The Struggle at the Center of Products Liability*, 60 Missouri Law Review 1, 17 (1995).

理责任,无法合理威慑信息处理者。另一方面,除了造成人身财产等实质性损害,我国法院也应将个人信息泄露等可能造成实质性风险的案件视为存在损害。此类风险虽然未必一定会带来即时性伤害,但从威慑的角度看,将其纳入侵权法框架有利于对风险进行预防和治理。

在我国诉讼制度下,比较复杂的在于我国的立案制度。由于我国立案制度采取宽口径的登记制,绝大多数案件都可以进入诉讼程序,这就带来了一个问题:对于没有造成明确损害的个人信息侵权之诉,法院应当如何进行处理?例如,当个人针对个性化推荐提起诉讼,认为此类推荐对其造成了困扰和伤害,此时法院是否应当按照侵权法的逻辑对于此类案件进行审理?结合上文分析,此类案件应当按照个人信息权利之诉的原理进行审判,即这些不能证明具有明确损害或实质性风险的案件应视为一种执法请求或申诉举报。在此类案件中,如果法院发现信息处理者存在违规行为,法院可以有不同的处理方案:既可以以损害不存在为由而驳回原告的诉讼请求,也可以对信息处理者的违规行为作出宣誓性判决。无论何种方案,法院都应当扮演执法监管者的角色,重点审查信息处理者是否具有违规行为,而非按侵权法的原理进行审判。

(二)归责原则与违法性

在存在明确损害或实质性风险的案件中,则应当采取侵权法的框架进行审判,但此类案件中的归责原则首先应当探讨过错与违法性的关系问题。[1] 在《个人信息保护法》生效前,关于个人信息侵权的归责原则就存在很多争议,例如,有学者认为应当根据公务机关、采用自动化处理系统的非公务机关、未采用自动数据处理系统的数据处理者的"三元归责原则体系"[2],有学者认为应当采取无过错责任[3],还有学者认为"应以是否采取自动化处理技术为标准,采取过错推定/一般过错二元

---

[1] 参见周汉华:《平行还是交叉:个人信息保护与隐私权的关系》,载《中外法学》2021年第5期。

[2] 参见叶名怡:《个人信息的侵权法保护》,载《法学研究》2018年第4期。

[3] 程啸:《论侵害个人信息的民事责任》,载《暨南学报(哲学社会科学版)》2020年第2期。

归责体系"[1]。但在《个人信息保护法》制定后，在信息处理者广泛采取合规举措的背景下，首先需要分析：是否信息处理者违法违规即可以认定为存在过错？以及在信息处理者合法合规的前提下，是否可以认定信息处理者对造成的损害不存在过错，或者可以以合法合规作为免责事由？

违法性/合法性与过错的关系，是规制法与侵权法关系的一个经典问题。[2] 支持规制法优先的理由包括：行政规制具有制度比较优势，可以在由技术引起的风险规制领域进行更专业的判断[3]；《个人信息保护法》是领域法与特殊法，应当优先于一般侵权法。而支持一般侵权法适用的理由包括：行政规制未必总是能对专业问题进行更优判断，侵权者是否应当承担责任，仍然应当在个案中进行判断[4]；《个人信息保护法》虽然是领域法与特殊法，但侵权问题仍应按侵权法原则进行分析。当然还有其他中间立场，例如，欧盟将违法性作为个人信息侵权的前提，但违法性并不必然等于存在过错[5]；还有观点可能认为，违法违规即等同于过错或过失[6]，但合法合规并不等于不存在过错，不能自然免除信

---

[1] 陈吉栋：《个人信息的侵权救济》，载《交大法学》2019 年第 4 期。

[2] 民法学界的经典分析，参见王利明：《我国〈侵权责任法〉采纳了违法性要件吗？》，载《中外法学》2012 年第 1 期；杨立新：《个人信息处理者侵害个人信息权益的民事责任》，载《国家检察官学院学报》2021 年第 5 期。

[3] See Richard C. Ausness et al., *Providing a Safe Harbor for Those Who Play by the Rules: The Case for a Strong Regulatory Compliance Defense*, 2008 Utah Law Review 115 (2008); Richard B. Stewart, *Regulatory Compliance Preclusion of Tort Liability: Limiting the Dual-Track System*, 88 Georgetown Law Journal 2167 (2000).

[4] See Clayton P. Gillette & James E. Krier, *Risk, Courts, and Agencies*, 138 University of Pennsylvania Law Review 1027 (1990); Michael D. Green, *Statutory Compliance and Tort Liability: Examining the Strongest Case*, 30 University of Michigan Journal of Law Reform 461 (1997); Robert L. Rabin, *Reassessing Regulatory Compliance*, 88 Georgetown Law Journal 2049 (2000).

[5] 参见欧盟《一般数据保护条例》第 82 条规定："1.任何因为违反本条例而受到物质或非物质性伤害的人都有权从控制者或数据者那里获得对损害的赔偿。2.任何涉及处理的控制者都应当对因为违反本条例的处理而受到的损害承担责任。对于处理者，当其没有遵守本条例明确规定的对处理者的要求，或者当其违反控制者的合法指示时，其应当对处理所造成的损失负责。3.控制者或处理者如果证明自己对引起损失的事件没有任何责任，那么其第 2 段所规定的责任可以免除。"

[6] 例如《美国侵权法》"重述"规定，"如果行为人无故违反了旨在防止行为人所导致事故类型的法规，并且如果事故受害者属于该法规旨在保护的人员类别，则应认定行为人具有过失"。See RESTATEMENT (THIRD) OF TORTS: LIAB. FOR PHYSICAL & EMOTIONAL HARM § 14.

息处理者的侵权责任[1]。

结合上文原理分析和我国法律体系,个人信息侵权的归责原则可以采取过错推定原则,但将违法性/合法性作为重要参考,其原因有若干:其一,我国《个人信息保护法》第69条明文规定了过错推定原则,这一归责原则介于过错与无过错之间,表明了立法者既希望对信息处理者进行合理威慑,又不至于施加过严责任的立场。其二,我国《个人信息保护法》虽然对个人信息进行了严格规制,甚至被认为是"全球最严"的信息隐私法[2],但这一立法与欧盟立法类似,都采取了具有一定弹性的治理框架,将规则细节留给执法与司法确定。在此背景下,就不应假定立法者在所有问题上都进行了非常具体的判断。法院借助过错推定原则在个案中对侵权行为进行判断,既符合《个人信息保护法》的立法意图,也符合个人信息保护依赖具体场景的特征。由法院在个案中对信息处理者是否具备相关注意义务进行判断,有利于相关风险的更精细化防范与治理。其三,在《个人信息保护法》《信息安全技术 个人信息安全规范》等法律与技术标准广泛适用的背景下,法院也理应将是否合规作为信息处理者是否存在过错的重要证据。如果信息处理者不合规,法院可以先推定其存在过错,但应允许信息处理者进行反证;如果信息处理者完全合规,法院则可以推定其不存在过错,但允许被侵权者进行反证。[3]

(三)因果关系

从威慑的目标出发,个人信息侵权的因果难题也能有效破解。因果

---

[1] See Lars Noah, *Rewarding Regulatory Compliance: The Pursuit of Symmetry in Products Liability*, 88 Georgetown Law Journal 2147, 2147 – 2152 (2000).

[2] See Eva Xiao, *China Passes One of the World's Strictest Data-Privacy Laws*, The Wall Street Journal (Aug. 20, 2021), https://www.wsj.com/articles/china-passes-one-of-the-worlds-strictest-data-privacy-laws - 11629429138.

[3] 在这个意义上,采取过错推定的归责原则,并将合法性/违法性问题作为重要参照,实际上是要求法院在个人信息救济中进行更精细化治理,要求信息处理者承担更场景化的信息信义义务。关于信息信义义务在侵权法中的应用,参见 Neil M. Richards & Daniel J. Solove, *Privacy's Other Path: Recovering the Law of Confidentiality*, 96 Georgetown Law Journal 123, 144 – 145 (2007); Jack M. Balkin, *Information Fiduciaries and the First Amendment*, 49 U. C. Davis Law Review 1183 (2016); Peter C. Ormerod, *A Private Enforcement Remedy for Information Misuse*, 60 Boston College Law Review 1893 (2019)。

关系历来是侵权法中的一大难题,试图通过因果关系而确认责任人,即使在传统农业社会的侵权也常常面临争议。到了工业化时代,伴随着产品大规模生产带来的风险问题,因果关系进一步不确定性化,逐渐引发了因果关系这一制度工具的边缘化[1],通过风险分配而确认责任归属,成为产品侵权等事故侵权的主流模式。在个人信息侵权中,损害与侵权之间的因果关系更为复杂。在这一背景下,法院可以在修辞层面保留因果关系推理,但在工具应用层面,不应在个人信息侵权中过多依赖因果关系这一制度与思维工具。法院应当从因果关系分析转向何种责任分配有利于有效威慑和预防风险。[2]

从我国和域外的司法实践与学术研究来看,这一转变已经逐渐成为共识。例如,在我国的庞某与北京趣拿信息技术有限公司(以下简称趣拿公司)等隐私权纠纷案中,庞某在趣拿公司下辖网站"去哪儿网"购买东航机票,其后收到诈骗短信。此案的二审法院采取了举证责任倒置,引入高度可能性的理论认定趣拿公司存在责任。[3] 在这一案件中,法院虽然在修辞上仍然采取因果关系,但事实上已经采取了威慑预防与责任分配的理念,让最可能导致风险的主体承担责任。在国外,也有不少学者主张,应当引入概率理论、市场份额理论来解决个人信息侵权之诉中的因果关系。[4] 概率理论、市场份额理论在药品等复杂侵权中被应用,其核心也是根据不同企业导致损坏的可能性和避免风险的能力而分配责任。[5]

---

[1] See William M. Landes & Richard A. Posner, *The Economic Structure of Tort Law*, Harvard University Press, 1987, p.229.

[2] 从法哲学与法理学的角度来看,完全确定性的因果关系并不存在,因为即使在事实层面,引起一项事物变化的原因也是不确定的:既有内因和外因,也有近因和远因,就像蝴蝶效应所表明,遥远的蝴蝶扇动翅膀可能引起地球另一端的某个工厂事故。但这并不是说因果关系就没有作用,作为一种思维工具,因果关系可以在合适的场景下帮助人们快速找到最容易解决问题的方案。但在复杂问题中,摒弃因果关系而直接进行责任分配更有利于问题的分析。See John Borgo, *Causal Paradigms in Tort Law*, 8 The Journal of Legal Studies 419 (1979).

[3] 参见北京市第一中级人民法院二审民事判决书,(2017)京01民终509号。

[4] See Aaron D. Twerski, *Market Share—A Tale of Two Centuries*, 55 Brooklyn Law Review 869 (1989); George L. Priest, *Market Share Liability in Personal Injury and Public Nuisance Litigation: An Economic Analysis*, 18 Supreme Court Economic Review 109 (2010).

[5] 国外不少个人信息保护法都规定了泄露个人信息的法定赔偿额,这一制度也回避了因果认定的难题。

总之,因果关系既非寻求个人信息侵权中责任主体的合适工具,也不符合实现个人信息保护的制度目标。法院在个人信息侵权中要做的并非寻找唯一的"肇事者",而是威慑可能的过失方。在产品责任法中,现代侵权法已经发展出了很多方案来实现这一制度目标,如有的法院以可预见性的概念来判断侵权方是否应当承担责任,认为在合理期待或合理预期的标准下,企业未对相关风险采取措施应当承担责任。[1] 还有的法院以产品设计替代的方法来判断企业责任,当行业领域存在产品设计安全更为合理替代方案,而企业却未能采用时,此时应当承担责任。[2] 在个人信息侵权中,法院可以借鉴此类方案,判断相关主体是否应当承担责任。

(四)救济方式

我国《个人信息保护法》第 69 条对个人信息侵权中的救济仅进行了原则性规定,损害赔偿责任按照个人因此受到的损失或者个人信息处理者因此获得的利益确定;个人因此受到的损失和个人信息处理者因此获得的利益难以确定的,根据实际情况确定赔偿数额。而《民法典》对于民事责任的承担方式的规定也具有多样性,如总则中第 179 条规定了"停止侵害;排除妨碍;消除危险;返还财产;恢复原状;修理、重作、更换;继续履行;赔偿损失;支付违约金;消除影响、恢复名誉;赔礼道歉"等多种方式,第 1182 条作出了《个人信息保护法》类似的规定,但仅限定于"财产损失"。当个人信息遭受明确损害,或者存在个人信息泄露等实质风险,此时个人信息的救济方式也应当按照合理威慑的原则进行建构。

首先,个人信息侵权救济应适用停止侵害、排除妨碍、消除危险的救济方式。此类救济方式不仅有利于对个体进行救济,防止个人信息泄露或不当处理所造成的损害风险进一步扩大,而且有利于保护更广泛的群

---

[1] 我国的司法实践,参见广东省佛山市中级人民法院民事判决书,(2017)粤 06 民终 7670 号;江苏省扬州市中级人民法院民事判决书,(2017)苏 10 民终 131 号。学理上的探讨,参见 Alani Golanski, *A New Look at Duty in Tort Law: Rehabilitating Foreseeability and Related Themes*,75 Albany Law Review 227,265 (2012).

[2] 我国法院较少采取这一标准,但在国外采用较为普遍。See RESTATEMENT (THIRD) OF TORTS: PROD. LIAB. § 2(a) - (b) (1998).

体,实现个人信息处理关系的有效治理。事实上,域外的很多法律都把停止侵害、排除妨碍、消除危险作为免予个人信息之诉的条件。例如,《加州消费者隐私法》规定,如果企业在接到消费者投诉的"30天内实际补救了所发现的违规行为,并向消费者提供了一份明确的书面声明,说明违规行为已得到补救,不再发生违规行为,那就不得对企业提起个人或集体的法定损害赔偿诉讼"[1]。美国新近制定的《数据隐私保护法案》也作出了类似规定。[2]

其次,在损害较为明确而且损害数额较大的情形中,损害赔偿的数额可以按照实际损失确定。在此类案件中,由于赔偿数额较大,按此方案既对受害者进行补偿,也可以对相关主体产生足够威慑。在责任分配方面,如果损害为信息处理者单独造成,其责任归属也比较简单,应由信息处理者承担全部责任。比较常见和复杂的是由第三人造成的损害,如当信息处理者泄露个人信息,引起了巨额财产损失或人身损害,此时应当如何确定各方责任？根据本章合理威慑与风险责任分配的原理,可以借鉴产品责任法的相关原理与实践,要求信息处理者对某些可预见性的下游风险承担合理注意义务。[3]

最后,在损害数额较小或信息泄露等实质性风险损害中,如果行政机关未进行罚款或执法[4],此时被侵权者除了可以获得诉讼费用赔偿,其损害赔偿的数额也可以在损失额度或信息处理者所获利益的基础上

---

[1] 参见《加州民法典》第1798.150节b。

[2] 该法案第403款(c)(2)规定,"如果实体证明它已经就违规行为进行了救济,并向个人或集体提供了明确的书面声明,说明违规行为已经得到补救,并且不会再发生违规行为,则可以合理地驳回禁令救济的诉讼。如果实体证明它已经就违规行为进行了救济,并向个人或集体提供了明确的书面声明,说明违规行为已得到补救,并且不会再发生违规行为,则可以合理地驳回禁令救济的诉讼"。

[3] 对这一问题的全面分析,参见谢鸿飞:《个人信息处理者对信息侵权下游损害的侵权责任》,载《法律适用》2022年第1期。

[4] 如果行政机关已经进行执法和罚款,则此类案件的个体将不能得到威慑性赔偿,只能得到宣示性判决,以避免侵权威慑与执法威慑叠加所造成的过度威慑。域外不少法案都对此进行了规定。例如,美国新近制定的《数据隐私保护法案》第403款(a)(3)A部分规定,在个人或集体提起民事诉讼之前,该个人或集体必须首先以书面形式通知FTC和所在州的总检察长,说明他们希望提起民事诉讼。在收到该通知后,FTC和州总检察长应在收到该通知后60天内确定并答复该人或该类人是否将独立寻求采取行动。

进一步提高[1]。其原因在于,此类案件的损失额度或所获利益往往非常微小,难以触发个人提起相关诉讼;但此类微型侵害不仅最为普遍、影响海量群体,而且极易逃脱监管,将问题留给社会。[2] 通过侵权法对此类违法行为进行合理威慑,具有重要意义。在赔偿额度上,如果行政机关没有进行执法,法院可以参考"理想的行政罚款额度/潜在诉讼人数"的方案进行赔偿。例如,某一企业故意泄露信息,理想情况下应对其处以 10 万元罚款,设置赔偿额度为 2000 元可能引发 50 人提起诉讼,则此时的理想赔偿额应设置在 2000 元。[3] 如此,个体侵权诉讼就能有效威慑风险与发挥执法功能,同时又不至于对信息处理者产生过重的责任。

六、结语:权利保护的多部门法视角

个人信息权利侵权法保护的难题,反映了领域法与侵权法的复杂关系。有学者指出,个人信息保护法和环境法一样,都源自传统侵权法的失败。[4] 在个人信息侵权与环境侵权中,都存在大规模微型不确定性侵权的难题,面对这种难题,基于合作治理的个人信息保护制度开始兴起。这一制度引入了大量的公法监管制度,并且高度依赖告知同意这一具有合同法特点的制度。反观侵权法,其扮演的制度功能面临被完全边缘化的风险。

侵权法要在个人信息权利保护中发挥其治理功能,就必须进行有效

---

[1] 这也符合成文法的规定,我国《个人信息保护法》第 69 条规定,个人因此受到的损失和个人信息处理者因此获得的利益难以确定的,根据实际情况确定赔偿数额。

[2] 有学者将这一现象视为信息风险市场的失败,并呼吁在行政监管不足的情形下引入私人执法救济。See Peter C. Ormerod, *A Private Enforcement Remedy for Information Misuse*, 60 Boston College Law Review 1893 (2019).

[3] 当然,此类侵权责任也应当像行政处罚一样,考虑个人信息处理的性质、违法的严重性、补救措施、个人信息类型等多种因素,以实现合比例的威慑。对于行政处罚应当考虑的因素,欧盟《一般数据保护条例》第 83 条第 2 款进行了详细列举。对这一问题的分析,参见孙莹:《大规模侵害个人信息高额罚款研究》,载《中国法学》2020 年第 5 期。

[4] 将环境法与个人信息保护对比与结合的研究,参见 Dennis Hirsch, *Protecting the Inner Environment: What Privacy Regulation Can Learn from Environmental Law*, 41 Georgia Law Review 1 (2006)。

变革,并与其他制度协调配合。一方面,侵权法本身就是一种特定历史条件下产生的制度工具,这一制度在农业社会、工业社会的形态与作用就不相同。[1] 例如,侵权法在传统社会更多发挥过错认定与个体损害赔偿的功能,但在工业社会则更多承担责任分配与公共规制的功能。侵害个人信息的风险性特征与公共性特征更为明显[2],侵权法更应注重从个体赔偿迈向风险治理,其制度工具也应重新设计。另一方面,侵权法还应当和其他制度进行协调。上文对于过错责任与违法性的分析已经说明,侵权法必须注重与规制法的关系。除此之外,侵权法还应当与公益诉讼等制度进行协调。例如,在法院判决个体胜诉后,应考虑设立自动触发公益诉讼机制,检察机关在个人信息侵权胜诉案件后,应立即评估是否提起公益诉讼。一旦设立此类制度,基于个体的侵权之诉就能转变为对受害群体的救济[3],弥补"私人总检察长"的不足。

总之,个人信息权利的司法救济应当回到个人信息治理的框架中进行理解,而不是按照传统侵权法的逻辑来"切割"个人信息保护研究。在网络法的学术史上,曾经爆发过著名的"马法"之争:网络法研究是否就像研究马的法律,仅仅是宪法、行政法、合同法、侵权法、刑法等部门法的拼盘?还是具有独特的研究价值?[4] 经过学界多年的争论,学者们的最低共识是:部门法本身就是相互交融的领域,在传统部门法面临争议的领域,更需要传统部门法的深度融合。个人信息权利的司法救济研究再次告诉我们,应以制度演化与制度协同的进路实现领域法的有效治理。

---

[1] 维特教授曾对侵权法的兴起进行过历史描述,参见 John Fabian Witt, *The Accidental Republic: Crippled Working Men, Destitute Widows, and the Remaking of American Law*, Harvard University Press, 2004, p.1-11。

[2] 参见梅夏英:《社会风险控制抑或个人权益保护——理解个人信息保护法的两个维度》,载《环球法律评论》2022年第1期。

[3] 参见张新宝、赖成宇:《个人信息保护公益诉讼制度的理解与适用》,载《国家检察官学院学报》2021年第5期。

[4] See Frank H. Easterbrook, *Cyberspace and the Law of the Horse*, 1996 The University of Chicago Legal Forum 207(1996); Lawrence Lessig, *The Law of the Horse: What Cyberlaw Might Teach*, 113 Harvard Law Review 501, 501-549(1999).

第二编　数据相关权利

第四章 数据新型财产权：从排他性保护到行为保护

作为数字经济的关键要素，数据的财产属性日益得到重视，对其进行确权保护的呼声也日益高涨。2022年12月20日，我国发布《中共中央 国务院关于构建数据基础制度更好发挥数据要素作用的意见》（以下简称"数据二十条"），其中提出"建立保障权益、合规使用的数据产权制度""根据数据来源和数据生成特征，分别界定数据生产、流通、使用过程中各参与方享有的合法权利，建立数据资源持有权、数据加工使用权、数据产品经营权等分置的产权运行机制"[1]。

在法律层面，对数据财产或有价值数据保护的难点和争议点在于，如何对待未被成熟法律制度确权保护的那部分新型数据财产[2]。著作权、商业秘密、专利等知识产权制度已经对数据提供了多层次确权保护，但仍有一些新型数据财产无法得到已有法律保护，例如，因为不具有原创性而不受著作权保护的数据（如平台数据），不具有秘密性、保密性、价值性而不受商业秘密保护的数据（如某些数据库），不具有新颖性、创造性和实用性而不受专利保护的数据（如药品实验数据）[3]。对这些数据，数据收集者或控制者可能希望得到法律的更多保护，并且可能从占有与投入劳动、保护投资与防止搭便车、保护数据交易等多个层面论证。在数据产权被纳入正式政策文件的背景下，法学研究需要在原理层面分

---

[1] 参见《中共中央 国务院关于构建数据基础制度更好发挥数据要素作用的意见》，http://www.gov.cn/zhengce/2022-12/19/content_5732695。

[2] 至于完全不具有一般财产价值的那部分数据，如废弃的表格数据，则不需要进行法律研究，因为此类数据不存在任何争议。

[3] 在欧盟，法律还对投入实质性投资的数据库提供数据库特殊权利保护，我国与美国等国则未承认这一权利。See Directive 96/9/EC, of the European Parliament and of the Council of March 11, 1996 on the Legal Protection of Databases, 1996 O. J. (L77) 20, chap 3.

析:法律是否应当对这类新型数据财产进行保护? 如果进行保护,是否应当采取财产权保护模式?[1]

本章的研究从经典财产权理论切入。本章首先对支持新型数据财产产权保护的若干基础理论进行分析:(1)劳动价值论与先占理论;(2)促进投资、防止公地悲剧与搭便车等激励理论;(3)信息成本与模块理论。指出这些理论都不能推出对未确权但有价值的新型数据财产进行财产权保护。作为替代,应对这类数据进行行为主义保护。新型数据财产的行为主义保护是一种"做加法"式的法律保护方式,这一保护以成熟的确权性法律为基础,在这类法律的基础上进行审慎、渐进的拓展保护。相比财产权保护,对新型数据财产进行行为主义保护,可以最大限度保持数据的公共性、发挥数据的汇聚效应并避免普遍侵权。同时,这一方案也更契合我国的数据政策与全球的数据立法趋势。

一、基于财产权理论的数据权益分析

对不受确权法律保护但具有显著商业价值的新型数据财产,是否应对其进行排他性财产权保护? 在法律保护模式上,财产权区别于侵权、合同、反不正当竞争、行政法与刑法等保护方式的特征在于,其制度模式建立在排他性基础上。例如,大陆法系认为,财产权是一种依法对特定的物享有支配和排他的权利,英美法系的学者也指出,财产权是一种对

---

[1] 不同部门法与法理学学科的研究,参见王利明:《论数据权益:以"权利束"为视角》,载《政治与法律》2022年第7期;李爱君、夏菲:《论数据产权保护的制度路径》,载《法学杂志》2022年第5期;许娟:《企业衍生数据的法律保护路径》,载《法学家》2022年第3期;姜程潇:《论数据财产权准占有制度》,载《东方法学》2022年第6期;沈健州:《数据财产的权利架构与规则展开》,载《中国法学》2022年第4期;冯晓青:《大数据时代企业数据的财产权保护与制度构建》,载《当代法学》2022年第6期;张浩然:《由传统数据库保护反思新型"数据财产权"》,载《法学杂志》2022年第6期;黄细江:《企业数据经营权的多层用益权构造方案》,载《法学》2022年第10期;崔国斌:《公开数据集合法律保护的客体要件》,载《知识产权》2022年第4期;孔祥俊:《论反不正当竞争法"商业数据专条"的建构——落实中央关于数据产权制度顶层设计的一种方案》,载《东方法学》2022年第5期;苏宇:《网络爬虫的行政法规制》,载《政法论坛》2021年第6期;孙禹:《论网络爬虫的刑事合规》,载《法学杂志》2022年第1期;陈毅坚、曾宪哲:《网络爬虫刑法规制研究》,载《广东社会科学》2022年第5期;杨志琼:《数据时代网络爬虫的刑法规制》,载《比较法研究》2020年第4期;丁晓东:《论企业数据权益的法律保护——基于数据法律性质的分析》,载《法律科学(西北政法大学学报)》2020年第2期;胡凌:《数据要素财产权的形成:从法律结构到市场结构》,载《东方法学》2022年第2期。

世权。[1] 鉴于数据产权的概念已经成为我国数据政策的重要概念,本部分从劳动价值与先占理论、功利主义与激励理论、信息成本与模块理论出发,分析财产权保护模式是否可以适用于不受确权法律保护但有价值的新型数据财产。

(一)劳动价值与先占理论

劳动价值论在财产权理论中具有重要地位,尤其是洛克的劳动价值论,被认为是支持财产权确权的重要理论基础。作为现代自然法的代表人物,洛克的理论颠覆了古典自然法理论。在古典自然法理论中,财产权往往不被认为是绝对的,财产权的行使需要遵循更高的自然理性的需要。例如,阿奎那认为,私有权固然重要,但"一个人无论有什么多余的东西,自然应该给予穷人,供他们生活的需要"[2]。但在洛克的理论中,劳动却可以为排他性的财产权提供正当性基础。正如洛克所言,当一个人"从自然状态中获取物品",他就"将自己的劳动与之混合,混入了自己的某些东西,从而使之成为自己的财产"[3]。洛克的这一理论被认为是提供了道德应得的论证,对中外财产权理论产生了重要影响。[4] 在数据问题上,劳动价值论意味着一旦相关主体对数据进行加工利用,付出相应劳动,该主体就应当享有对数据的财产权。

与劳动价值论相关的是先占理论。这一理论认为,对无主物的原始获取可以取得对该物的所有权。先占理论源自罗马法,并在大部分大陆法系与英美法系国家均获得认可。我国《民法典》虽然没有采纳先占原则,但也有不少学者认为,应当引入这一原则,或者在没有法律规定的情形下应当借鉴这一原则。先占理论常常与劳动价值论重合,因为对无主

---

[1] 对这一问题的经典论述,参见 Thomas W. Merrill & Henry E. Smith, *The Property/Contract Interface*, 101 Columbia Law Review 773, 852 (2001); Yun-chien Chang & Henry E. Smith, *An Economic Analysis of Civil Versus Common Law Property*, 88 Notre Dame Law Review 1 (2012).

[2] 《阿奎那政治著作选》,马清槐译,商务印书馆1963年版,第143页。

[3] John Locke, *Treatise of Civil Government and A Letter Concerning Toleration*, New York, 1937, p. 105 – 106.

[4] See Margaret Jane Radin, *Reinterpreting Property*, The University of Chicago Press, 1993, p. 105 – 106.

物的先占常常是通过劳动而获取的,如采摘果实、狩猎动物。但先占的过程也可能没有太多劳动,如拾到无主的意外之财。相比劳动价值论,先占理论更强调"先来后到"和对于无主物的控制。在当代财产权理论中,也有不少学者为先占理论进行辩护。例如,爱泼斯坦(Richard Epstein)认为,先占理论比起二次占有、拍卖等其他制度都更简单有效。[1] 在数据规则上,先占规则意味着可以对数据适用捕获规则,即谁首先获取数据,数据就属于谁。

劳动价值论与先占原则是否可以为新型数据财产的产权保护提供理论基础?首先需要指出,这两种理论都并非绝对,都有各自论述背景和适用范围。就洛克的劳动价值论而言,洛克的理论具有适用前提,如洛克的理论预设了自然状态下的富足,预设了现代商业文明相比印第安人的优越性。而且洛克认为,只有当劳动构成了财产价值的主要部分时,劳动才能构成财产权保护,并非只要存在劳动,无主物/公有物就可以转变为私有财产。正如洛克所说,"如果我们正确地估计事物在我们使用时的价值,并计算出它们的几项费用,其中什么纯粹是自然造成的,什么是劳动造成的,我们会发现,在大多数情况下,99%是完全由劳动造成的"[2]。关于这一点,诺齐克Nozick曾经有过一个著名的比喻:"如果我拥有一罐番茄汁,并将其洒入海中,使其分子均匀地混合在整个海洋中,我是否因此拥有了海洋?"[3] 答案显然是否定的,即使个人通过劳动获得了番茄汁,番茄汁和其他物品的混合也不一定构成个人对其他物品的所有。先占理论同样具有限定性。有学者指出,先占理论在资源富足的情况下可以成立,但在资源稀缺的情形下,排他性的财产权保护会剥夺后来者获取资源的机会。[4] 而且在很多情形下,首先占有资源的

---

[1] See Richard A. Epstein, *Possession as the Root of Title*, 13 Georgia Law Review 1221 (1979); James E. Krier, *Evolutionary Theory and the Origin of Property Rights*, 95 Cornell Law Review 139 (2009); Carol Rose, *Possession as the Origin of Property*, 52 University of Chicago Law Review 73 (1985).

[2] John Locke, *Treatise of Civil Government and A Letter Concerning Toleration*, New York, 1937, p.27.

[3] Robert Nozick, *Anarchy, State, and Utopia*, Basic Books, 1974, p.175.

[4] 参见石佳友:《国家治理现代化进程中的产权保护》,载《比较法研究》2022年第6期。

往往是能力较强、社会资源较多的主体,先占理论的完全适用将会带来社会不公。[1]

具体到数据问题,劳动价值论与先占论都不足以成为新型数据财产保护的充分条件。新型数据财产要得到著作权法的保护,需要满足独创性的要求。在费斯特案中,美国联邦最高法院更是明确否定了"额头汗水"原则,指出投入劳动收集但不具有原创性的电话簿数据不能获得著作权保护。[2] 如果投入劳动即构成著作权保护,则著作权将造成数据过宽保护。同样,对新型数据财产的占有也必须具备额外要件才能得到保护,例如,在商业秘密保护中,数据必须具有秘密性和商业价值,并且企业需要对其采取保密措施。

(二)功利主义与激励理论

支持财产权的第二类理论是具有功利主义色彩的激励理论。这类理论又包含了不同角度和方式的论证,其中具有较强影响力的理论包括投资激励理论、公地悲剧理论、防止搭便车理论。投资激励理论认为,缺乏产权保护和预期回报,市场主体就会在事前缺乏对财产进行投资的激励;在事后缺乏管理和改善其财产的激励。[3] 相反,通过财产权保护,社会可以创造有效激励。在德姆塞茨(Harold Demsetz)著名的财产权理论中,这一理论被称为"外部成本内部化"。[4] 而所谓公地悲剧,指的是缺乏产权保护,公共资源可能面临过度使用的悲剧,如没有产权的公共草地可能会因为牧民的过度放牧而沙化。[5] 搭便车理论则从非投资方或产权方的视角出发,认为缺乏产权保护,会在社会中造成大量"不劳而获"的人员。上述公地悲剧中搭公地的便车,或者在缺乏产权保护

---

[1] See Wendy J. Gordon, *A Property Right in Self-Expression: Equality and Individualism in the Natural Law of Intellectual Property*, 102 Yale Law Journal 1533 (1993).

[2] See Feist Publ'ns, Inc. v. Rural Tel. Serv. Co., 499 U.S. 340, 347 (1991).

[3] 莱姆尼教授将前者称为"事前"激励理论,将后者称为"事后"激励理论。See Mark A. Lemley, *Ex Ante versus Ex Post Justifications for Intellectual Property*, 71 University of Chicago Law Review 129 (2004).

[4] See Harold Demsetz, *Toward a Theory of Property Rights*, 57 The American Economic Review 347, 348 (1967).

[5] See Garrett Hardin, *The Tragedy of the Commons*, 162 Science 1243 (1968).

环境中搭私人主体的便车,都可能造成社会的逆向激励。目前,在关于数据保护的讨论中,很多理论都从激励理论来论证新型数据财产产权保护的正当性。在知识产权理论中,促进投资激励也构成了知识产权保护的主流理论。[1]

分析激励理论是否可以推出新型数据财产的产权保护,需要首先辨析激励理论所面临的批评与适用情形。就投资激励而言,促进投资并非设置财产权的充分条件。首先,在缺乏财产权的制度下,相关主体仍可能有动力对有体物或无体物进行投资、加工和增值。其中原因有很多,例如,在有的情形下,投资者可以获得声誉回报;在其他情形下,投资者可以赢得针对竞争者的先发优势,如店家对自家门前的公共道路虽然不具备财产权或控制权,但仍然有足够的动力进行打扫和维护。在知识产权的例子中,更是有大量的例子说明,创新常常来自投资之外的激励。[2] 其次,即使缺乏财产权,相关主体也可以通过自我保护的方式对有形或无形财产进行保护。例如,知识产权的所有者可以采取技术措施或保密措施,防止他人获取。这类自我保护的措施可能并不完善,不足以对财产进行充分保护。但从投资激励的角度来看,只要此类保护措施足以保证投资者的收益大于其投入,投资者就仍有足够的激励进行投资。最后,对投资者进行财产权保护,可能阻碍其他主体对有形或无形财产的利用和改善。在专利制度研究中,大量研究指出,专利可以为第一代专利权人提供激励,但也为第二代专利权人带来更高成本,妨碍对专利的改进。[3]

就公地悲剧理论而言,这一理论在过去50年中面临不同角度的商榷和批评。例如,罗斯(Carol Rose)教授提出,财产制度中存在大量的公有物品,如道路、水路等,这些公有物不仅没有导致公地悲剧,反而有

---

[1] See William M. Landes & Richard A. Posner, *The Economic Structure of Intellectual Property Law*, Princeton University Press, 2003, p.37.

[2] See Yochai Benkler, *Coase's Penguin, or, Linux and The Nature of the Firm*, 112 Yale Law Journal 369 (2002).

[3] Suzanne Scotchmer, *Standing on the Shoulders of Giants: Cumulative Research and the Patent Law*, 5 Journal Economic Perspectives 29, 32, 35 (1991); Mark A. Lemley, *The Economics of Improvement in Intellectual Property Law*, 75 Texas Law Review 989 (1997); Robert P. Merges & Richard R. Nelson, *On the Complex Economics of Patent Scope*, 90 Columbia Law Review 839 (1990).

效供给了公共产品,形成了所谓的"公地喜剧"。[1] 随着互联网的兴起,这一理论又被广泛应用在网络信息领域,以莱西格(Lawrence Lessig)、本克勒(Yochai Benkler)、波义耳(James Boyle)、朗伊(David Lange)、卡普琴斯基(Amy Kapczynski)为代表的一批学者从不同角度论述了在网络信息领域维持公有领域的重要性。[2] 黑勒(Michael Heller)教授则提出,过度的私有财产保护可能导致对财产的利用不足,导致反公地悲剧。例如,如果草场被不断切割,分成特别小的私有草地,那么每位牧民的放牧将变得异常困难,草场的资源不仅无法得到有效利用,而且还可能造成局部的草场退化。因为在公地模式下,人们可以在草地最繁茂的地方轮流放牧,为不同草地腾挪生长空间;但在私有草地模式下,人们各自的羊群却只能在自己的小草地放牧,不同草地轮换休养的空间将不复存在。[3] 此外,以奥斯特罗姆(Elinor Ostrom)为代表的学者指出,行业性的共同体常常可以有效对公共资源进行管理。[4] 从渔业资源到信息数据,实践中存在众多通过社群自治实现公有财产有效管理的范例。[5]

就搭便车而言,搭便车并不一定是道德上应受谴责的行为,更不一定需要在法律上加以禁止。在社会关系中,利他主义与互惠关系普遍存在,人们常常互相搭便车,如从他人的交谈中获取有效信息;在市

---

〔1〕 See Carol M. Rose, *Romans, Roads, and Romantic Creators: Traditions of Public Property in the Information Age*, 66 Law and Contemporary Problems 89, 90 (2003); Anupam Chander, *The New, New Property*, 81 Texas Law Review 715, 797 (2003).

〔2〕 See Lawrence Lessig, *Free Culture: How Big Media Uses Technology and the Law to Lock Down Culture and Control Creativity*, The Penguin Press, 2004, p. 1 – 10; James Boyle, *The Second Enclosure Movement and the Construction of the Public Domain*, 66 Law and Contemporary Problems 33 (2003); Yochai Benkler, *Free as the Air to Common Use: First Amendment Constraints on Enclosure of the Public Domain*, 74 New York University Law Review 354, 364 – 386 (1999); David Lange, *Reimagining the Public Domain*, 66 Law and Contemporary Problems 463, 470 (2003); Amy Kapczynski, *The Cost of Price: Why and How to Get Beyond Intellectual Property Internalism*, 59 UCLA Law Review 970 (2012).

〔3〕 See Michael Heller, *The Tragedy of the Anticommons: A Concise Introduction and Lexicon*, 76 Modern Law Review 6 (2013).

〔4〕 See Elinor Ostrom, *Governing the Commons: The Evolution of Institutions for Collective Action*, Cambridge University Press, 1982, p. 1 – 15.

〔5〕 当然这种自治也并非完美,最新的案例研究,参见 Grisel F., *The Limits of Private Governance: Norms and Rules in a Mediterranean Fishery*, Hart Publishing, 2021。

场经济中,竞争方也经常搭对方的搭便车,如某商家吸引大量客流,其他商家在附近开店。这些搭便车都是正常的社会交往与市场竞争行为。上文提到,德姆塞茨担心缺乏财产权保护会导致外部性问题,但并非所有的外部性都是负面的。社会中除了存在负外部性,也同样存在正外部性。有的搭便车行为可能具有负外部性,如对于他人或公共物品的损耗性利用,但在其他情形中,搭便车行为也可能是社会的正常制度安排,反而产生弗里希曼(Brett Frischmann)等人所称的溢出效应。[1]

具体到新型数据财产问题,激励理论面临更多问题,更难用激励理论证明新型数据财产的产权保护。首先,就投资激励而言,知识产权领域一直存在知识产权是否激励企业进行研发的争论,一部分学者给出肯定答案,而其他学者则认为,企业的研发激励来自知识产权之外的其他因素。出于篇幅和主题原因,本章对此不进行展开[2],仅借此说明即使在知识产权领域,投资依赖于法律对数据信息的确权保护也并非共识。在传统知识产权之外的新型数据财产领域,这一推论更难成立。例如,针对网络平台,大量研究指出,网络平台可以利用其数据建构生态系统、取得竞争优势甚至获取市场力量。因此即使缺乏对平台数据的财产权保护,互联网企业也有充分足够的激励搭建平台、获取数据。又如,欧盟为了促进对数据库的投资,于1996年制定了对数据库的特殊权利保护。但大量研究表明,这一制度的建立并未促进投资。欧美之所以维持这一制度,更多是为了避免制度反复和欧盟内部的法律统一;而没有设定此类权利保护的美国,对于数据库的投资反而更为活跃。[3] 其次,就公地悲剧而言,由于数据的非损耗性与可重复利用性,位于公有领域的新

---

[1] See Brett M. Frischmann & Mark A. Lemley, *Spillovers*, 107 Columbia Law Review 257 (2007).

[2] 相关讨论,参见 Joseph Farrell & Carl Shapiro, Intellectual Property, Competition, and Information Technology(Mar., 2004), UC Berkeley Competition Policy Center Working Paper No. CPC04-45, Available at SSRN: https://ssrn.com/abstract=527782 or http://dx.doi.org/10.2139/ssrn.527782。

[3] See Miriam Marcowitz-Bitton,, *A New Outlook on the Economic Dimension of the Database Protection Debate IDEA*: *The Journal of Law and Technology*, 47 IDEA: The Journal of Law and Technology 93(2006).在2021年最新的判决中,欧盟法院进一步提高了对数据库条例的保护条件,参见 CV Online Latvia v Melons, Judgment of 3 June 2021, C-762/19, ECLI:EU:C:2021:434(2021)。

型数据财产不会存在类似草场、渔业等消耗性财产所面临的问题,数据的反复利用并不会对新型数据财产产生损耗。相反,如果新型数据财产能够被多方合理利用,则可以避免所谓的"反公地悲剧"、带来"公地喜剧"。最后,就搭便车而言,数据领域的搭便车行为更为普遍。搭便车行为不仅不会损害新型数据财产的价值,而且在很多情形下可以激发个体参与数据生产,形成数据的汇聚效应。[1] 如果对平台数据设置企业财产权,企业有权对平台用户收取费用,此种设置固然可以避免用户免费使用平台,但却可能对用户和平台造成双重伤害。

(三)信息成本与模块理论

支持财产权的第三类理论是,财产权有利于减少社会与市场的信息成本,从而有利于市场交易。在财产权研究中,这一理论在域外近年来影响巨大,引领了所谓的新私法学派(new private law school)研究。[2] 以史密斯(Henry Smith)和梅里尔(Thomas Merrill)为代表的两位教授认为,排他性的财产权制度是一种"标准化"的制度模块,在这一制度模块下,当某社会主体对某一有体物或无体物拥有财产权时,社会中的其他主体就可以清晰地识别这一点。相反,非财产权的治理型制度则比较复杂,社会主体常常需要很高的信息成本才能辨析,财产归谁所有,财产交易就需要和谁打交道。[3] 史密斯与梅里尔指出,相比以权利束理论来将财产想象为人与人之间的复杂关系,将财产权想象为人与物之间的关系,利用财产权的排他性制度模块特征,可以减少"第三方所需要的广泛信息收集和处理成本"[4]。

在推动新型数据财产产权保护的理论中,信息成本与模块理论扮

---

[1] See Michael Mattioli, *The Data-Pooling Problem*, 32 Berkeley Technology Law Journal 179 (2017).

[2] 参见熊丙万:《实用主义能走多远?——美国财产法学引领的私法新思维》,载《清华法学》2018 年第 1 期。

[3] See Henry E. Smith, *Property as the Law of Things*, 125 Harvard Law Review 1691, 1703 (2012); Thomas W. Merrill, *The Property Strategy*, 160 University of Pennsylvania Law Review 2061 (2012).

[4] Thomas W. Merrill & Henry E. Smith, *What Happened to Property in Law and Economics?*, 111 Yale Law Journal 387 (2001).

演了重要角色。有关理论认为,对新型数据财产进行财产化确权,有利于减少信息成本,促进数据市场交易。相反,缺乏新型数据财产的产权保护,数据的供给方会担心其数据遭到第三方盗用而不敢上市交易,数据购买方则会因为产权不明晰而不敢购买。[1] 在我国大力推进数据要素市场建设,各地兴建大数据交易所的背景下,这一理论扮演了更重要的角色。目前,我国的大数据交易所并不理想,大数据交易所的交易额远远没有达到预期效果,其交易频次也距离证券交易所、土地交易所的高频交易相差甚远。有观点认为,造成这一现象的原因就是缺乏对数据进行财产化确权,企业不敢进场交易。一旦完成企业的财产化确权,场内的数据交易就会变得活跃。

首先,通过财产化确权降低信息成本和促进交易,这主要适用于资源较为稀缺、不能重复利用的财产,对这类财产进行确权有可能形成一个以交易为中心的财产流转机制。相反,如果资源本身较为丰富且能重复利用,资源本身已经成为公共产品,此时再通过财产权而创设市场交易模式,就不但没有必要,反而会破坏原先的共享共用机制。[2] 其次,财产权制度是否有利于降低信息成本和促进交易,特别是形成高频次交易,这与财产本身的可标准化程度密切相关,而与是否赋予财产权并不一定相关。在可标准化程度较高的财产类型中,利用财产权制度的确可以促进财产流转。例如,工业化社会中的很多产品往往都进行标准化定价,从矿泉水到手机产品,全国各地往往统一价格销售。从信息成本来看,这种策略有利于形成所谓的"厚市场",即产品的买卖双方不需要额外的信息与谈判成本。但如果财产的可标准化程度较低,则即使对财产进行排他性确权,也未必能够促进类似商品化的交易。例如,律师等各类咨询服务,其往往是按小时收费,或者按照项目进行个性化定价而收费。这类资讯服务由于其个性化特征,很难将其咨询服务打包为一个个的模块进行售卖。

---

〔1〕 有学者认为,基于许可的交易将产生更高的"发现成本"和"处理成本",参见 Christina Mulligan, *Personal Property Servitudes on the Internet of Things*, 50 Georgia Law Review 1121, 1123 (2016).

〔2〕 See Carol M. Rose, *Energy and Efficiency in the Realignment of Common-Law Water Rights*, 19 Journal of Legal Studies 261, 262, 293–295 (1990).

在新型数据财产问题上,信息成本与模块理论均难以适用。一是数据具有非稀缺性与非损耗性特征。在知识产权制度出现之前,数据类似空气、环境,"取之不尽、用之不竭",是一种人人均可以享用的公共物品。即使知识产权对某些数据进行确权,此类确权也与传统财产权制度存在重大区别,如知识产权允许用户合理使用,并且其保护往往有一定期限。知识产权的这些设计,其目的在于保护的同时,保证数据的共享与公共利用。对知识产权保护之外的数据进行保护,就更应注重对公有领域与数据共享机制进行保护,而非放弃数据共享这一优势,缘木求鱼地以产品交易模式促进数据流转。

二是新型数据财产具有场景依附和非标准化的特征,数据的财产化确权未必能促进交易,更不能形成具有市场特征的高频交易。数据虽然常常在价值上被比喻为石油,但在交易特征方面却与石油相去甚远。石油是一种标准化程度较高的产品,对于有需求的主体,每桶石油的价格基本一致。但数据的价值则非常个性化,数据对于有的主体可能价值连城,但对于其他主体,却可能仅仅是一些难以发挥作用的表格和数字。数据要发挥作用,除了数据的类型必须满足需求方的需求,还必须经常保持更新,而且必须嵌入需求方的生态系统。因此,期待通过数据的财产化确权促进高频交易,是一种有些脱离实际的构想。在现实世界的数据交易中,数据交易更多是数据服务的一部分。[1] 例如,某个网络平台为某家企业提供数据产品,这一过程的本质其实是网络平台为企业提供咨询服务,其性质类似于律师为客户提供咨询服务。在数据交易中,双方的关系是一种高度个性化、场景化的服务关系,而非建立在财产权基础上的标准化商品交易关系,更非类似证券交易所、期货交易所那样的具有高度流动性的高频交易关系。商场交易与证券交易需要对商品和证券进行财产权确权,而服务型交易却可以通过非财产化确权的合同而完成。[2]

---

[1] 参见梅夏英:《数据交易的法律范畴界定与实现路径》,载《比较法研究》2022年第6期。

[2] 参见丁晓东:《数据交易如何破局——数据要素市场中的阿罗信息悖论与法律应对》,载《东方法学》2022年第2期。

二、从财产权保护迈向行为主义保护

上一部分已经指出,基于财产权基础理论与数据特征,不能得出对新型数据财产进行一般性财产权保护的结论。但这并不意味着对这类数据就不能进行法律保护。对新型数据财产进行行为主义保护,可以提供比数据财产权保护更为合理的保护模式。所谓行为主义保护,指的是法律对新型数据财产并不进行排他性的确权,但通过合同、行政法、反不正当竞争法、行政法与刑法等多种手段对某些行为进行规制。对于财产权模式与行为主义模式的区别,史密斯教授曾经将其称为排他性模式与治理型模式的区别。[1] 但由于治理型模式在中文语境下容易被等同于行政法模式,本章将使用行为主义的术语。相比财产权模式,新型数据财产的行为主义保护更有利于维护数据的公共性与公平性、提供合理激励、避免数据流通与交易中的普遍违法等功能。[2]

(一)维护数据的公共性与公平性

新型数据财产的行为主义保护首先可以最大限度维护数据的公共性,促进数据的公共利用。数据作为可重复利用的资源,排他性财产权保护会限制数据的正外部性。这里可以进一步指出,数据还具有聚合性特征。[3] 在网络法与数据法的研究中,大量文献指出,正是数据的汇聚产生了规模效应、网络效应、大数据效应。这些效应的发挥,都有赖于数据的共享与公共领域的建构。[4] 而纵观大数据的兴起历史,知识产权制度的兴起并未带来这一效果。相反,自20世纪90年代互联网兴起以及信息技术发展以来,随着数据互联互通渠道的拓宽,这才带来了数据的爆炸性发展。在这一历程中,无论我国还是美欧,都没有强化数据的财产权保护。即使是1996年通过《数据库保护条例》的欧盟,其当时所针对的保护对象也主要是传统的数据库,而非互联网

---

[1] See Henry E. Smith, *Exclusion versus Governance: Two Strategies for Delineating Property Rights*, 31 Journal of Legal Studies S453 (2002).

[2] 参见陈越峰:《超越数据界权:数据处理的双重公法构造》,载《华东政法大学学报》2022年第1期。

[3] 参见高富平:《数据流通理论——数据资源权利配置的基础》,载《中外法学》2019年第6期。

[4] 参见黄汇、徐真:《商标法公共领域的体系化解读及其功能实现》,载《法学评论》2022年第5期。

背景下的数据。而且，欧盟的数据产业一直面临种种困境，其数据产业的发展很大程度为美国数据产业所压制。欧盟近年来更是通过各种法律，强化数据的共享与利用。例如，对于非个人信息，欧盟制定了《非个人数据自由流动条例》，促进非个人信息的流通；在《数据治理法》中，欧盟引入数据利他主义的概念[1]，促进数据的汇聚与数据池的形成。

新型数据财产的行为主义保护还有利于维护数据的公平性。上文提到，先占原则并非财产权保护的充分条件，这里可以进一步指出，新型数据财产的产权保护可能影响数据公平，尤其是数据企业与个体和用户之间的关系。数据的非稀缺性似乎可以为数据先占原则提供论证，在资源非稀缺状态下，先占者对数据的排他性占有不会影响后来者对数据的收集。但在现实社会中，对数据的收集往往依赖企业的技术与专业能力，如果赋予企业以排他性的财产权保护，这将意味着个体和小商户将无法访问、利用和转移此类数据。从全球的数据立法与政策趋势来看，各国都在避免此类结果的出现，并积极利用法律制度扭转这一现象。例如，我国和欧盟都在个人信息保护制度中确立了个人数据携带权[2]，根据这一权利，个人将可以无障碍地转移数据。在我国的"数据二十条"和欧盟在欧盟《数据法》提案中，二者更是引入了包括个人与商家在内的用户数据公平访问与利用权[3]，根据这一权利，个人和商家不仅可以访问和利用数据，而且可以将数据转移到第三方企业。这些制度的落地或引入，很大程度上否定了数据收集者的先占性排他权。数据收集者的权利将主要针对和其具有竞争或合同关系的企业主体，在这类情形中，法律可以对数据收集者进行保护，但这种保护是一种对特定关系的行为主义保护，而非排他性的财产权保护。

---

〔1〕 参见欧盟《数据治理法》，第 4 章（2022）；Yafit Lev-Aretz, *Data Philanthropy*, 70 Hastings Law Journal 1491（2019）。

〔2〕 参见金耀：《数据可携权的法律构造与本土构建》，载《法律科学（西北政法大学学报）》2021 年第 4 期；刘辉：《个人数据携带权与企业数据获取"三重授权原则"的冲突与调适》，载《政治与法律》2022 年第 7 期；汤霞：《数据携带权的适用困局、纾解之道及本土建构》，载《行政法学研究》2023 年第 1 期。

〔3〕 See Proposal for a Regulation of the European Parliament and of the Council on harmonised rules on fair access to and use of data (Data Act), COM(2022) 68 final (2022).

(二)提供数据收集与利用的合理激励

上文已经提到,提供激励并不一定需要财产化确权,企业可能具备自我保护数据的能力和措施,企业收集数据带来的竞争优势等收益也足以提供激励。同样,搭便车也在社会中普遍存在。这里可以进一步指出,法律对于市场主体利益的保护并不提供完美激励,尤其不支持对企业现存利益的完全保护。例如,一家企业拥有一定数量的忠实用户,但法律不仅不会保护这一利益,反而会支持其他企业通过商业竞争争夺这部分用户。正是通过不完美激励,市场中的后来者才有机会与先到者进行竞争。也正是通过这种竞争,企业才能为社会带来萨缪尔森所说的消费者盈余。[1] 如果法律对企业现存利益都进行保护,则此类制度将如霍文坎普(Herbert Hovenkamp)所说,扭曲市场竞争机制,甚至带来垄断。[2]

行为主义的法律保护则可以提供更为合理的激励措施。作为一种更为精细化的制度设计,行为主义对市场竞争的规制建立在审慎的必要性基础上,可以对不同主体施加不同的激励。这种激励方式一方面可以避免过宽或过度激励。例如,对于网络平台一方通过网络"爬虫"获取另一方平台整体数据的行为,法律可以通过反不正当竞争法加以规制,但这种规制以必要性为限度,不必对所有的数据"爬虫"行为都进行规制。[3] 例如,对于搜索引擎所进行的数据"爬虫",或者一般个体用户所进行的数据"爬虫",除非此类行为违反了其他法律或合同约定,在行为主义规制下都属于被允许行为。此外,这种激励方式也可以强化对某些行为的惩罚,从而更为有力地打击某些行为。例如,法律可以利用刑法严厉打击非法侵入计算机信息系统获取数据的行为,可以利用反不正当竞争法对某些行为进行高额罚款。相比财产权侵权的保护模式,行为主义的法律保护在针对对象方面和力度方面都可以更为精细,从而可以为

---

[1] See Paul A. Samuelson, *Economics: An Introductory Analysis*, McGraw-Hill, 1980, p.413.

[2] See Phillip E. Areeda & Herbert Hovenkamp, *Antitrust Law: An Analysis of Antitrust Principles and Their Application*, 1995, Aspen Publishers, p.153.

[3] 参见许可:《数据爬取的正当性及其边界》,载《中国法学》2021年第2期;苏青:《网络爬虫的演变及其合法性限定》,载《比较法研究》2021年第3期。

相关主体提供更合理激励。

(三)避免数据流通与交易中的普遍违法

新型数据财产的行为主义法律保护还可以避免数据流通与交易中的普遍违法。前文提到,财产权保护模式的优点之一是可以降低信息费用,实现财产的模块化保护。但这一假设的前提是财产的边界较为清晰,第三方可以较为清晰地认知和辨析财产的受保护特征与边界,如此第三方才能避免侵权。例如,对于不动产和动产,其边界常常较为清晰明确,一般主体仅需履行消极义务就可以避免侵权,如避免进入他人领地或使用他人财产。[1] 而在边界不清晰的财产类型中,采取财产权保护模式,就可能存在很多侵权。例如,对于边界难以确定的空气、水流,人们可以对其进行行为主义保护,如防止他人进入空调房或其河岸,但如果主张对制冷空气、净化空气和水流拥有排他性财产权,就会造成大量违法现象。

新型数据财产亦是如此。在很多情形下,边界很难清晰界定,受保护的特征也很难辨识,如果对它进行排他性的财产化确权,那将导致大面积的违法行为。在数字化社会,数据的共享传输已经非常普遍,即使是对海量数据的传输,在现今的技术下也并不需要特别专业化的技术能力。而且,即使数据收集者对数据进行产权登记,并且公开其数据条目,这一信息公告机制也难以向普通用户提供充分的信息与警示。有价值的数据经常更新,数据产权登记制度跟上数据更新的频率。而且普通用户也不太可能关注政府的公告机制,数据收集者所公开的数据条目也难以成为数据受保护的显著标识。在实践中曾经出现这样的案例,某被告从共享网站上下载包含了较多数据的数据包,并向其他公众共享;但原告认为,其从来没有向开源网站上传数据包,是第三方在未经许可的情形下向共享网站上传。在这类案件中,原告当然可以依据商业秘密、合同法、反不正当竞争法等多种手段向第三方进行求偿。但如果赋予原告以排他性的数据财产权,赋予其向原告主张的权利,则此类制度安排将会导致大量违法情形的出现。

---

[1] See Henry E. Smith, *Exclusion and Property Rules in the Law of Nuisance*, 90 Virginia Law Review 965 (2004).

可能有意见会认为,知识产权所保护的也是无体物,但知识产权制度并没有导致普遍侵权,那么按此推理,数据的财产权保护也未必会导致普遍侵权。这里需要指出几点:其一,知识产权中有很多辨识性要素或信息机制[1],可以降低第三方侵权。例如,著作权法中作品的独创性要件,用户往往能在具体场景中大致判断;发明和实用新型专利所要求的新颖性、创造性、实用性等要件,也可以将专利从不受保护的发明中大致区分出来,而且专利的登记制度也可以发挥信息公示机制。其二,知识产权中本身就包含了合理使用等权利限制规则,可以将大量行为排除在违法之外。例如,根据著作权法的思想/表达二分法,法律不保护著作权中的思想、事实,允许著作权被用于创造性使用、戏仿等用途;商业秘密以保密性和采取保密措施作为前提要件,也不禁止利用正当技术对其进行反向破解。其三,知识产权制度本身就可以被视为行为主义或具有显著行为主义特征的法律规制模式。上述提到的知识产权的种种特征,以及未提及的保护期限、专利制度中的充分披露性等各种限制,使得知识产权与排他性的财产权有巨大差别。如莱姆尼(Mark Lemley)、梅内尔(Peter Menell)等学者就指出,知识产权的本质是一种规制,区别于传统财产权。[2] 而即使持相反观点的学者,也认可知识产权所混杂的行为主义规制要素。[3] 其四,知识产权中偏向财产权的制度已然引起很多侵权陷阱。如财产权特征更为明显的专利制度,就出现了"专利流氓"问题,以及夏皮罗(Carl Shapiro)等人提出的更一般的"专利丛林"问题。[4] 这类问题的共同点在于,社会对于专利的使用面临重重诉讼陷阱与侵权风险。也有不少学者据此提出,应淡化专利的财产权保护要

---

[1] 关于辨识性要素与信息机制,参见 Yoram Barzel, *Measurement Cost and the Organization of Markets*, 25 Journal of Law and Economics 27 (1982)。

[2] See Mark A. Lemley, *What's Different About Intellectual Property?*, 83 Texas Law Review 1097 (2005); Peter S. Menell, *The Property Rights Movement's Embrace of Intellectual Property: True Love or Doomed Relationship?* 34 Ecology Law Quarterly 713, 725 - 731 (2007)。

[3] 主张知识产权财产权性特征的观点,参见 Michael A. Carrier, *Cabining Intellectual Property Through a Property Paradigm*, 54 Duke Law Journal. 1 (2004); F. Scott Kieff, *Property Rights and Property Rules for Commercializing Inventions*, 85 Minnesota Law Review 697 (2001); Oskar Liivak, *Maturing Patent Theory from Industrial Policy to Intellectual Property*, 86 Tulane Law Review 1163, 1170 (2012)。

[4] See Carl Shapiro, *Navigating the Patent Thicket: Cross Licenses, Patent Pools, and Standard Setting*, 1 Innovation Policy and the Economy 119 - 150 (2001)。

素,代之以行为主义或责任规则的保护模式。[1] 在新型数据财产问题上,财产权保护减少了传统知识产权的要件,降低了其保护门槛,其所产生的侵权陷阱无疑将会更为显著。行为主义保护避免了针对不特定第三人的排他性权利,则可以有效避免普遍侵权的风险。

三、政策法律协调下的行为主义保护

对新型数据财产进行行为主义保护,需要协调法律与政策的关系。新型数据财产的行为主义保护是否与我国和域外各国的数据政策相契合？在我国出台"数据二十条"等政策的背景下,行为主义保护是否与其中的数据产权相冲突？对我国的数据政策进行分析,会发现我国虽然提出了数据产权的概念,但这一概念已经完全区别于传统排他性财产权,更接近于本章所说的行为主义保护。[2] 新型数据财产的行为主义保护可以采取合同与侵权制度,但在涉及竞争秩序时应优先适用反不正当竞争法,在涉及公共利益时适用规制法。

(一)我国数据政策的行为主义保护特征

初看上去,新型数据财产的行为主义保护与我国的数据政策存在冲突。在2022年年底我国发布的"数据二十条"中,数据产权出现了15次之多,构成了这一政策的核心概念。在"整体要求"之后,这一政策就提出"建立保障权益、合规使用的数据产权制度探索建立数据产权制度"。要求"推动数据产权结构性分置和有序流通,结合数据要素特性强化高质量数据要素供给;在国家数据分类分级保护制度下,推进数据分类分级确权授权使用和市场化流通交易,健全数据要素权益保护制度,逐步形成具有中国特色的数据产权制度体系"。

但透过概念看本质,就会发现我国的数据产权已经完全区别于传统产权。首先,"数据二十条"中的产权是一种针对不同主体而赋予的非

---

[1] See Mark A. Lemley & Philip J. Weiser, *Should Property or Liability Rules Govern Information*? 85 Texas Law Review 783,783 – 84 (2007).

[2] 在个人信息保护制度中也存在类似现象,个人信息保护法虽然以权利模式为基础,但实质上具有鲜明的行为主义特征。参见丁晓东:《个人信息的双重属性与行为主义规制》,载《法学家》2020年第1期;郑晓剑:《个人信息的民法定位及保护模式》,载《法学》2021年第3期。

排他性权利。例如,"数据二十条"中的"数据资源持有权",可以被视为数据收集者对数据资源进行合理自我保护的权利;"数据加工使用权"可以被视为第三方和社会主体对不受法律保护的数据的自由使用权利;而"数据产品经营权"则可以被视为数据产品的权利主体对数据进行商业化利用的权利。这三种权利不仅针对主体不同,而且相互存在交叉,需要"根据数据来源和数据生成特征,分别界定数据生产、流通、使用过程中各参与方享有的合法权利"。根据这些表述,"数据二十条"的分置性产权更接近于本章所述的行为主义保护模式。其次,"数据二十条"确立了个人和非个人的数据来源者权利,这些赋权进一步增强了新型数据财产的行为主义保护特征。对于个人信息数据,我国《个人信息保护法》等法律已经建立了比较完整的法律保护机制,设立了个人的访问查询权、更正权、删除权、携带权等一系列权利,"数据二十条"又对此进行了确认。值得注意的是,"数据二十条"借鉴了欧盟《数据法(提案)》的相关规定,将个人信息主体的权利拓展到了一般的数据来源者,并将这一权益保障作为其他权利的前提。欧盟《数据法(提案)》规定,个人与法人拥有对数据的访问利用权,而且可以向数据持有者提出请求,将其数据转移到第三方。[1] 我国"数据二十条"也作出了类似规定,指出应当"保障数据来源者享有获取或复制转移由其促成产生数据的权益"。这就等于将个人信息的访问查询权、携带权拓展到了非个人信息领域,更进一步强化了新型数据财产的行为主义保护特征。最后,"数据二十条"和其他政策也强调数据的共享与互联,进一步淡化了新型数据财产的排他性财产权保护。"数据二十条"提到,要"推进非公共数据按市场化方式'共同使用、共享收益'的新模式,为激活数据要素价值创造和价值实现提供基础性制度保障";"推动数据处理者依法依规对原始数据进行开发利用,支持数据处理者依法依规行使数据应用相关权利,促进数据使用价值复用与充分利用"。而除了"数据二十条",工信部等部委也一直推动"互联互通"与互操作性政策,推动解除互联网企业之间的屏蔽链接。在"互联互通"与互操作性政策下,互联网企业通过技术手

---

[1] See Proposal for a Regulation of the European Parliament and of the Council on harmonised rules on fair access to and use of data(Data Act),COM(2022)68 final(2022).

段对数据进行保护,将受到不少限制。[1]

(二)行为主义法律保护的路径

行为主义保护是一个制度工具包,其中包含多种法律制度。对不受确权性法律所保护的新型数据财产,可以首先对其进行合同法保护。作为一种典型的行为主义法律保护模式,合同法尤其可以有效保护具有一定秘密性的数据。例如,对于没有进行数据库特殊权利立法的国家,企业可能会限制购买数据库的用户的下载量,以保护其数据库不被整体获取。在我国"数据可用不可见"的交易模式和国外基于数据经纪人的交易模式中,合同法也扮演了关键角色。合同法保护的优点是可以最大程度发挥私法自治,数据持有者可以自行决定对其数据的保护程度;同时,由于合同的效力仅限于合同相对方,不针对不特定第三人进行保护,数据的合同法保护可以避免上文提到的第三方普遍侵权。[2]

其次,法律可以采用侵权法对新型数据财产进行保护。侵权法也是一种行为主义的法律保护模式,相比合同法,侵权法可以针对不特定主体,因此可以同时保护非公开和公开数据。[3] 例如,当被告恶意侵害原告的计算机系统,或者恶意造成公开网站的流量堵塞,此时就可能被认定为违法。但侵权法以损害与过错为基础,如果原告的相关行为没有侵犯被告的法定权利,或者被法律所认可,那么此类行为仍将被视为数据的合理利用。如当原告从第三人那里获得商业秘密,或者利用反向破解手段获取商业秘密,这类行为都不能认定为侵权。

再次,在涉及竞争的场景下,应利用反不正当竞争法进行行为主义

---

[1] 在国外,平台的互操作性与公共性问题也是焦点法律问题。参见丁晓东:《网络中立与平台中立——中立性视野下的网络架构与平台责任》,载《法制与社会发展》2021年第4期;左亦鲁:《社交平台公共性及其规制——美国经验及其启示》,载《清华法学》2022年第4期。

[2] See Sharon K. Sandeen, *A Contract by Any Other Name is Still a Contract*: *Examining the Effectiveness of Trade Secret Clauses to Protect Databases*, 45 IDEA: The Journal of Law and Technology 119, (2005).

[3] 参见潘重阳:《解释论视角下的侵害企业数据权益损害赔偿》,载《比较法研究》2022年第4期。

保护。反不正当竞争法是一种在已有确权性法律基础上"做加法"的法律。对于有价值但无法得到确权性法律和合同、侵权保护的数据,反不正当竞争法可以对其进行渐进性、场景化保护。[1] 当然,需要注意的是,这种拓展性与渐进性保护并非保护数据的非预期利益,也不保护企业的单方声明。[2] 如本章所述,竞争法并不为企业提供完美激励与保护,反而鼓励企业之间合理争夺市场利益。唯此,市场才能形成熊彼特所谓的有效性竞争与创造性破坏[3],才能为社会创造消费者剩余。目前,我国司法实践主要依赖反不正当竞争法对平台数据进行保护。法院在进行此类保护时,应以消费者福利最大化为终极依据,避免反不正当竞争法的过于激进地适用。[4] 特别是在个人信息权利与数据来源者权利被纳入我国法律与政策的背景下,反不正当竞争法对数据保护应优先考虑这两种权利。[5]

最后,对于涉及公共安全与公共利益的场景,可以利用行政法与刑法对某些行为进行规制。不过,需要注意此类规制不能建立在私主体的单方同意或单方控制基础上。[6] 这是因为,不受确权性法律保护的数据应推定其可以被利用[7],不需要获得对方的许可;只有当相关行为侵害了公共利益,法律的规制才具有正当性。即使有的国家制定了依据私主体同意进行的规制,其实施最终也走向了基于公共利益的规制。例如,美国国会曾经制定计算机欺诈与滥用法案(Computer Fraud and Abuse Act,CFAA),将未经授权或超过授权访问计算机系统都纳入犯罪,但在

---

[1] 参见孙晋、冯涛:《数字时代数据抓取类不正当竞争纠纷的司法裁判检视》,载《法律适用》2022年第6期;周樨平:《大数据时代企业数据权益保护论》,载《法学》2022年第5期;蔡川子:《数据抓取行为的竞争法规制》,载《比较法研究》2021年第4期。

[2] 参见陈兵:《保护与竞争:治理数据爬取行为的竞争法功能实现》,载《政法论坛》2021年第6期。

[3] See Joseph A. Schumpeter Capitalism, Socialism and Democracy, London and New York,1962,p. 83;丁晓东:《互联网反不正当竞争的法理思考与制度重构——以合同性与财产性权益保护为中心》,载《法学杂志》2021年第2期。

[4] 参见任浏玉:《公开商业数据爬取行为的规制路径》,载《知识产权》2022年第7期。

[5] 参见王叶刚:《企业数据权益与个人信息保护关系论纲》,载《比较法研究》2022年第4期;包晓丽:《二阶序列式数据确权规则》,载《清华法学》2022年第3期。

[6] 参见于改之:《从控制到利用:刑法数据治理的模式转换》,载《中国社会科学》2022年第7期。

[7] See James Boyle, *Fencing Off Ideas*: *Enclosure & the Disappearance of the Public Domain*,131 Daedalus 13,16(2002).

实施中,这一法案的实施遭遇了越来越多的例外。[1] 法院逐渐认定,违反"robots 协议"的行为并不必然违法,只有当相关行为违反了行业性规则或产生公共危害时,相关行为才属于这一法案认定的欺诈或滥用。

四、结语：作为非排他性的数据权利

对数据财产进行法律保护,应首先以成熟和共识性法律制度为基础,如著作权、专利、商业秘密等制度。在这些制度中,有的更接近行为主义保护,如著作权对数据的确权受到很多行为主义的例外规制,更接近于行为主义保护;有的则更接近财产权保护模式,如专利制度,其排他性程度相对较高,行为主义规制要素相对较少。[2] 有的则介于二者之间,如商业秘密保护。[3] 但无论偏向行为主义还是财产权模式,利用成熟的制度模块对其进行判断,有利于减小信息成本、同时保持法律的稳定性。[4] 本章提到,史密斯教授曾经把财产权视为一种可以减少信息费用的制度模块,把行为主义视为需要更多信息费用的制度模块。但如果采取类似德沃金所说的内在视角,从法律实践者对制度的熟悉程度来说,则信息成本并不取决于是否为行为主义模式或财产权模式。[5] 相反,信息成本取决于一种制度模块是否具有足够的历史实践与社会共识。当一种制度模块为绝大部分法律实践者所熟知并接受,则此类制度模块就可以减少信息费用。在这个意义上,将成熟的法律制度作为判断

---

[1] See Orin S. Kerr, *Vagueness Challenges to the Computer Fraud and Abuse Act*, 94 Minnesota Law Review 1561 (2010).

[2] See Henry E. Smith, *Intellectual Property as Property：Delineating Entitlements in Information*, 116 Yale Law Journal 1742 (2007).

[3] 有学者将商业秘密称为一种"准财产",参见 Shyamkrishna Balganesh, *Quasi-Property：Like, But Not Quite Property*, 160 University Pennsylvania Law Review 1889, 1916 – 17 (2012).

[4] 辛格教授曾经指出,即使是有体物的财产权保护,也并不像非黑即白的规则,而更像是具体问题具体判断的标准。See Joseph William Singer, *The Rule of Reason in Property Law*, 46 University of California Davis 1375 (2013).

[5] 关于德沃金的内在视角,参见 Ronald Dworkin, *Law's Empire*, Harvard University Press, 1986。史密斯教授也声称其采取了内在视角,但他的这种内在视角是一种脱离场景的经济学的内在视角,而非法律实践场景下参与者的内在视角,参见 Henry E. Smith, *Complexity and the Cathedral：Making Law and Economics more Calabresian*, 48 European Journal of Law and Economics 43 (2019).

数据保护的基准,仍然是数据保护的最佳方案。

　　对已有确权性法律保护之外的有价值数据或本章所称的新型数据财产,则应采取行为主义进路的法律规制。从财产权理论出发,可以发现劳动与先占理论、投资促进以及公地悲剧和防止搭便车等激励理论、信息模块与交易费用理论均无法推论出数据的排他性财产权保护。新型数据财产的行为主义保护则可以尽可能维持数据公共性、汇聚性与避免数据流通与交易中的普遍侵权。对"数据二十条"等政策进行分析,也可以发现我国的数据政策虽然采取了数据产权的概念,但这一概念已经完全区别于传统的排他性财产权,更接近行为主义的保护模式。相比排他性的财产权模式,行为主义保护可以提供更合理的制度工具。在具体法律适用上,应在不涉及竞争秩序的场景下适用合同与侵权法规制,在涉及竞争秩序的场景下适用反不正当竞争法规制,在涉及安全与公共利益的场景下适用行政法与刑法规制。

第五章 数据来源者权：从一般性赋权到沟通型权利

第四章已经探讨数据收集者与持有者对于数据财产权的主张，本章和第六章则讨论数据被收集者的相关权利。其中数据来源者权利已被引入我国和欧盟等国家的政策与法律中。我国于2022年年底发布的"数据二十条"第二部分第七条提出，要"充分保护数据来源者合法权益，推动基于知情同意或存在法定事由的数据流通使用模式，保障数据来源者享有获取或复制转移由其促成产生数据的权益"。无论是数据加工使用权还是数据处理者使用数据和获得收益的权利，都必须以"保护公共利益、数据安全、数据来源者合法权益"为前提。[1] 欧盟委员会于2023年12月发布的《数据法》[2]，更是将数据来源者权利规定为一种法定权利，详细规定了数据来源者知情同意、访问、转移其数据的相关权利。[3] 只是《数据法》所使用的术语略有不同，使用了"数据用户"而非我国的"数据来源者"概念。

数据来源者权利对法学理论与法律实践提出了一系列问题。就法理而言，这一权利是否具有正当性基础？就制度目标而言，这一权利的设置是为了保护和促进数据来源者对于其数据的公平利用，还是为了促进数据要素市场的数据流通，抑或为了促进数据的互操作性？设置这一权利是否可以实现这些目的，还是也可能带来相关问题？就立法实践而

---

〔1〕 参见《中共中央 国务院关于构建数据基础制度更好发挥数据要素作用的意见》，载中华人民共和国中央人民政府网，http://www.gov.cn/zhengce/2022-12/19/content_5732695.htm。

〔2〕 See https://eur-lex.europa.eu/eli/reg/2023/2854/oj.

〔3〕 See European Commission, *Data Act: Proposal for a Regulation on harmonised rules on fair access to and use of data*, COM(2022)68（DA Proposal），Brussels, 23 Febrary 2022.

言,我国应当如何将"数据二十条"的政策法律化？我国是否应当追随欧盟《数据法》和相关法律的步伐,也在法律上设置数据来源者的知情同意、获取、复制、转移等权利？如果确立数据来源者权利,应当如何理解这一权利的性质和特征？

鉴于我国已经在"数据二十条"这一数据基础制度中引入这一权利,而且欧盟等国家和地区也已经对其进行立法,本章将对数据来源者权利进行全面分析,阐述这一权利的正当性基础与制度目标、存在问题与可能解决方案。[1] 本章指出,数据来源者权利在正当性基础与实现制度目标方面具有一定合理性,但也存在重大困境。数据来源者权利在法律化过程中,应当尊重已有成熟立法,即使在法律文本中引入这一权利,也应将其视为提升产品服务、促进数据信任、强化数据治理的程序性、工具性、举报性权利,而非实体性、绝对性、可诉性权利。

一、数据来源者权的内容与制度目的

我国的"数据二十条"提出并确立了数据来源者的知情同意、获取、复制、转移等权利,但并未对这一权利进行详细说明。由于这一权利的确立受到欧盟相关法律特别是《数据法》的影响,因此本部分将结合欧盟的相关立法,对数据来源者权利进行阐述。

(一)提出背景

数据来源者权利的提出,与数据价值的凸显与数据集中密切相关。数据的价值无须多言,其对数字经济的影响已经被各国广泛认可,我国也明确将其作为土地、劳动力、资本、技术之外的第五类生产要素。数据集中指的是数据主要集中于少数数据处理者或数据控制者,特别是少数大型科技企业。在关于数据法律问题的研究中,不少观点指出,个体与中小商家往往很难访问和获取数据,也很难将数据转移到第三方企业。数据集中的此类问题将造成"锁定效应",妨碍数据的公平利用与数据

---

[1] 为了简便起见,本章除了特定情形,将使用"数据来源者"而非"数据用户"的概念,使用"获取或复制转移"的表述而非"访问、提供"的概念。整体而言,我国"数据二十条"和欧盟《数据法》在相关概念的内涵上具有相似性。

的有效流通。[1]

各国首先在个人信息保护领域确定了数据来源者权利。在各国的个人信息保护立法中，个人的访问权或查阅权被认为是基础性权利。[2]例如，在20世纪70年代的公平信息实践原则中，就确立了个人访问原则，"对于档案保存机构以个人可识别形式保存的有关信息，必须确保个人有权查看和复制"[3]。欧盟宪章也把个人访问权作为其明确规定的基本权利。除此之外，个人信息的更正权、删除权等权利也成为个人信息权利的一部分。及至欧盟的《一般数据保护条例》，又引入了个人数据的携带权，该条例第20条规定，数据主体有权获取"经过整理的、普遍使用的和机器可读的"的个人数据，有权"无障碍"地将此类数据从收集其数据的控制者那里传输给其他控制者。2021年，我国《个人信息保护法》正式生效，同样囊括了此类权利。

数据来源者权利可以被视为个人信息访问权与携带权的拓展。相比个人信息主体的广泛性权利，非个人的数据来源者并无更正、删除其数据的权利。但在知情同意、获取、复制、转移等权利方面，数据来源者权利与个人信息的知情同意权、访问权、携带权类似。其基本理念是，面对超大型数据企业或数据控制者，非个人主体与个人面临同样的数据无法访问利用的难题，因此在非个人信息领域也有必要引入一般性的数据来源者权利。欧盟首先在"纵向"的某些特定行业和特定领域确定了用户对于数据的访问权，如在机动车领域，欧盟规定独立企业有权从汽车制造商处获取提供汽车维护和维修服务所需的技术信息[4]，2022年通过的欧盟《数字市场法》规定，针对被界定为"守门人"的大型平台企业，

---

[1] See Data Act, Recitals 51–55 and Article 13.

[2] 参见李锦华：《个人信息查阅权的法理基础及实现路径》，载《西安交通大学学报（社会科学版）》2023年第3期。

[3] The Report of The Privacy Protection Study Commission, *Personal Privacy in an Information Society*, Chapter13, (1977), https://archive.epic.org/privacy/ppsc1977report/.

[4] See EP & Council Regulation (EU) 2018/858 on the approval and market surveillance of motor vehicles and their trailers, and of systems, components and separate technical units intended for such vehicles, amending Regulations (EC) No. 715/2007 and (EC) No. 595/2009 and repealing Directive 2007/46/EC, O. J. 2018, L 151/1 (Type Approval Regulation), Art. 61.

商业用户有权访问他们在使用"守门人"平台时生成的数据。[1]及至《数据法》,这一权利被进一步一般化,成为一种适用于所有领域的"横向"权利。

(二) 内容与性质

欧盟《数据法》首先区分和界定了不同的权利义务主体。其中权利主体为数据用户,主要指的是"拥有、出租或租赁产品或接受服务的自然人或法人"。义务主体则主要包括数据持有者和数据接收者。其中数据持有者为"通过控制产品和相关服务的技术设计,有权利或有义务提供特定数据的法人或自然人";而数据接收者则是"数据持有者向其提供数据"的第三方。[2]

《数据法》首先规定,用户对其数据具有知情同意权,"数据持有者只能根据与用户签订的合同协议,使用产品或相关服务产生的任何非个人数据"。其次,用户具有对其数据的访问权,"如果用户不能从产品中直接获取数据,数据持有者应及时、免费并在可行的情况下连续、实时地向用户提供使用产品或相关服务产生的数据"[3]。再次,用户对其数据具有转移性权利。"应用户或代表用户的一方的要求,数据持有者应向第三方免费提供因使用产品或相关服务而产生的数据,不得无故拖延,数据质量应与数据持有者可获得的质量相同,并在适用的情况下连续实时提供。"[4]最后,与数据用户的权利相对应,产品制造和服务应当具有可访问性。当企业"设计和制造产品以及提供相关服务时,应确保在默认情况下用户能够轻松安全地访问其产生的数据,并且在相关和适当的情况下,用户可以直接访问这些数据"[5]。数据持有者则"有义务向数据接收者提供数据",应当"以公平、合理和非歧视性的条件和透明的方式提供数据"[6]。从性质上看,欧盟《数据法》中的数据来源者权利接

---

[1] See Simon Geiregat, *Copyright Meets Consumer Data Portability Rights: Inevitable Friction between IP and the Remedies in the Digital Content Directive*, 71 GRUR International 495 (2022).

[2] See Data Act, Article 2(12)(13)(14).

[3] See Data Act, Article 4(1).

[4] See Data Act, Article 5(1).

[5] See Data Act, Article 3(1).

[6] See Data Act, Article 8(1).

近准所有者权利。欧洲的法律与政策研究者从 2010 年左右开始研究对数据的财产性赋权。[1] 2017 年,欧盟委员会发布"构建欧洲数据经济"倡议,提出了以用户为中心的数据生产者权利。[2] 根据这一倡议,数据生产者将被赋予排他性的所有权。《数据法》虽然没有完全沿用这一倡议,但其使用的数据用户的概念与数据生产者概念仍然保持了一定的延续性,其权利内容与数据所有权密切相连。如该法案第 4 条第 13 款规定的"数据持有者只能根据与用户签订的合同协议,使用产品或相关服务产生的任何非个人数据",实际上赋予了数据来源者对其数据的准所有权。只不过这种权利只能针对特定的数据持有者或处理者,而不能成为一种对世权,但可以针对不特定主体。[3]

(三) 制度目的

以欧盟《数据法》为参照,可以发现数据来源者权利具有多重制度目的。首先,这一权利意在促进数据的公平性。《数据法》的"解释性备忘录"指出,确立数据来源者或数据用户权利,其"目的是确保在数据经济的背景之下行为主体之间能够公平分配数据价值,并促进数据的访问和使用"。在欧盟《一般数据保护条例》中,个人数据保护就蕴含了矫正个人与数据处理者之间信息能力不平等,实现公平信息实践的目的。《数据法》进一步指出,赋予用户以数据访问权和利用权,可以"在非个人工业数据的新浪潮和物联网相关产品激增的同时,确保数据价值的分配更加均衡"。[4] 为了促进数据公平,《数据法》将数据视为需要单独规制的条款,如在签订购买、租用或租赁产品或相关服务的合同之前,企

---

[1] See W. Kerber, *A New (Intellectual) Property Right for Non-Personal Data? An Economic Analysis*, Gewerblicher Rechtsschutz und Urheberrecht, Internationaler Teil, 989 (2016); F. Mezzanotte, *Access to Data: The Role of Consent and the Licensing Scheme*, in Trading Data in the Digital Economy: Legal Concepts and Tools, Nomos Verlagsgesellschaft mbH & Co. KG 159, 161-162 (2017).

[2] See European Commission, *Communication on Building a European Data Economy*, COM(2017) 9 final, Brussels, 1 October 2017, p. 14.

[3] See Simon Geiregat, *The Data Act: Start of a New Era for Data Ownership?* (2022) https://ssrn.com/abstract=4214704.

[4] Data Act, Explanatory Memorandum.

业就应以清晰易懂的格式向用户告知"使用产品或相关服务可能产生的数据的性质和数量""数据是否可能连续实时生成""用户如何访问这些数据"等信息。[1] 在合同签订过程中,提供合同条款对一方应当提供协商机会并能够被对方影响,在合同协议中,需要包含数据相关条款。在合同签订后,某些单方条款将被推定为不公平条款。例如,当某些条款"以严重损害另一缔约方合法利益的方式访问和使用另一缔约方的数据",或者"阻止被单方面强加条款的一方在合同期间使用该方提供或生成的数据,或限制该数据的使用,使该方无权使用、获取、访问或控制该数据或以适当的方式利用该数据的价值",或者"阻止被单方面强加条款的一方在合同期间或在合同终止后的合理期限内获得该方提供或产生的数据副本"时,此类数据相关条款都将被认定为不公平条款。[2]

其次,数据来源者权利也意在促进数据流通与数据市场。《数据法》的"解释性备忘录"指出,数据被少量企业控制和锁定,这不利于数据的流转,设置数据来源者权,可以为"数据的再利用提供机会""释放数据潜力"。例如,在售后市场中,当一位用户购买车辆或某项电子产品,如果用户无法访问该车辆或产品的数据,则用户的售后服务将完全依赖产品出售者。相反,如果用户有权获取和转移其数据,则其他企业也将可以参与该售后市场的竞争。因此,《数据法》的"重述"部分指出,"本条例的目的应理解为促进开发创新的产品或相关服务,激励售后市场的创新,利用数据激励全新服务的发展,包括基于各种产品或相关服务的数据"[3]。在数据持有者拥有市场力量或垄断力量的情形下,这类问题将更为严重。在此类情形下,不仅数据产品的售后服务二级市场难以产生,而且数据产品的一级市场也可能面临垄断,用户将面临更严重的数据锁定效应,数据来源者权利被认为可以有效缓解其中可能存在的数据垄断问题。

---

[1] 其他条款参见 Data Act, Article 3(2)(3)。
[2] See Data Act, Article 13(5)(b)(c)(e).
[3] See Data Act, Recital, para. 32.

最后,数据来源者权利也意图促进数据各参与方的互操作性。[1]此前,欧盟已经在若干立法中关注数据的互操作性问题,例如,欧盟《非个人数据自由流动条例》规定,非个人数据应当可以在欧盟的任何地方存储、处理和传输,为降低云服务之间的可切换性问题[2],数据处理服务提供商应引入行为准则来促进云服务之间的数据交换。欧盟《数据治理法》和《数字市场法》也对数据的共享与互操作性作出了某些规定。不过,《非个人数据自由流动条例》要采取企业自我规制的方式;《数据治理法案》旨在促进个人和企业自愿共享数据并协调某些公共部门数据,《数字市场法》则仅针对某些被确定为"守门人"的超大型平台。相比这些法律,《数据法》的用户访问与利用权进一步拓展了数据互操作性的适用范围。《数据法》第 29 条和第 30 条还对数据的互操作性要求作出了详细规定。

二、数据来源者权的困境与法理反思

如何看待数据来源者权利?数据来源者权利是否具有正当的权利基础与制度功能?对数据来源者权利进行检视,可以发现这一权利存在多种困境。

(一)数据公平

从公平的角度出发,可以发现数据来源者权利未必符合数据公平的原理。在数据来源者权利提出之前,法律并不认可所有者对附属在其动产或不动产上的数据来源者权利。例如,当他人对个人土地、车辆、水杯进行拍照,只要此类行为不侵犯他人隐私,此类行为就属于合法行为。[3] 事实上,即使对物品进行拍照并进行商业化利用,此类行为也并不违法,如艺术家对私人房屋和花园进行拍照或素描并出售其作品,并不需要向房屋主人支付费用。法律对于数据来源者的保护主要限于特定情形。例如,当数据来源者对有价值的商业数据采取保护措施,法律

---

[1] 参见曾彩霞、朱雪忠:《欧盟企业数据共享制度新动向与中国镜鉴——基于欧盟〈数据法〉提案的解析》,载《德国研究》2023 年第 6 期。

[2] See Regulation (EU) 2018/1807 of the European Parliament and of the Council of 14 November 2018 on a framework for the free flow of non-personal data, OJ L 303, p. 59 – 68.

[3] See Lawrence Lessig, *Free Culture*, New York: Penguin Press, 2004, p. 33 – 34.

对其进行商业秘密保护；或者当数据来源者对其数据进行创造性利用或大规模收集，法律对满足相应条件的数据进行著作权、专利权、特殊权利数据库等保护措施。[1]

法律之所以拒绝对数据来源者赋予一般性权利，是因为数据一般位于公共领域。数据具有非排他性、非竞争性、非消耗性等特征[2]，赋予人们对于非隐私性数据或非特定保护数据的收集与利用权，有利于数据的共享流通。相反，如果赋予数据来源者对其数据的排他性权利，则社会中将产生大量侵权行为，违背数据的公平合理使用。而法律之所以对数据收集者与加工者进行知识产权等法律保护，主要是为了激励数据收集者与处理者对数据进行创造性利用[3]，或者保护与创造者相关的道德性权利[4]。在知识产权法律体系中，法律保护数据加工者而非数据来源者，甚至限制数据来源者对其数据表达方式的利用，被认为有利于促进数据的公平合理利用。

数字技术的兴起改变了数据的收集模式，以互联网和科技企业为代表的数据收集与处理规模巨大，但数据公平的基本原理并未改变。数据生产、数据收集与利用固然离不开数据来源者，但数据来源者更多是被观察对象，其本身并未直接投入劳动、资金和创造性工作而产生数据，其对数据生产的贡献大多是附属性的，对数据生产的直接贡献往往来自数据控制者[5]。例如，人们可能在使用智慧家居产品中附带产生家电数据；在使用和租用车辆中附带产生车辆数据，直接和有意识投入劳动、资金和研发的往往是拥有的智能产品企业。而且，在有的情形下数据来源者可能是大型企业，而提供数据服务的数据控制者反而可能是一般企业。无论如何，对未提供直接贡献的数据来源者进行赋权，对提供加工

---

[1] 参见华劼：《欧盟数据生产者权利质疑——以知识产权制度安排为视角》，载《知识产权》2020 年第 1 期。

[2] 参见王利明、丁晓东：《数字时代民法的发展与完善》，载《华东政法大学学报》2023年第 2 期；黄细江：《企业数据经营权的多层用益权构造方案》，载《法学》2022 年第 10 期。

[3] See William Landes & Richard Posner, *An Economic Analysis of Copyright Law*, 18 The Journal of Legal Studies 325 (1989).

[4] See Henry Hansmann & Marina Santilli, *Authors' and Artists' Moral Rights: A Comparative Legal and Economic Analysis*, 26 The Journal of Legal Studies 95 (1997).

[5] 参见许娟：《企业衍生数据的法律保护路径》，载《法学家》2022 年第 3 期；武腾：《数据资源的合理利用与财产构造》，载《清华法学》2023 年第 1 期。

利用服务的数据持有者施加相应义务,并不符合数据公平的基本原理。[1]

(二)数据市场

欧盟自创立之初,就以构建共同市场、消除商品流通壁垒、促进商品自由流通为其己任。在数据问题上,欧盟更是颁布了一系列战略与政策,例如欧盟统一数字市场战略(single digital market strategy)[2]、迈向共同的欧洲数据空间(towards a common European data space)[3]。《数据法》的另一目标是,通过对数据来源者赋予知情同意权、访问权和利用权,数据可以被有效剥离,成为一种可以自由交易的数据产品,但实现这一目标也存在困境。

首先,数据来源者的数据很难被有效剥离。为了保证数据可以被完整和有效剥离,《数据法》对于数据的访问与转移提出了较高要求,如要求"数据持有者应确保提供给第三方的数据与数据持有者本身有权从产品或相关服务的使用中获得的数据一样准确、完整、可靠、相关和最新"数据。但这一要求其实很难被满足,因为要提供"准确、完整、可靠、相关和最新"的数据,数据持有者就必须持续性地对数据来源者的产品进行监控,实时更新相关数据。当数据来源者或数据用户不再使用数据持有者的服务时,或者转向第三方寻求服务时,原数据持有者将很难提供有效信息。这就像当员工从原用人单位离职时,如果法律要求原用人单位仍然必须向新用人单位提供该员工的有效信息,此类信息的质量必然要打上问号。特别是当新用人单位是原用人单位的竞争对手时,此时更难指望原用人单位可以提供"准确、完整、可靠、相关和最新"的信息。

其次,即使数据持有者可以提供"准确、完整、可靠、相关和最新"的

---

[1] See J. Drexl et al., *Position statement on the Commission's Proposal of 23 February 2022 for a Regulation on harmonised rules on fair access to and use of data (Data Act)* (Max Planck Institute for Innovation and Competition Position Statement, 25 May 2022), https://pure.mpg.de/rest/items/item_3388757/component/file_3395639/content.

[2] See Communication from the Commission to the European Parliament, the Council, the *European Economic and Social Committee and the Committee of the Regions*, A Digital Single Market Strategy for Europe, COM(2015) 192 final, 6 May 2015.

[3] See COM(2018) 232 final; SWD(2018) 125 final, 25 April 2018.

数据来源者数据,此类剥离也未必能有效促进数据市场。数据与一般产品或生产要素具有较大区别,一般生产要素或产品常常具有标准化、通用性特征,例如资本、土地、工业商品的价值都较为容易确定,其价值也能为市场中庞大的群体所认可,可以在产品高频率流通的"厚市场"中进行交易。此时对这些要素或产品进行剥离,可以较为便利地将其适用或嵌入新的生产与消费场景。但数据具有非标准化、场景化等特征,数据的价值往往深嵌于某一产品的生态系统之中,其市场受众往往限于合作双方或少数主体,只能在"薄市场"中流通。[1] 对数据进行剥离,往往就意味着数据的失效。例如,某商家在使用电商平台A时产生了浏览量、停留时间、购买习惯等大量数据,此类数据尽管对于该商家具有重要意义,但这些数据一旦转移到电商平台B,其意义可能就非常有限。因为电商平台B可能拥有完全不同的用户量、用户习惯和商业模式。除非电商平台A和电商平台B进行深度合作和生态融合,重新在电商平台B上分析和挖掘剥离数据的意义,否则此类数据的剥离和转移对商家并无多大意义。

有观点认为,清晰的产权界定可以降低信息费用,减少各方的信息搜寻与认知成本,促进产品自由流通。但相关论述忽略了市场交易的复杂性与数据的特征。[2] 首先,市场与社会普遍存在很高的交易费用。高额交易费用的存在,使得法律规则体系呈现多样化,财产规则并不一定具有优先性。卡拉布雷西(Guido Calabresi)和梅拉米德的经典研究指出,在交易费用较高的情形中,基于事后政府确权的责任规则要比基于事先财产化确权的财产规则更合理。例如,在车辆交通侵权中,人们很难对车辆事故进行事先协商,事后通过政府或法院进行责任判断,更为合理。[3] 在数据的例子中,数据的非标准化、场景依附性特征使其面临的交易成本更高。由于数据具有这类特征,现实中关于数据的规则往往采用责任规则和共享规则,而非财产规则。例如,当数据企业为数据

---

〔1〕 参见彭辉:《数据交易的困境与纾解:基于不完全契约性视角》,载《比较法研究》2023年第2期。

〔2〕 参见丁晓东:《新型数据财产的行为主义保护:基于财产权理论的分析》,载《法学杂志》2023年第2期。

〔3〕 See Guido Calabresi & A. Douglas Melamed, *Property Rules, Liability Rules, and Inalienability: One View of the Cathedral*, 85 Harvard Law Review 1089 (1972).

来源者提供的产品因为数据无法访问而出现缺陷时,数据来源者就可以采用责任规则,对产品缺陷提起侵权责任之诉。[1] 而当数据与产品质量无关,此时数据企业则可以采用共享规则,自由地收集或使用任何未保密的数据。[2]

(三)互操作性

利用数据来源者权利促进互操作性,在有的情形下的确会带来正面收益。例如,互操作性可以促进产品兼容,让用户可以有效地利用数据与产品;互操作性还可能产生网络效应。又如电话系统、网络底层架构的互操作性,使得电话与网络成为一个规模庞大的应用系统。有大量研究表明,一定标准化程度的互操作性如果应用得当,不仅对当事人双方有利,而且可能对更大的宏观系统产生正面作用或所谓的"溢出效应",[3]成为一种促进数据与信息互联互通的公共产品。

但强制的互操作性也存在若干困境。首先,互操作性的正面收益可能随着用户异质性的增加而降低。当用户的需求越呈现同一性,其互操作性和互联互通的正面收益就会越高,如电话通信、网络物理层与逻辑层的互联[4],或者一个国家高速公路的互联,其标准的统一会产生重要意义。但是随着用户的需求呈现异质性,互操作性与互联互通的正面收益就会降低。例如,在网络架构中,应用层的各类网站、App(Application,应用程序)就呈现了一定程度的独立,到了内容层的各类社区、微信聊天群,其封闭性就越明显;在道路交通中,各类街道巷陌、乡间小路也标准不一;在智能家居产品中,不同厂家的智能家居产品就未必有类似电话通信、互联网的互联互通需求。总之,如果互操作性并不涉及底层架构或基本需求的互联互通,不同产品或系统之间的互操作性

---

[1] 数据保护的产品责任进路,参加李芊:《从个人控制到产品规制——论个人信息保护模式的转变》,载《中国应用法学》2021年第1期。

[2] 卡梅框架的论文本身并未提到共享规则,但卡梅框架提供了对不同规则的进一步拓展,参见尚博文、郭雳:《数据要素产权的复合性运行范式》,载《上海经济研究》2023年第3期。

[3] See Brett M. Frischmann & Mark A. Lemley, *Spillovers*, 107 Columbia Law Review 257 (2007).

[4] See Yochai Benkler, *From Consumers to Users: Shifting the Deeper Structures of Regulation towards Sustainable Commons and User Access*, 52 Federal Communications Law Journal 561 (2000).

效用就会大幅降低。[1] 在此类情形中,用户更注重的是对其熟悉或周围系统的访问,至于不同系统之间的互操作性,用户并不太在意。如果不同厂家的互操作性成本高昂,或者具有隐私泄露、安全隐患等问题,那么利用数据来源者权利促进互联互通,就会得不偿失。

其次,互操作性的增强意味着产品标准的趋同与产品多样性的减少,在有的情形下可能导致消费者福利降低。[2] 在数字市场中,不同的企业可能发展出自身不同的数据传输端口与数据传输标准,为用户提供不同的服务。对于消费者福利而言,差异化的产品与服务可以满足不同消费者的不同偏好,促进企业之间的差异化竞争。例如,苹果的 iOS 系统是苹果公司为其移动设备所开发的专有移动操作系统,由于其针对性和封闭性,苹果的 iOS 系统的安全稳定性较高、运行效率较高;而安卓系统是一种开源代码的操作系统,安卓系统的开放性和兼容性较高,但其稳定性较差、运行效率较低。如果法律强行在苹果和安卓系统之间选择某种操作系统,以促进数据来源者在不同系统之间转换,那么消费者反而将失去多样化的选择。

最后,互操作性还可能造成新的锁定效应,影响市场产生新的产品标准与商业模式。互操作性往往被认为有利于消除锁定效应,因为其通过标准的统一化,可以让用户在不同的产品与系统之间切换。在数据的例子中,这意味着用户可以将储存在一个数据持有者中的数据无缝迁移到另一个数据持有者那里。但悖论的是,强制的互操作性将会导致某种单一标准的出现,导致对标准的"锁定"。[3] 例如,如果法律要求所有的

---

〔1〕 此外,"桥梁"或互联中介的存在也会降低互联互通的正面收益,因为即使产品或生态系统无法互联,用户也可以通过"桥梁"或中介而实现互联。See Michael L. Katz & Carl Shapiro, *Network Externalities, Competition, and Compatibility*, 75 American Economic Review 424 (1985); Joseph Farrell & Garth Saloner, *Converters, Compatibility, and the Control of Interfaces*, 40 Journal of Industrial Economics 9 (1992).

〔2〕 See Joseph Farrell & Garth Saloner, *Standardization and Variety*, 20 Economics Letters 71 (1986); Michael L. Katz & Carl Shapiro, *Systems Competition and Network Effects*, 8 Journal of Economic Perspectives 93 (1994); Stan J. Liebowitz & Stephen E. Margolis, *Should Technology Choice be a Concern of Antitrust Policy*, 9 Harvard Journal of Law & Technology 283 (1996).

〔3〕 See Paul A. David, *Clio and the Economics of QWERTY*, 75 American Economic Review 332 (1985); Joseph Farrell & Garth Saloner, *Standardization, Compatibility, and Innovation*, 16 The Rand Journal of Economics 70 (1985); Brian Arthur, *Competing Technologies, Increasing Returns, and Lock-in by Historical Events*, 99 The Economic Journal 116 (1989).

手机充电接口都必须为 Type-c 接口,那么手机企业的充电器接口将长期被锁定在这一标准中。未来即使某个企业发现,其他的手机充电器接口更为高效、便捷和安全,该企业也很难改变手机充电器接口的标准。相反,如果允许市场中手机充电标准的多样性,不同企业就可以就手机充电器标准的性能展开竞争。数据的互操作性亦是如此,多样性的数据标准可能带来竞争和创新,而单一标准的互操作性可能导致标准"被锁定在某一过时的技术中"。

三、数据来源者权的原理与制度重构

为了破解数据来源者权利的正当性与可行性困境,其基本原理与制度目标应进行重构。就数据公平而言,应注重尊重市场机制,同时利用反垄断法维护数据竞争秩序公平。就数据市场与数据流通而言,应注重数据信任与数据共享[1],而非基于产权交易的数据流通。就数据互联互通而言,应注重多样化的互联机制,而非单一网络的互联互通。综合而言,数据来源者权利应当成为一种工具性、程序性、治理性权利。

(一)数据的竞争秩序公平

数据公平的目标本身并无问题[2]。但简单赋予数据来源者以知情同意、获取、复制、转移等权利,将数据来源者与数据持有者的关系拟制为不平等关系,却忽略了数据的复杂性[3],也没有意识到个人数据来源者与商业用户数据来源者的巨大差别。当数据来源者为个人时,对个体进行赋权,利用个人信息权利实现个人与信息处理者之间的数据公平,这种情形具有较高的正当性基础。个人信息上承载了个人的人格尊严、安全利益、财产利益等多重权益[4],在我国和其他很多国家

---

[1] 参见倪楠:《欧盟模式下个人数据共享的建构与借鉴——以数据中介机构为视角》,载《法治研究》2023 年第 2 期。
[2] 对数据公平利用问题的详细分析,参见丁晓东:《数据公平利用的法理反思与制度重构》,载《法学研究》2023 年第 2 期。
[3] 参见时建中:《数据概念的解构与数据法律制度的构建——兼论数据法学的学科内涵与体系》,载《中外法学》2023 年第 1 期。
[4] 参见申卫星:《数字权利体系再造:迈向隐私、信息与数据的差序格局》,载《政法论坛》2022 年第 3 期。

与地区甚至被上升为宪法基本权利,因此赋予个人对其数据的控制权,与个人的基本权利保护具有密切关系。即使采取消费者保护进路的国家和地区,也都承认个人用户与企业之间的信息能力不平等与操控风险。[1] 因此,当数据来源者为个人时,矫正与实现数据来源者和数据控制者之间的公平并无争议,其争议或难点在于实现手段或制度工具。

但当数据来源者为商业用户时,数据来源者就不具备个人信息主体所具有人格尊严、安全利益等权利基础。从赋权的角度看,对商业用户的数据赋予来源者权利,不仅不具备正当性基础,而且可能会出现上文所说的不公平现象,影响数据收集与加工利用者的合法权益。从公平的角度看,数据来源者和数据处理者之间形成的也是商主体与商主体之间的关系,并未形成类似保护型的法律关系。[2] 这里且不说数据来源者本身可能是大企业,数据控制者可能是中小企业;即使数据来源者为小企业,数据控制者为大企业,二者的关系也并不直接形成法律上的不平等关系。[3] 对于这种商主体之间的法律关系,法律对其进行合同的事后救济与竞争秩序监管,而非过度介入数据市场。

一方面,法律应尊重市场合作机制对于数据获取、复制与转移权利的配置。在数据来源者与数据持有者所形成的合作关系中,数据持有者并不总是想独占数据、排除数据来源者对数据的合理访问与利用。毕竟,为数据来源者或数据用户提供相关权利,对于数据持有者或企业来说意味着其可以为用户提供更多服务,增强用户黏性和市场竞争力。[4] 因此,在实践中,很多数据持有者都为数据来源者或数据用户提供数据。

---

[1] 参见王苑:《数据权力视野下个人信息保护的趋向——以个人信息保护与隐私权的分立为中心》,载《北京航空航天大学学报(社会科学版)》2022 年第 1 期;李芊:《网络平台暗黑模式的法律规制——从合同自治与基本权利到信义义务》,载《上海政法学院学报》2023 年第 2 期。

[2] 参见张守文:《信息权保护的信息法路径》,载《东方法学》2022 年第 4 期。

[3] 参见丁晓东:《法律如何调整不平等关系?——论倾斜保护型法的法理基础与制度框架》,载《中外法学》2022 年第 2 期。

[4] 有学者指出,即使在平台存在垄断,平台也会愿意向平台内企业开放其生态。See Joseph Farrell & Philip J. Weiser, *Modularity, Vertical Integration, and Open Access Policies: Towards a Convergence of Antitrust and Regulation in the Internet Age*, 17 Harvard Journal of Law & Technology 85, 105 – 119 (2003).

例如,电商平台内的商家可以在后台浏览其网页销售、浏览等记录,微信公众号也可以查看其订阅量、访问量等数据。当然,如果此类数据的形成与提供具有较大成本,或者对于用户价值不大,数据持有者可能就不会提供此类数据访问服务。但即使在此类情形中,市场机制的权利配置也对数据来源者更为有利,因为此类情形中数据用户可以获得较为优惠的价格或条件。如果要求数据持有者必须在此类情形中为数据来源者提供数据访问与转移等服务,数据持有者就会将成本转移到数据来源者身上,提高其合作要价。[1]

在合同形式方面,法律也不应对数据合同的要求进行过多的规制。欧盟《数据法》对数据合同进行了一系列规定,不仅要求数据持有者获取数据应当根据合同约定,而且对数据合同的披露、内容等各方面作了详细要求。这些规定将数据来源者视为类似消费者或劳动者那样"弱"或"愚"的个体[2],随时可能遭遇数据持有者的剥削或欺骗。但实际上,作为商业主体的数据来源者往往是高度理性的,当商业主体寻找合同对象、进行商业谈判,推进合作进程时,其所关注的是整体性的利弊权衡,而非就某一要素进行单独分析。例如,当数据可访问性与转移性的成本较高、作用较小时,双方就可能完全忽略关于数据问题的谈判,或者数据来源者可能就轻易接受数据控制者的条款。在此类情形中,双方的合同违反公平原则。如果仅仅据此而宣布合同无效,反而会影响合同的有效自治,减小数据来源者的收益。

另一方面,法律可以利用反垄断法实现数据公平,保护数据来源者的合法权益。相比对数据来源者进行一般性赋权,反垄断法可以对数据锁定所造成的不公平问题进行更为审慎的规制。[3] 市场中的锁定效应是否都应予以消除,本身就不是一个非黑即白的问题。例如,在市场中,普遍存在各类"搭售"或"绑定",如有的房产商规定客户不能单买车位,车位必须与商品房同时购买;很多电子产品的售后服务只能在该企业进

――――――

〔1〕 See Oren Bar-Gill & Omri Ben-Shahar, *Regulatory Techniques in Consumer Protection: A Critique of European Consumer Contract Law*, 50 Common Market Law Review 109 (2013).

〔2〕 参见[日]星野英一:《私法中的人》,王闯译,载梁慧星主编:《民商法论丛》(第8卷),法律出版社1997年版,第188页。

〔3〕 参见周汉华:《论平台经济反垄断与监管的二元分治》,载《中国法学》2023年第1期;侯利阳:《平台反垄断的中国抉择:强化反垄断法抑或引入行业规制?》,载《比较法研究》2023年第1期。

行保修,在其他地方进行的修理将不能享受免费保修待遇。对于这类行为,法律并不一定认定其本身违法[1],而是看这类行为是否属于垄断行为,是否滥用其市场支配地位而侵害消费者权益。一般性的绑定销售,如商场中的洗发水与沐浴露捆绑销售,并不侵害消费者权益。在反垄断研究中,也有众多证据表明,很多搭售或绑定行为虽然限制了消费者单独购买或解绑购买的权利,但其在价格、服务等方面却更有利于消费者。[2] 在数据产品市场中,科技产品与数据的绑定效应更明显,二者本来就融为一体。因此,在这些情形中,通过反垄断法对数据锁定问题进行个案性判断,更有利于促进数据公平、维护市场合理秩序。[3]

(二)数据信任与数据共享的市场

数据市场建构是数据来源者权利的重要目标,但其模式应当进行重构。上文已经提到,数据产品模式存在重大困境。数据的非标准性、场景依附性特征使得数据面临高交易费用,即使明晰数据的权利边界,也难以形成数据产品的高频流通。此处可以进一步指出的是,以标准化产品流通为模式对数据进行赋权,可能破坏已有的信任机制,进一步妨碍数据流通。罗伯特·库特(Robert Cooter)曾在其经典研究中指出,即使在交易费用为零的情形下,市场中的合作机制也未必能够产生,因为人们可能会高估自己手中的筹码,或者采取策略性的漫天要价行为,以在市场谈判中为自己获得最大利益。[4] 大量的关系型契约研究也指出,人们往往基于信任进行合作,而非基于博弈模式而进行合作。如果市场中已经存在很多自发合作机制,此时对一方进行赋权,其结果就会在双方制造间隙或更高的交易成本,破坏已有合作。[5]

---

[1] See Richard A. Posner, *The Rule of Reason and the Economic Approach: Reflections on the Sylvania Decision*, 45 University of Chicago Law Review. 1 (1977).

[2] See Robert H. Bork, *The Antitrust Paradox: A Policy at War with Itself*, The Free Press, 1978, p.380.

[3] 参见丁晓东:《论数据垄断:大数据视野下反垄断的法理思考》,载《东方法学》2021年第3期。

[4] See Robert Cooter, *The Cost of Coase*, 11 Journal of Legal Studies 1-29 (1982).

[5] 参见 Stewart Macaulay, *Non-Contractual Relations and Business: A Preliminary Study*, 28 American Sociological Review 55-69 (1963); Lisa Bernstein, *Opting Out of the Legal System: Extralegal Contractual Relations in the Diamond Industry*, 21 Journal of Legal Studies 115 (1992);唐林垚:《关系合同视角下数据处理活动的技术流变与法律准备》,载《法学家》2023年第1期。

为解决数据产品流通模式的不适应性,数据来源者权利应进行重构,建构以数据信任、数据共享与数据汇聚为目标的数据市场机制。

首先,数据来源者权利应以促进各方的数据信任为目标。在合作或产品服务的情形中,数据来源者与数据控制者形成的是具有合作与信任特征的关系。例如,某企业在网络平台上开设网店、公众号、视频号,网络平台为企业提供访问量数据;或者某企业使用某智能家居产品,智能家居产品为企业提供用电量等产品数据。在这类关系中,数据都不是独立的产品,而是融入产品或服务的一部分。因此,数据来源者可以利用其权利来促进产品或服务的改善。例如,当网络平台所提供的数据无法满足平台内企业的有效运行,或者智能家居企业所提供的数据无法实现企业的基本需求,此时企业就可以依据合同或产品责任对网络平台或智能家居企业提起申诉或诉讼。但需要再次强调,这类对于数据的访问、获取与转移权利应当限于双方合同或产品质量所要求。突破双方合同或产品质量要求,将数据来源者的权利视为一种绝对性权利,不仅无助于实现数据价值,而且还可能造成服务市场与产品市场的扭曲。[1]

其次,数据来源者权利应以促进数据共享为目标。在非合作或非产品服务的情形中,数据来源者与数据控制者并未形成特定关系,此时数据应被视为位于公共领域,数据来源者对于数据的权利应当仅限于隐私、商业秘密等范围。以数字地图为例,当百度、滴滴等企业收集城市空间的建筑物外观信息以绘制地图时,其收集不应受到数据来源者权利的限制。如果数据控制者需要在此类情形中获取数据来源者的知情同意,或者需要为数据来源者提供访问与转移权,那么此类数字地图就不可能实现。在大数据与人工智能时代,数据共享的意义更为突出。[2] 当代社会中的数据之所以能够产生作用,其主要原因在于海量数据的汇聚与融合。正如舍恩伯格所言,大数据所需要的是全体数据而非随机样本,是混杂性而非精确性,其数据的价值并不是来自单条数据,而是数据整体。[3] 而 ChatGPT 等人工智能之所以能够飞速发展,也离不开海量数

---

〔1〕 参见李依怡:《论企业数据流通制度的体系构建》,载《环球法律评论》2023 年第 2 期。

〔2〕 See Mauritz Kop, *The Right to Process Data for Machine Learning Purposes in the EU*, 34 Harvard Journal of Law & Technology. 1 (2021).

〔3〕 参见[英]维克托·迈尔-舍恩伯格、肯尼斯·库克耶:《大数据时代:生活、工作与思维的大变革》,盛杨燕、周涛译,浙江人民出版社 2013 年版,第 27~96 页。

据的训练。[1]为了促进数据的汇聚与融合,法律应当维护数据的公共性,促进数据共享。相反,如果在这类情形中赋予数据来源者权利,那么数据将很难汇聚融合。就像水库的水资源聚合,如果法律赋予来自各地的水流与水滴以初始谈判权利,那将很难想象水库可以成形。[2]

(三)多样性的数据互联

利用数据来源者权利促进互联互通,应注重数据互联的多样性。尽管我们已经进入互联网时代,"万物互联"的物联网时代也并不遥远,但无论是传统道路交通与工业产品,还是当代和未来的网络与智能产品,其互联互通都不是"一张网"的简单互联或"一刀切"的产品通用。[3]例如,全国高速公路的标准可能统一,但地方道路可能千差万别,而且可能设置车辆类型限行、高度限行的不同标准;不同杯子所用杯盖的大小形状也都各不相同,不同杯子和杯盖就不能实现产品通用。数据也一样,数据互联应根据不同数据类型,利用数据来源者权利促进多样化的生态系统。

首先,对于互联网平台上完全公开或互联的数据,此时应当保证数据来源者的访问权,同时对商业用户适用合同约定。当数据位于网络公开平台,此时互联互通已经实现,此时保证数据来源者的访问权并无障碍,用户通过下载、复制、上传等方式实现其数据转移,也并无太大障碍。具有争议和难点的情形是,数据控制者可能对此类数据进行控制[4],类似线下企业可能对其内部道路设置路障或收取费用。例如,平台企业出于竞争关系,可能会通过机器人协议或用户协议,限制数据来源者将其数据转移到其他平台。此时,应当区分作为个人的数据来源者与作为商

---

[1]以ChatGPT为例,其训练数据达到了惊人的45TB,参见https://www.computerworld.com/article/3687614/how-enterprises-can-use-chatgpt-and-gpt-3.html,最后访问日期:2023年2月20日。

[2]在专利等制度中,这种问题就已经存在。例如,企业可能面临大量的专利流氓或"专利丛林"问题,企业在技术应用时可能面临大量的诉讼陷阱。See Carl Shapiro, *Navigating the Patent Thicket: Cross Licenses, Patent Pools, and Standard Setting*, 1 Innovation Policy and the Economy 119 (2001).

[3]See Christopher S. Yoo, *The Dynamic Internet: How Technology, Users, and Businesses Are Transforming the Network*, The AEI Press, 2012, p. 73−81.

[4]参见梅夏英:《在分享和控制之间:数据保护的私法局限和公共秩序构建》,载《中外法学》2019年第4期。

家的数据来源者。对于前者应当允许个人行使个人信息访问权、携带权等权利。[1] 对于后者,则应当在允许商家行使其数据访问与转移权的同时,允许平台企业对违背合同的商业主体进行追偿。仍以企业的内部道路作类比,这类公共道路应当允许个人和企业主体的无障碍通行,但也可以对企业主体收取合理费用。

其次,对于尚未完全公开或互联的数据,应注重数据互联生态的市场与行业自治,也可以利用数据来源者权利激励数据的互联。当数据尚未完全公开或互联,此时数据依附于不同企业所构建的产品或生态系统,数据来源者权利应主要针对合同约定或产品质量。对于企业所承诺的数据服务或数据产品功能,数据来源者可以在数据无法访问或转移的情形下提出权利主张。但对于数据转移到第三方企业,则不应赋予数据来源者此类法定权利。正如上文所述,无缝衔接的数据来源者权利既难以实现,也会带来种种困境。更为可行的方案是通过市场与行业力量,促进不同产品标准与生态系统的兼容。当不同产品标准与生态系统打破僵局,实现彼此更高程度的兼容时,数据来源者对不同产品与系统的数据访问与数据转移就会更为顺畅。[2] 在这一过程中,数据来源者权利可以扮演打破各方僵局的触发性角色,督促行业协会与政府机关协调不同数据持有者,促进数据的互联互通。不过,这种权利不应是绝对性的,这一权利不应当过度妨碍企业对其标准或系统的自主权。[3] 其功能应当类似执法举报或投诉建议,为行业协会与政府机关打造数据兼容提供动力机制。

四、结语:作为沟通治理的数据权利

数据来源者权利已经在我国的"数据二十条"和欧盟的《数据法》中加以规定。这一权利作为一种政策工具具有其合理性,但如果将其上升

---

〔1〕 对此问题的分析,参见张浩然:《用户数据携带权益保障的制度路径》,载《知识产权》2022 年第 7 期;任浏玉:《公开商业数据爬取行为的规制路径》,载《知识产权》2022 年第 7 期。

〔2〕 参见汤霞:《数据携带权的适用困局、纾解之道及本土建构》,载《行政法学研究》2023 年第 1 期。

〔3〕 参见孔祥俊:《网络恶意不兼容的法律构造与规制逻辑——基于〈反不正当竞争法〉互联网专条的展开》,载《现代法学》2021 年第 5 期。

为一种法定权利,则存在种种困境。尤其是如果将这一权利理解为实体性、绝对性、可诉性权利,则数据来源者权利将会面临缺乏正当性、不具可行性、多重负面性等难题。由于数据来源者权利的种种争议,即使欧盟的《数据法》纳入了这一权利,但其权利的性质与功能也仍未完全明确。例如,欧盟《数据法》仅规定了数据来源者权利的执法机制[1],并未对私人执法作出规定,即使数据持有者违反相关规定,私主体也无法依据该法提起诉讼请求。

因此,数据来源者权利应当被视为一种沟通治理型的权利。[2] 在产品服务中,数据来源者可以依据合同约定或产品质量,对因为数据原因而产生的企业服务与产品功能问题提起诉讼。除此之外,数据来源者仅可以向有关部门提起知情、访问、转移的请求,督促相关监管部门或行业协会对数据垄断、数据锁定、数据孤岛等问题进行调查与应对。在数据来源者权利从政策转换为法律的过程,应充分尊重已有成熟法律制度的安排。如果未来我国法律引入数据来源者权利,应在性质上将其定位为程序性、非绝对性、举报建议性权利[3],利用这一权利促进数据来源者与数据持有者之间、不同数据贡献者之间的沟通治理,而非将其泛化为一般性权利。

---

〔1〕 See Data Act, Articles 37–40.
〔2〕 参见王洪亮、叶翔:《数据访问权的构造——数据流通实现路径的再思考》,载《社会科学研究》2023 年第 1 期。
〔3〕 个人信息权利也具有程序性特征,尽管公法与私法的学者对其界定存在差异。参见张新宝:《论个人信息保护请求权的行使》,载《政法论坛》2023 年第 2 期;王锡锌:《重思个人信息权利束的保障机制:行政监管还是民事诉讼》,载《法学研究》2022 年第 5 期。

第六章　数据公平利用权:从一般性赋权到数据治理

在第五章已经讨论数据来源者权利的基础上,本章将进一步讨论数据公平利用权。在对用户数据进行系统性收集、价值挖掘和商业化利用的过程中,数据企业掌握了数据利用权,个人和中小企业用户则很难利用数据。[1] 这一现象引发了学界对于数据公平利用问题的关注和探讨。例如,美国学者祖博夫提出了"网络监控资本主义"的概念,他认为互联网公司等数据企业通过对人们网络行为的观察,独占了数据利用权。[2] 科恩教授则指出,数据企业对用户数据的免费获取与独占利用,是一种制度建构的不公平行为,应在法理层面予以反思,并对相关制度予以重构。[3] 我国也有学者认为,有必要"更鲜明地提出'数据公平使用'的立法原则",以实现个人与数据企业之间的利益平衡。[4]

在法律制度层面,如何保护各方的数据公平利用权,也成为各国立法者关注的焦点。美国尝试通过个人数据的财产化赋权与市场机制推动数据的公平利用。2019年,美国参议院提起《个人数据所有权法案》的立法草案,试图强化个人参与数据市场交易的能力,以实现数据的公平利用。[5] 该法律草案规定:"每个人都应当拥有个人在互联网上产生

---

[1] 参见马长山:《智能互联网时代的法律变革》,载《法学研究》2018年第4期。

[2] See Shoshana Zuboff, *The Age of Surveillance Capitalism: The Fight for a Human Future at the New Frontier of Power*, Public Affairs, 2019, Chapter 3.

[3] See Julie E. Cohen, *Between Truth and Power: The Legal Constructions of Informational Capitalism*, Oxford University Press, 2019, p. 62–63.

[4] 参见季卫东:《数据保护权的多维视角》,载《政治与法律》2021年第10期。还有学者对公共数据的公平利用权进行反思,参见王锡锌、黄智杰:《公平利用权:公共数据开放制度建构的权利基础》,载《华东政法大学学报》2022年第2期。

[5] See Own Your Own Data Act, S. 806, 116th Cong. (2019).

的数据,并对其拥有专属的财产权。"2023 年,欧盟委员会通过了《数据法:关于公平访问和利用数据的统一规则的条例》(以下简称欧盟《数据法》),规定当涉及数据商品、数据服务时,用户应当拥有公平访问和使用数据的一般权利。[1] 我国在 2022 年 12 月发布了"数据二十条",提出要"建立健全数据要素各参与方合法权益保护制度",既要"合理保护数据处理者对依法依规持有的数据进行自主管控的权益",又要"保障数据来源者享有获取或复制转移由其促成产生数据的权益"[2]。

对于数据公平利用权,本章探讨下列问题。其一,数据企业对用户数据的独占是否构成数据的不公平利用,是否需要赋予用户数据公平访问与利用权?其二,我国既有数据法律制度是否足以解决数据的公平利用问题?我国是否有必要借鉴欧美立法,针对数据的公平利用问题制定专门的法律法规?本章认为,数据具有聚合性、关联性、价值场景性、非竞争性与非排他性等特征,通过事前确权,即赋予各方主体以数据权利,无法有效实现数据的公平利用;较为可行的制度方案是,将数据视为权益混同的财产,采取行为主义规制进路,通过数据治理实现数据的公平利用。

一、数据公平利用权的现有制度方案

在法律制度上,各国对于数据公平利用权的保护有不同方案。其中欧盟在个人数据保护立法之外,专门针对数据的公平访问与利用权进行立法;美国则主要通过建构个人信息数据市场,实现数据市场的交易公平。我国采取了对个人信息和企业数据进行双重保护的立法进路,尚未针对数据的公平利用问题出台专门的法律法规,但数据的公平利用已成为重要的现实问题,亟待制度给出解决方案。

(一)欧盟赋予用户公平利用与访问权的制度方案

欧盟主要通过对用户赋权,特别是赋予用户以数据公平利用与访问

---

[1] See Regulation (EU) 2023/2854 of the European Parliament and of the Council of 13 December 2023 on harmonised rules on fair access to and use of data and amending Regulation (EU) 2017/2394 and Directive (EU) 2020/1828.

[2] 《中共中央 国务院关于构建数据基础制度更好发挥数据要素作用的意见》,载中国政府网,http://www.gov.cn/zhengce/2022-12/19/content_5732695.htm。

权,来实现数据的公平利用。2016年4月,欧盟通过了《一般数据保护条例》(General Data Protection Regulation,GDPR),确立了个人数据被保护权。2017年10月,欧盟委员会发布了"构建欧洲数据经济"倡议[1]。根据该倡议,为实现数据利用与交易的公平性,数据生产者应被赋予排他性的财产权。例如,若某一车辆为司机所有或为司机长期租用,司机驾驶该车辆所产生的数据应为司机所有;智慧家居、智慧农业、智慧医疗等各种物联网收集的数据,归数据的生产者所有,而不归数据的持有者或控制者所有。正如第五章所述,欧盟于2023年发布了欧盟《数据法》。这一立法进一步规定了数据公平访问和使用数据的统一规则,摒弃了数据生产者的概念。欧盟《数据法》引入了"数据用户""数据持有者""数据接收者"等概念,试图通过区分不同数据角色,对不同主体赋予权利与施加责任,保护数据公平利用权[2]。

首先,为使用户能够公平地访问和利用数据,欧盟《数据法》确立了用户对产品或服务的数据访问权。该法规定,企业在设计和制造产品以及提供相关服务时,应"确保在默认情况下用户能够轻松安全地访问其产生的数据,并且在相关和适当的情况下,用户可以直接访问这些数据"。同时,企业应当向用户告知"数据的性质和数量""数据是否可能连续实时生成""用户如何访问这些数据"等信息,以便用户可以有效地行使其权利[3]。如果受到技术与场景等限制,用户无法从产品中直接获取数据,则数据持有者应"及时、免费并在可行的情况下连续、实时地向用户提供使用产品或相关服务所产生的数据"[4]。此外,《数据法》还明确,用户具有直接向第三方提供或共享数据的权利。在很多情形下,用户需要借助第三方来利用或开发数据,如利用第三方进行售后服务或数据分析。欧盟《数据法》规定,如果用户提出请求,"数据持有者应向第三方免费提供因使用产品或相关服务而产生的数据",不得无故拖延,

---

[1] See *Communication on Building a European Data Economy*, European Commission, COM (2017) 9 final, Oct. 1, 2017, p. 14.

[2] 根据该法,用户是"拥有、出租或租赁产品或接受服务的自然人或法人";数据持有者是"通过控制产品和相关服务的技术设计,有权利或有义务提供特定数据的法人或自然人";而"数据接收者"则为"数据持有者向其提供数据"的第三方。See Data Act, Article 2(5)(6)(7)。

[3] See Data Act, Article 3.

[4] See Data Act, Article 4 (1).

且应当分享质量相同、实时提供的数据。[1] 其次,数据持有者应"以公平、合理和非歧视性的条件和透明的方式"向数据接收者提供数据,"对相似类别的数据接收者不得有歧视"。如果数据接收者认为数据持有者向其提供数据的条件具有歧视性,则数据持有者应对不存在歧视负有证明责任。[2] 最后,数据接收者应"仅出于与用户商定的目的并在与用户商定的条件下"处理其所收到的数据,"在涉及个人数据的情形下遵守数据主体的权利,并删除对于商定目的不再必要的数据"。数据接收者不应"胁迫、欺骗或操纵用户,破坏或损害用户的自主权、决策或选择",也不能在未经用户同意的情况下将收到的数据转移给其他第三方。[3]

(二) 美国的个人信息市场交易模式

美国将保护数据公平利用权视为市场经济中的公平问题,主要通过在一些特殊领域进行立法,赋予消费者以相关权利,以促进个人信息的公平交易。例如,美国联邦层面在征信、医疗、教育、金融等领域进行个人信息立法,也有不少州在消费者领域进行个人信息立法。在未进行个人信息保护立法的领域,美国联邦贸易委员会对"欺诈和不公平"的市场行为进行监管。例如,企业在其隐私政策中承诺不收集个人信息,实际上却在收集个人信息并向第三方出售,此种行为属于具有欺骗性的或不公平的市场行为,将受到美国联邦贸易委员会的监管。

与欧盟相比,美国采取的市场导向的立法进路,为个人参与个人信息市场提供了更大空间。美国的立法并没有将个人信息被保护权视为一项基本权利,也没有全面采用欧盟个人数据保护法中的"目的限制原则"与"数据最小化原则",这使个人有机会利用个人信息进行交易。例如,美国有不少电信企业针对个人信息采取差异化的定价收费模式,对愿意提供更多个人信息的用户收取较低费用,而对不愿意提供个人信息的用户收取较高收费。此类个人信息交易模式,在欧盟会被认定为非法收集个人信息,但在美国,只要相关交易不违反联邦与州层面的立法,或

---

[1] See Data Act, Article 5.
[2] See Data Act, Article 8.
[3] See Data Act, Article 6.

者不存在欺诈与不公平市场行为,就是合法的。[1] 美国的个人信息市场交易在实践中也面临不少障碍。很多学者指出,个人往往难以恰当并准确地理解隐私政策,对个人信息的价值也缺乏有效认知。在这种情形下,企业对个人信息的收集与利用很难成为一种公平交易,最多只能构成以"隐私换便利",因为个人很难真正享有谈判的权利。[2] 在更多的情形下,这类交易更接近于企业的"自由通行证"[3],它使企业可以轻易获取并独占个人信息的使用权。

学术界则提出个人信息财产权的方案,试图进一步促进市场公平交易。[4] 20世纪90年代,美国经济学家哈里·劳顿提出,应建立管制化的"国家信息市场"。在这个市场中,个人和消费者可以把他们的数据卖给当地的银行,再由银行把数据汇集起来,在全国性的交易所中出售。[5] 个人信息财产权的方案提出后,获得不少法学家的认同。例如,莱西格借用卡拉布雷西的财产规则与责任规则理论,论证了财产规则比责任规则更有助于实现交易公平。他提出,可以利用技术与法律手段增强个人的信息谈判权,为个人参与信息交易提供更多的谈判筹码。[6] 保罗·施瓦茨等人提出了有限财产权的观点,主张赋予信息主体以有限财产权,以强化个人信息流转过程中的个人信息保护,为个人提供更公平的信息权益。[7]

---

〔1〕 参见丁晓东:《〈个人信息保护法〉的比较法重思:中国道路与解释原理》,载《华东政法大学学报》2022年第2期。

〔2〕 See Stacy-Ann Elvy, *Commodifying Consumer Data in the Era of the Internet of Things*, 59 B. C. L. Rev. 423 (2018).

〔3〕 参见余成峰:《信息隐私权的宪法时刻规范基础与体系重构》,载《中外法学》2021年第1期。

〔4〕 本章提炼的是各国的典型特征,除美国之外,欧盟和我国学者也提出了个人信息财产权的方案。参见 Nadezhda Purtova, *Do Property Rights in Personal Data Make Sense after the Big Data Turn?*, 10 Journal of Law and Economic Regulation 64 (2017);彭诚信、史晓宇:《个人信息财产价值外化路径新解——基于公开权路径的批判与超越》,载《华东政法大学学报》2022年第4期。

〔5〕 See Kenneth C. Laudon, *Markets and Privacy*, 39 Commun. ACM. 92, 92-93 (1996).

〔6〕 See Lawrance Lessig, *Code: and Other Laws of Cyberspace*, Basic Books, 1999.

〔7〕 See Paul Schwartz, *Property, Privacy, and Personal Data*, 117 Harv. L. Rev. 2055 (2004).

(三) 我国的个人信息与企业数据双重保护方案

我国采取了个人信息保护与企业数据确权的双重立法保护进路。在个人信息保护方面，经过多年的学术争论与立法实践，我国制定了以《个人信息保护法》为核心的一系列法律法规。《个人信息保护法》采取了统一立法模式，将个人信息被保护权界定为一种基本权利。根据该法，信息处理者对个人信息的处理必须遵循"目的限制""信息最小化"等原则，不得超过信息处理者提供服务的必要性。[1] 在这种模式下，个人信息虽然得到了最大限度的保护，但个人信息的财产化利用也受到了限制。[2] 例如，当企业以提供价格优惠为对价，换取对个人信息的过度收集，则即使此类行为获得个人明确同意，也将因为违反最小必要原则而无效。[3]

与欧盟和美国不同的是，我国政策与法律实践也积极强化企业数据保护。2020年发布的《中共中央 国务院关于构建更加完善的要素市场化配置体制机制的意见》提出，数据是类似土地、劳动的生产要素，要"根据数据性质完善产权性质"[4]。"数据二十条"也提出，应"建立数据资源持有权、数据加工使用权、数据产品经营权等分置的产权运行机制"[5]。在司法实践中，我国法院积极利用《反不正当竞争法》等法律强化企业数据保护。例如，在新浪诉脉脉数据争议案、大众点评诉百度数据"爬虫"案、淘宝公司诉美景公司不正当竞争案等案件中，法院都判定原告胜诉，认定互联网企业利用"爬虫"技术获取对方数据违反了反

---

[1] 参见刘权：《论个人信息处理的合法、正当、必要原则》，载《法学家》2021年第5期；程啸：《论我国个人信息保护法的基本原则》，载《国家检察官学院学报》2021年第5期；武腾：《最小必要原则在平台处理个人信息实践中的适用》，载《法学研究》2021年第6期。

[2] 个人信息的财产权保护方案曾经引起众多学术讨论，但最终未被采纳。相关讨论，参见刘德良：《个人信息的财产权保护》，载《法学研究》2007年第3期；邢会强：《大数据交易背景下个人信息财产权的分配与实现机制》，载《法学评论》2019年第6期；谢琳、李旭婷：《个人信息财产权之证成》，载《电子知识产权》2018年第6期。

[3] 参见林洹民：《个人数据交易的双重法律构造》，载《法学研究》2022年第5期。

[4] 《中共中央 国务院关于构建更加完善的要素市场化配置体制机制的意见》，载中国政府网，http://www.gov.cn/zhengce/2020-04/09/content_5500622.htm。

[5] 《中共中央 国务院关于构建数据基础制度更好发挥数据要素作用的意见》，载中国政府网，http://www.gov.cn/zhengce/2022-12/19/content_5732695.htm。

不正当竞争法。[1]

在个人信息与企业数据双重保护的法律制度下,我国的保护数据公平利用权问题已经成为一个迫切需要解决的现实问题。首先,个人与企业难免会就数据的公平利用问题产生争议。例如,微博平台上的数据既可被视为企业数据,也可被视为个人信息。若将其视为企业数据,则数据控制权应为平台拥有,若将其视为个人信息,则数据控制权属于个人。那么,平台企业可否利用用户协议等方式,限制个人对其平台数据进行利用,或者限制个人与其他平台签订数据转移的商业化协议?此类问题必然涉及数据的公平利用问题,而不能仅从个人信息保护或企业数据确权的角度分析。[2] 其次,非个人的数据来源者与企业之间也会就数据的公平利用产生争议。我国已在"数据二十条"中提出了赋予数据来源者对其数据的获取与复制转移权,未来若数据来源者依据这一权利将自身数据转移到第三方,而数据企业持反对态度,就必然需要在法律制度层面对这一争议予以回应。

二、现有制度方案的问题与法理反思

欧盟与美国的相关立法,呈现了保护数据公平利用权的两种不同思路。但是,这些制度方案是否符合数据公平利用的一般原理,又能否得到促进数据公平利用的实际效果,还需进一步分析。不同于欧盟和美国的立法模式,我国尚未就数据的公平利用问题作出具有针对性的制度安排。我国个人信息保护法的重心在于个人信息保护和风险

---

[1] 相关讨论,参见丁晓东:《互联网反不正当竞争的法理思考与制度重构——以合同性与财产性权益保护为中心》,载《法学杂志》2021年第2期;蔡川子:《数据抓取行为的竞争法规制》,载《比较法研究》2021年第4期;李晓珊:《数据产品的界定和法律保护》,载《法学论坛》2022年第3期;陈兵:《保护与竞争:治理数据爬取行为的竞争法功能实现》,载《政法论坛》2021年第6期;潘重阳:《解释论视角下的侵害企业数据权益损害赔偿》,载《比较法研究》2022年第4期。

[2] 例如,为了防止其数据被爬取,微博曾经一度在其用户协议中规定,"用户在微博上发布的信息"只能在微博上"独家展示",这就实际上主张了企业数据权益的优先性,引起了公众舆论的集体反对。其后,在微博和今日头条的数据争议中,今日头条利用用户授权,从微博上爬取数据,又再一次引起了个人信息与企业数据的权属与公平性之争。参见新浪微博诉字节跳动不正当竞争纠纷案,北京市高级人民法院(2021)京民终281号民事判决书。

防范[1],对用户与数据企业之间的数据利用公平缺乏回应;而企业数据财产化确权路径,是否有利于实现数据的公平利用,还有待进一步讨论。

(一)数据公平访问与利用权的困境

在欧盟,数据生产者的概念一经提出,就遭受了纷至沓来的质疑。在欧盟委员会的公众咨询期间,很多数据企业都不认同将用户定义为数据生产者的做法。在企业看来,虽然数据产生与用户相关,但数据的产生是企业投资与搭建数据设备的直接结果,而非用户独自生产的结果,将用户界定为数据生产者,并不公平。[2] 如果确认用户对数据拥有财产性权利,大量数据企业将很难对数据进行开发利用。学界也提出了类似的批评。沃尔夫冈·科伯指出,数据的生产往往是由多个主体完成的,赋予数据生产者权利不能解决与数据相关的合同的"不平等议价能力"问题,也不能解决多方利益相关者情况下的访问问题,反而会造成更大的不公平。[3]

欧盟《数据法》所规定的数据公平访问与利用权,也同样存在问题。其一,数据并非仅仅来源于用户,用户对于其参与形成的数据也不具有类似所有权的权利主张。早在19世纪,美国便有司法案例明确,游客可以自由地对私人房屋拍照,此类房屋信息或数据不受法律保护。[4] 在法律制度中,也并不存在所谓的"数据来源者"权利。在现代数据生产的例子中,情形更是如此。很多数据的生产平台或架构都由数据企业搭建完成,个人或商家虽然在这类平台上留下了痕迹,但很难说个人或商

---

〔1〕 参见周汉华:《探索激励相容的个人数据治理之道——中国个人信息保护法的立法方向》,载《法学研究》2018年第2期;张新宝:《论个人信息权益的构造》,载《中外法学》2021年第5期;郭春镇、马磊:《大数据时代个人信息问题的回应型治理》,载《法制与社会发展》2020年第2期。

〔2〕 See Josef Drexl et al., *Position Statement of 26 April 2017 on the European Commission's "Public consultation of Building the European Data Economy"*, MPI for Innovation and Competition No. 17-08 (2017).

〔3〕 See Wolfgang Kerber, *Rights on Data: The EU Communication "Building a European Data Economy" from an Economic Perspective*, in Lohsse, Schulze & Staudenmayer eds., Trading Data in the Digital Economy: Legal Concepts and Tools, Hart Publishing, 2017, p.109.

〔4〕 See Lawrence Lessig, *Free Culture: How Big Media Uses Technology and the Law to Lock Down Culture and Control Creativity*, The Penguin Press, 2004, p.33-34.

家就是这类数据的唯一生产者或来源者。其二,用户在数据生产过程中所发挥的作用,很难被认定为"劳动",也难以基于数字劳动理论为用户赋权。数字劳动理论认为,社交、电商、共享经济等平台创造的是一类大型工厂,用户在使用这些平台时会生产数据,这种生产也是一种劳动。[1] 埃里克·波斯纳和格伦·韦尔也指出,用户数据可以成为一种劳动产品,用户也可以成立"数据劳动工会"并与企业进行谈判。[2] 但是,数字劳动这一概念整体较为激进,与人们对于劳动的通常认识有较大区别,也不同于马克思主义劳动学说对于劳动的界定。按社会的一般认知,只在极少情形下,如用户有意识地进行创造和写作,才能说数据是劳动创造的。在大多数情形中,数据都不过是用户在娱乐、交易等过程中无意识产生的,是一种附带的产物。相比之下,平台等数据企业所进行的架构搭建活动,更接近于劳动。既然数据是由多方主体共同产生的,且企业在此过程中投入了大量资源,那为何要单独赋予用户以数据访问与利用权?尤其是当数据的来源并非个人时,赋予商业用户此类权利的正当性基础何在?从数据公平利用的角度来看,欧盟的立法逻辑难以成立。

  数据公平访问与利用权还可能对数据市场产生负面影响。欧盟创设数据公平访问与利用权的目的,既在于确保数据的公平利用,也在于促进数据流通。欧盟立法者的设想是,数据公平访问与利用权可以使用户和第三方都有机会参与数据市场的交易,避免数据为少量数据企业所捕获。但是,这种设想过于理想化,也会给各方带来不必要的成本负担。在现实场景下,企业收集数据后,这些数据会与企业的已有数据体系相结合,构成企业决策机制的一部分。但是,用户和第三方接收者往往不具备此类数据体系,即使用户有权访问和利用企业收集的数据,或者将企业收集的数据转移给数据接收者,用户和数据接收者也很难对这些数据进行有效利用。[3] 可以预想,如果用户和数据接收者能够轻易开发

---

[1] See Trebor Scholz ed., *Digital Labor*: *The Internet as Playground and Factory*, Routledge Press, 2012, p.1-24.

[2] See Eric A. Posner & E. Glen Weyl, *Radical Markets*: *Uprooting Capitalism and Democracy for a Just Society*, Princeton University Press, 2018, p.205-249.

[3] See Wolfgang Kerber, *Governance of IoT Data*: *Why the EU Data Act will not Fulfill Its Objectives*, 72 GRUR International 120 (2023).

和利用这些数据,那么市场中的各类主体自然会通过开放应用程序编程接口等方式进行合作,为用户提供更好的服务,为数据接收者提供更多商业合作机会。用户、数据企业与第三方企业之所以不进行数据共享与合作,主要是因为此类数据无法有效嵌入彼此的生态系统,或者开放此类接口的成本过高。欧盟《数据法》创设了数据公平访问与利用权,希望打造数据无缝对接、高效流通的市场,但并没有考虑到数据共享与流通的先决条件。

(二) 个人信息财产权的困境

在美国,个人信息财产权的概念提出后,曾涌现一批代理个人信息交易的企业,但这些企业无一例外都破产了。[1] 个人信息财产权理论的提出者设想了一个蓬勃发展的个人信息交易市场,试图通过鼓励个人参与市场交易促进数据的公平利用,但这种设想并未成为现实。现实情况是,企业仍然可以较为轻易地获取个人数据,独享对数据的利用,个人则难以对数据进行访问和利用。近年来,美国加州等多个州进行了个人信息立法,这些立法具有个人信息"准财产化"的特征[2],要求企业在收集个人信息前必须向个人进行告知并获得个人同意,但此类立法也没有推动个人有效参与数据交易。

个人信息数据市场失败的根本原因在于,单条个人信息的价值有限,个人难以积极参与此类市场交易。大数据虽然具有重要价值,但大数据由海量的个人信息汇聚而成,平均每条个人信息的价值非常微小。即使是非常详细的个人信息,"普通人的数据零售价通常也不到1美元,而关于一个人的一般信息,如年龄、性别和位置,每人仅值0.0005美元"[3]。面对如此微薄的收益,一个理性个体很难有动力把个人信息当作财产进行交易。[4] 通过个人信息的财产化而实现数据的公平利用,也因此无法落地实现。

─────────

〔1〕 See Thomas Beauvisage & Kevin Mellet, *Datassets: Assetizing and Marketing Personal Data*, in Kean Birch & Fabian Muniesa eds., Assetization: Turning Things into Assets in Technoscientific Capitalism, The MIT Press, 2020, p.75-77.

〔2〕 See Stephen Black, *Who Owns Your Data*, 54 Ind. L. Rev. 305(2021).

〔3〕 Emily Steel et al., *How much is your personal data worth?*, Financial Times (Jun. 13, 2013), https://ig.ft.com/how-much-is-your-personal-data-worth/.

〔4〕 See Ignacio Cofone, *Beyond Data Ownership*, 43 Cardozo L. Rev. 501(2021).

个人信息财产化与市场化最为成功的范例当属"非同质化通证"（NFT）。NFT指的是利用区块链技术所形成的可信数字权益凭证。[1]通常认为，NFT具有唯一性的特征，可信度较高，可以对个人信息、数字藏品等各类数据进行资产化利用，且不受平台企业的中心化控制。但是，事实证明，NFT应用最广泛的场景，仍然是各类艺术藏品或名人信息的交易，只有当个人信息或数据具有很高的资产价格时，才具备金融属性，个人信息才有可能成为一种交易品。[2] NFT的例子说明，个人信息的财产化与市场化难以适用在普通个人身上。通过个人信息财产化解决数据公平利用，其结果只能促进极少部分人的金融交易。

(三) 企业数据财产化确权的困境

企业数据财产化确权理论的基本主张之一，是企业数据财产化确权有利于实现数据的公平利用。在该理论看来，先占或"捕获规则"本身就是一种公平制度安排。例如，谁射杀了一头野生动物、谁从湖泊打了一桶水，谁就应当拥有对该财产的控制权。在企业的数据收集过程中，企业进行了大量的投资和劳动。如果缺少对企业数据的财产权保护，任由其他主体免费利用企业数据，不仅构成对企业劳动的不公平对待，也会间接鼓励搭便车、不劳而获等不公平行为。但是，此类论证无法成立，企业数据的财产化保护无法保护各方的数据公平利用权，反而可能带来问题。[3]

首先，根据劳动付出对企业数据进行财产权保护，将导致对数据先占者的过度保护，不利于数据的公平利用。数据确权理论可以追溯到洛克甚至更早的理论家所提出的劳动财产权理论，但即使承认劳动财产权理论，这一理论也只能适用于具有排他性特征的资源。数据是一种非竞争性、非排他性资源[4]，如果先占者可以获取排他性的保护，那将意味

---

[1] 参见苏宇：《非同质通证的法律性质与风险治理》，载《东方法学》2022年第2期。

[2] 这类交易由于存在较大的炒作和互联网金融风险，在我国受到了严厉的监管。

[3] 需要指出，主张无须对企业数据进行财产权保护，不意味着法律不能通过其他方式对数据进行合理保护。参见梅夏英：《企业数据权益原论：从财产到控制》，载《中外法学》2021年第5期；付新华：《企业数据财产权保护论批判——从数据财产权到数据使用权》，载《东方法学》2022年第2期；周樨平：《大数据时代企业数据权益保护论》，载《法学》2022年第5期。

[4] See Mark A. Lemley, *Property, Intellectual Property, and Free Riding*, 83 Texas L. Rev. 1031,1050–1051 (2005).

着后来者完全丧失对数据的获取,不利于数据的公平利用,这就是为什么知识产权对数据保护提出了额外要求。例如,对数据进行加工利用,只有当它具有原创性保护时,才能获得著作权保护;只有当它具有新颖性、创造性和实用性时,才能获得专利保护;当其具有价值性并且企业对其采取保密措施时,法律才对其进行商业秘密保护。各国都没有将劳动的存在作为知识产权保护的充分条件。例如,美国联邦最高法院在费斯特案中指出,"额头汗水"并不必然导致著作权保护。虽然电话簿的信息收集与制作需要投入大量劳动,但如果电话簿不存在原创性,它就不受知识产权保护。此外,欧盟对数据库的特殊权利保护也是出于投资激励的考虑,而非建立在劳动理论基础之上[1],而且其对数据库的保护也与传统财产权或知识产权存在较大区别[2]。

其次,数据领域的搭便车行为未必不公平,通过数据财产权禁止所有的搭便车行为,反而影响数据的合理与公平利用。由于数据具有非竞争性、非排他性,法律对数据进行有限度的非排他性保护,允许社会主体在不损害他人权益的基础上搭便车,是最为合理的制度设计。现实中信息流通与分享中的搭便车现象也比比皆是。例如,房屋外观、院子里的花草树木等美观信息被路人分享,只要路人不侵犯房屋或院子主人的隐私,就不必向对方支付费用。如果此类信息获取也被认定为违法行为,则社会中将存在普遍的违法。在知识产权保护制度中,个人与商业主体在很多情形下可以对知识产权的客体进行合理利用,对版权和专利等设置保护年限,也是意在激励创新的同时,确保公众能够免费利用知识与数据。此外,大数据时代的数据还具有聚合性特征,法律不仅不禁止"搭便车"行为,还常常鼓励人们"搭便车"。欧盟 2022 年通过的《数据治理法》就引入了"数据利他主义"制度,鼓励人们为了公共利益捐赠自己的数据,以此形成具有研究价值的数据池。[3]

最后,企业数据的财产权保护还与已有法律政策存在冲突,不利于

---

[1] 只有当数据库的持有者付出了重大投资,相关数据库才受到法律保护,参见 Directive 96/9/EC of the European Parliament and of the Council of 11 March 1996 on the legal protection of databases (1996)。

[2] 这一法律制度仅仅保护数据库的整体或实质性部分,并不保护数据的部分或非实质性部分。参见上引,Directive 96/9/EC,第 7～9 条。

[3] 参见欧盟《数据治理法》,第 4 章(2022);Yafit Lev-Aretz, *Data Philanthropy*, 70 Hastings L. J. 1491 (2019)。

实现已有法律政策的数据公平利用目标。数据来源者与企业可能存在权利冲突，个人可能主张其数据权益优先于企业，我国和欧盟还在最新的政策文件和法律中引入了数据访问与利用权。如果对企业数据进行排他性的财产权保护，则这类权利的行使将受到重大限制。此外，企业数据的财产权保护也可能妨碍企业之间的数据公平利用。无论个人信息保护制度中的个人信息携带权，还是用户的数据访问与利用权，都包含了消除企业数据锁定效应，促进数据在企业之间自由流通的目标。当个人或非个人用户提出请求，期望将数据转移到第三方企业，此时如果对企业数据进行财产权保护，禁止此类转移，那么已有数据公平利用的目标也将受到重大影响。

三、数据公平利用权的法律原理重构

各国保护数据公平利用权制度之所以存在不足或困境，根本原因在于没有结合数据的固有特征来设计相关制度方案。本书前几章曾经提到数据区别于传统财产的特征。本章从数据公平利用的角度，进一步指出数据具有聚合性、关联性、场景依附性、非竞争性、非排他性等特征。因此，法律应将数据视为权益混同和聚合的财产，对其进行行为主义和事后确权。保护数据公平利用权应当采取不同的制度建构，聚焦市场竞争秩序公平与数据公共治理公平，避免仅通过对各方主体确权实现数据公平利用。

（一）对数据特征的反思

1. 数据的聚合性特征

孤立分散的信息或数据自古便存在，但这些信息或数据并没有产生如今的影响。只是随着信息科技特别是互联网技术的发展，使数据的海量汇集成为可能，数据才发挥了史无前例的影响。大数据的价值之所以得到普遍认可，一个重要原因是数据的聚合产生了规模效应。大数据的核心特征之一就是利用"全体数据"，而非"随机样本"。[1] 通过纷繁数据的混杂与聚合，大数据可以针对具体问题提供更为准确的分析。一个

---

[1] 参见[英]维克托·迈尔-舍恩伯格、肯尼斯·库克耶：《大数据时代：生活、工作与思维的大变革》，盛杨燕、周涛译，浙江人民出版社2013年版，第27、197页。

最为典型的事例就是，2009年谷歌通过用户的搜索记录、行踪轨迹等各类信息的汇集，对于季节性流感进行了预测，比美国公共卫生福利部门更准确地预测了H1N1流感暴发的范围与传播的趋势。

2. 数据的关联性特征

数据的聚合性主要是指数据能够聚少成多，从而发挥叠加效应，数据的关联性则反映了数据间存在着的纵横交错的关系。例如，某人的行踪轨迹可能会暴露其同行人的行踪轨迹，某人的基因信息也可能有助于识别其他人的信息。非个人信息数据亦是如此，一个网络平台内商家的销售与浏览数据，既可能与消费者相关，也可能与平台相关，数据的产生往往是多方共同作用的结果。正如维尔乔恩所指出的，理解数据治理，必须将人们置于基于人与人的相互关系中，因为"数据生产的这种关系带来了数字经济中数据生产和使用的社会价值以及社会危害"[1]。正是由于数据的关联性特征，欧盟的用户单方赋权的方案受到了质疑。在数据企业看来，数据并不仅仅是个人或商业用户单独"生产"出来的，无论将个人或商业用户界定为"数据用户""数据生产者"，还是"数据来源者"，都不能反映数据生成的现实情况。

3. 数据价值的场景依附性

数据的价值常常被类比为石油或黄金，但数据的价值事前很难确定，而是与数据所处的场景密切相关。[2] 例如，某小区老年人的健康状况与财务状况的数据，对保险公司具有重要价值，对推销保健品的广告公司也有意义，但对于其他商家来说，可能没有太大价值。而且，此类数据要实现其价值，必须有效内嵌到公司的内部系统与决策体系中。对于广告公司而言，如果其商业广告采取的是随机投放模式，而非个性化推荐模式，那么某小区的老年人数据对其就没有意义。传统意义上的标准化商品，如石油、黄金等，可以形成商品流通的"厚市场"，甚至可以借助交易所等实现高频交易，而数据则有所不同，其具有比较典型的"信用品"特征，数据交易更多是一种合作或服务，很难脱离具体场景而形成数据的标准化流通。

---

[1] See Salomé Viljoen, *A Relational Theory for Data Governance*, 131 Yale L. J. 573 (2021).

[2] 参见包晓丽、齐延平：《论数据权益定价规则》，载《华东政法大学学报》2022年第3期。

4.数据的非竞争性、非排他性

数据的非竞争性、非排他性具体是指,数据可以被重复利用,特定数据被某一主体使用,并不影响其他主体对该数据进行开发。[1] 数据的这一特征意味着,传统财产权或物权原理大多无法直接应用于数据客体。例如,哈丁提出的"公地悲剧"理论主要针对消耗性与竞争性财产[2],而无法有效解释或指导数据的利用问题。公共草场的过度放牧可能导致草场的退化,但数据的公共利用并不会造成数据的"退化"。相反,如果将数据私有化,那么数据作为公共物品的效用将无法发挥,造成"反公地悲剧"。[3]

(二)对数据法律属性的重构

首先,由于数据具有聚合性、关联性、场景依附性等特征,应将数据视为权益混同的聚合型财产。民法上传统的物具有可分割性,即使不具有物理分割性的物,也可按"出资额"或"等额"的方式进行权益分割。[4] 数据则不同,数据的价值来自信息的杂糅混同,无法区分到底谁的数据具有价值,谁的数据没有价值。并且,数据也不能进行分割,一旦将数据拆分为离散的用户信息,数据的价值也将基本消失。正因如此,不少学者认为,应将数据视为整体物。[5] 在日常生活中,桥梁、水库等

───

〔1〕 参见纪海龙:《数据的私法定位与保护》,载《法学研究》2018 年第 6 期;崔国斌:《大数据有限排他权的基础理论》,载《法学研究》2019 年第 5 期;于改之:《从控制到利用:刑法数据治理的模式转换》,载《中国社会科学》2022 年第 7 期;戴昕:《数据界权的关系进路》,载《中外法学》2021 年第 6 期。

〔2〕 See Garrett Hardin, *The Tragedy of the Commons*, 162 Science 1243 (1968).

〔3〕 See Michael Heller, *The Tragedy of the Anticommons: A Concise Introduction and Lexicon*, 76 Mod. L. Rev. 6 (2013).

〔4〕《民法典》的相关规定有:第 300 条规定,"共有人按照约定管理共有的不动产或者动产;没有约定或者约定不明确的,各共有人都有管理的权利和义务";第 308 条规定,"共有人对共有的不动产或者动产没有约定为按份共有或者共同共有,或者约定不明确的,除共有人具有家庭关系等外,视为按份共有";第 309 条规定,"按份共有人对共有的不动产或者动产享有的份额,没有约定或者约定不明确的,按照出资额确定;不能确定出资额的,视为等额享有"。

〔5〕 芬内尔认为,数据是典型的整体物,对这一资源进行"分割可能会破坏价值,而不是创造价值"。See Lee Fennell, *Slices and Lumps Division and Aggregation in Law and Life*, University of Chicago Press, 2019, p. 17. 舒尔茨提出,数据研究应当借鉴整体物理论,注重其汇聚性杂糅性。See Lauren Scholz, *Indivisibilities in Technology Regulation*, 2020 U. Chi. L. Rev. Online 70 (2020).

都属于典型的整体物。一旦桥被拆解,桥的价值就会消失;如果水库被分散为水滴,水库也就无法发电。而非整体物(如金钱、谷物、石油),即使经过分割,其价值也不会完全消失。正是由于数据的价值在于其整体性,相应地也应将数据视为整体物,要对数据的利用进行制度规范,必须注重分享制度的设计,而不能依赖传统产权制度。[1]

其次,由于数据具有非竞争性和非排他性等特征,应将公开数据视为具有一定公有物特征的特殊财产。所谓公有物,指的是"属于公众并通过法律机制向公众开放的事物"[2]。在知识产权制度中,不受知识产权保护的信息,或者当知识产权所保护的数据超过了期限,附着在其上的数据就将返回公共领域,任何主体都可以对其获取和利用。[3] 公有物不同于私有财产和集体财产,也并不等于国有财产。[4] 自然资源归国家所有,意味着国家对这些资源具有排他性权利。在排他性的意义上,国家所有与私人所有具有相似性。[5] 数据公有则不同,数据公有意味着数据位于公共领域,但其所有权不属于任何人,包括国家和集体。一定程度的数据公有则意味着企业可以对数据进行行为控制,但无法对其进行绝对化的财产权保护。在传统法律与数据法学的研究中,这一类型的财产权或物权也普遍存在。例如,卡罗·罗斯在对罗马的道路、水道、淹没土地等财产进行研究后,发现罗马法将它们视为"公共财产"。罗斯指出,罗马法将此类财产设定为公共财产,可以使其价值最大化。21世纪以后,随着互联网的兴起,罗斯的公有物理论在网络与数据法学研究领域被广泛应用。网络平台数据的公有性质,成为美国数据法学研

---

[1] See Yochai Benkler, *Sharing Nicely*: *On Shareable Goods and the Emergence of Sharing as a Modality of Economic Production*, 114 Yale L. J. 273 (2004).

[2] Carol Rose, *The Comedy of the Commons*: *Custom, Commerce, and Inherently Public Property*, 53 U. Chi. L. Rev. 711 (1986).

[3] See Anupam Chander & Madhavi Sunder, *The Romance of the Public Domain*, 92 Cal. L. Rev. 1331 (2004).

[4] 我国有的地方立法将政务数据纳入国有资产的范围,如《福建省政务数据管理办法》第3条规定,政务数据资源属于国家所有,纳入国有资产管理。深圳市也曾经一度采取类似立场,将公共数据视为类似矿藏、水流的国有资源。

[5] 国家所有也面临宪法规范与物权法规范的二重张力,参见谢海定:《国家所有的法律表达及其解释》,载《中国法学》2016年第2期;王怡:《土地国家所有法权秩序的内在逻辑与实现机理》,载《法商研究》2022年第5期。

究的主流观点。[1] 近年来,我国不少学者也认识到了公开数据的公有物特征。有学者指出,应避免将政府公开数据界定为具有排他性的国家所有权,这类界定将影响政府公开数据的有效流通与利用。[2] 还有学者指出,对于网络平台上的公开数据,应注重其合理利用,法律可以对其进行适当的法律保护,但不能将其视为某个企业的私有财产。[3]

(三)从事前各方主体确权到行为规制

从数据特征出发,试图通过各方主体事前确权而保护数据公平利用权,将面临重重困境。数据具有汇聚性、关联性特征,因而孤立的用户数据价值难以确定;数据具有价值依附性,这使孤立的用户数据难以像标准化商品那样自由流通。尤其是由海量用户汇聚而成的企业数据,这类数据中的用户平均数据价值往往非常微小,其汇聚性、关联性、场景依附性程度也更高,更难通过一般性确权保护各方的数据公平利用权。此外,鉴于公开数据的非竞争性与非排他性,对此类数据进行一般性确权也必将面临种种问题。

作为替代,保护数据公平利用权应注重数据行为规制与数据治理,从公私法融合的立场设计相关规则。[4] 首先,应当注重市场竞争秩序的公平,对于纯粹商业性的数据处理,应利用市场机制调整相关数据活动,在法律上对相关活动进行竞争法监管。这一进路将避免对各方主体进行一般确权的弊病,同时有利于发挥市场在数据要素资源配置中的作用。其次,对于由海量个体所汇集的数据,除了对其进行竞争法监管,法律应当引入民主治理的视角建构公平制度。对于此类大规模微型权益的集合数据,仅依靠市场机制,难以有效实现数据公平利用,应探索公共参与、公共信托等创新型制度。[5] 最后,对于网络平台等公开数据,则

---

[1] See Carol M. Rose, *Surprising Commons*, 2014 BYU L. Rev. 1257 (2015).

[2] 参见齐英程:《作为公物的公共数据资源之使用规则构建》,载《行政法学研究》2021年第5期。

[3] 参见许可:《数据爬取的正当性及其边界》,载《中国法学》2021年第2期。

[4] 关于行为主义规制或治理型规则,参见 Henry E. Smith, *Exclusion versus Governance: Two Strategies for Delineating Property Rights*, 31 J. Legal Stud. S453, S454 – 56, S467 – 78 (2002).

[5] 参见翟志勇:《论数据信托:一种数据治理的新方案》,载《东方法学》2021年第4期;胡凌:《数字经济中的两种财产权——从要素到架构》,载《中外法学》2021年第6期。

应建构既合理保护平台利益,又开放公平的数据利用制度。网络平台等公开数据的公有性并不绝对。网络平台上的数据虽然位于公共空间,其底层架构却常常为企业所控制。通过行为主义规制,可以较好平衡平台与公众和其他主体的利益。

放弃对数据进行事前确权,并不影响数据市场的公平交易。支持数据事前确权的理由之一,是事前确权有利于数据的供需方减少交易费用、保障交易顺利进行。缺乏产权等事前确权保障,数据的供给方会担心其数据遭到第三方盗用,数据购买方不能保证其购买的数据具有完全产权。但是,实际上,数据交易的主流模式是合作共享型的数据服务,绝大部分交易采取了高度场景化的合同模式,而非高度标准化、产权化的商品流通模式。[1] 基于数据的聚合性、关联性、场景依附性等特征,数据交易常常是市场主体之间合作共享的一部分,如互联网平台、广告商为企业提供流量入口。而以证券交易所和商场模式建构的场内交易,其交易额却非常有限。证券交易所和商场模式需要对证券和商品进行事前确权,而合作型的数据交易模式却不需要事前确权。[2] 对数据进行事后确权,其实并不妨碍数据市场的有效运转和公平交易。

四、数据公平利用权的法律制度建构

从行为主义规制出发重构数据公平利用权制度,需要针对不同类型的数据分别设计利用规则。依据数据来源,可以将数据区分为非个人主体的商户数据、个人信息数据。依据数据的公开性程度不同,可以将数据区分为公开数据和非公开数据,并对公开数据的利用规则进行单独建构。

(一) 商户数据的市场自治与竞争公平

对于数据来源为非个人主体的商业用户,数据的利用应尊重私法自治与市场调整,同时受到竞争法调整。在市场有效运行的背景下,

---

[1] 参见梅夏英:《数据交易的法律范畴界定与实现路径》,载《比较法研究》2022年第6期。

[2] 参见丁晓东:《数据交易如何破局——数据要素市场中的阿罗信息悖论与法律应对》,载《东方法学》2022年第2期。

采取这一原则有利于保护各方的数据公平利用权。商业主体对数据的价值一般有足够的认知，可以作出较为理性的决策。例如，当某商家和某中小互联网企业合作，对于销售数据为谁使用、是否可以共享，该商家会有意识地注意数据价值，并与数据企业或数据控制者进行协商与谈判。如果商家没有把数据纳入谈判考虑，那就可能是该场景下数据的价值较小，没有必要将其纳入商业谈判。当然，也有可能是商家缺乏商业意识，没有认识到数据的价值。但是，即使是商家缺乏意识，也毋需对其进行干预，因为商家随时可能重新认识到数据的价值。如果商家长期未能认识到数据价值，则该商家应为自身的非理性决策负责。

在不存在市场支配力量或垄断力量的背景下，数据企业或数据控制者也有动力保护数据公平利用权。数据企业通常愿意就数据问题进行协商谈判，为商家提供数据价值的相应对价。如果数据企业对商家的合理诉求熟视无睹，商家就可能转向其他数据企业进行合作。此外，由于数据的非竞争性与非排他性，数据企业还具有数据共享的动力，甚至向商家免费共享某些数据。例如，很多平台都会提供其销售数据、公众号的运行数据，或者向商家开放其应用程序编程端口。在经济学理论中，企业采取的这类策略被称为"互补效率内部化"，即企业向更多的合作者开放其生态系统，这既有利于接入商家的利益，也有利于提高数据企业自身的效率。[1] 通过数据开放与共享，企业可以帮助其下游商家更好地了解其运行和经营情况，也可以吸引更多合作伙伴的入驻和停留，形成具有规模效应的数据生态。

当然，法律应对数据市场进行竞争法上的公平监管。但是，无论是《反不正当竞争法》还是《反垄断法》，其监管都应当是事后的行为监管。[2] 欧盟《数据法》所建构的数据公平利用权制度并不合理。除了上文提到的困境外，欧盟《数据法》并未区分个人信息数据与商家数

---

〔1〕 See Barbara van Schewick, *Internet Architecture and Innovation*, MIT Press, 2012, p. 33–276.

〔2〕 从规则属性来看，这意味着按理性规则，而非规则本身进行监管。See Robert H. Bork, *The Rule of Reason and the Per Se Concept: Price Fixing and Market Division*, 74 Yale L. J. 775(1965).

据,这将进一步加剧其适用困境。欧盟《数据法》主张对商业用户也赋予数据访问与利用权,对数据持有者、数据接收者分别施加了各种义务。该法还限制了企业之间的数据共享合同,对涉及中小微企业的各类数据合同进行限制。例如,在合同条款中、合同期间或在合同终止后合理的期限内,数据企业限制中小微企业的访问与使用权,都将被认定为"单方面强加给微型、小型或中型企业的不公平合同条款"[1]。这些规定将严重影响数据市场的公平与效率。一旦将数据访问与利用权上升为不可放弃与交易的法定权利,数据企业就将不得不采取更多措施和花费更多成本,以确保其行为合规。同时,企业之间自愿和互惠的数据合作,也可能因为违反相关规定而被认定为违法。在不存在竞争秩序失灵的背景下,《数据法》对不同主体进行事前确权,反而扭曲了数据市场的公平性。

我国目前的商业数据公平利用权制度仍处在探索阶段。目前,我国立法注重对企业数据进行反不正当竞争法保护,政策文件则同时强调多种不同权益。发改委起草的《数据基础制度若干观点》一方面强调"充分保护数据来源者合法权益",甚至主张"数据处理者持有、使用、许可他人使用数据,需获得数据来源者同意或存在法定事由,确保数据来源者享有获取或转移由其促成所产生数据的权利";另一方面又强调保护数据处理者权益,承认和保护"依照法律规定或合同约定获取的数据相关权利,充分保障数据处理者使用数据和获得收益的权利",对于"各类市场主体在生产经营活动中采集加工的不涉及个人信息和公共利益的企业数据,推动由市场主体享有数据持有、支配和收益的权利"[2]。我国政策文件中的这类表述,未来需要在法律层面进行基于市场秩序与行为主义的具体制度建构,避免完全依赖私主体确权。首先,应审慎运用反不正当竞争法,对违反竞争秩序的行为进行规制。[3] 其次,应重点对具有市场力量的数据垄断进行反垄断。在具有市场力量的数据垄断中,数据市场的竞争秩序被扭曲,中小商家因为大型数据企业的市场支配地

---

[1] See Data Act, Article 13 (4).

[2] 国家发展和改革委员会:《数据基础制度若干观点》,载国家发展改革委门户网, https://hd.ndrc.gov.cn/yjzx/yjzx_add.jsp? SiteId = 378。

[3] 参见张浩然:《由传统数据库保护反思新型"数据财产权"》,载《法学杂志》2022 年第 6 期。

位而没有选择空间。[1] 此时,反垄断法的介入有利于数据市场的有效运行。

(二) 个人数据的信义责任与治理公平

对于数据来源为个人的情形,数据公平利用权制度应同时从"个体—数据企业"与"个体集合—数据企业"两个维度进行公平制度设计。就前者而言,应意识到个体与数据企业之间在信息获取与认知决策方面的不平等状态,不能期望以个人为中心的市场交易方案能够实现数据公平利用。作为替代,应引入信息信义义务原则,构建以个体利益为核心的信息处理者责任。信息信义义务不同于一般信义义务,与财产法领域的信托更存在巨大差异。[2] 信息信义义务的核心是认同个体与信息处理者之间的信息能力不平等,要求信息处理者对个人承担谨慎、勤勉等责任,而非强调个人的意思自治或信息自决。[3] 在个人信息保护制度中,信息信义义务不仅获得了广泛的理论认可,[4] 对新近的美国ADPPA法案和我国立法都产生了重大影响。[5] 总体而言,传统的信息信义义务研究强调信息处理者对个体的保护责任,避免个人在授权后免受各类侵害,但信息信义义务原则也有助于个人信息的利用公平。在信息信义义务原则下,应适度放开数据企业对个人信息的合理收集,同时严格审查数据企业的个人信息处理是否有益于个人。如此,个人将能更多分享数据处理带来的各类便利或收益,促进数据公平利用。

---

〔1〕 参见殷继国:《大数据经营者滥用市场支配地位的法律规制》,载《法商研究》2020年第4期。

〔2〕 See Jack M. Balkin, *Information Fiduciaries and the First Amendment*, 49 U. C. Davis L. Rev. 1183 (2016).

〔3〕 参见吴伟光:《平台组织内网络企业对个人信息保护的信义义务》,载《中国法学》2021年第6期;谢尧雯:《基于数字信任维系的个人信息保护路径》,载《浙江学刊》2021年第4期。

〔4〕 这并不是说信息信义义务并没有受到批评,但此类批评更多指出的是信息信义义务的不充分性,而非必要性。See David E. Pozen & Lina M. Khan, *A Skeptical View of Information Fiduciaries*, 133 Harv. L. Rev. 497 (2019); Jack M. Balkin, *The Fiduciary Model of Privacy*, 134 Harv. L. Rev. Forum 11 (2020).

〔5〕 See American Data Privacy and Protection Act, H. R. 8152, 117th Cong., Title I — Duty of Loyalty (2022). 在我国《个人信息保护法》的立法过程中,立法者也曾经一度在草案中写入"信息信义义务",但其后出于种种考虑,使用了"诚信原则"加以替代。

就"个体集合—数据企业"关系中的数据公平利用权而言,法律应首先针对个人信息的聚合性特征而进行公平制度设计。由海量个人信息所汇聚的数据,应在法律上定性上为一种权益混同的财产,而且是海量微型权益的汇聚型财产。对于此类数据,应避免对个体赋予过于绝对的权利。特别是在收集端,赋权不仅无法实现个体对于风险与收益的理性决策,还可能妨碍数据整体权益的发挥。数据的汇聚一旦失败,数据的整体性效益就无法发挥,个体集合的整体利益也将相应受损。[1] 尤其是,人工智能的发展高度依赖海量数据的训练,离开了个人信息的汇聚与大数据发展,人工智能发展将无从谈起。[2] 因此,法律应适度降低个人对于其信息的控制权,转而强调数据的整体治理;对于信息处理者责任,也应从限制个人信息收集转向防止个人信息滥用。[3]

在具体制度工具方面,方案之一是公众参与数据治理。奥斯特罗姆曾在其研究中提出,对于知识等具有公共属性的资源,应通过集体自治而实现资源的共享和公平利用,避免将此类资源赋予的所有权赋予某一方。[4] 这里的难题在于,由于个体数据权益的微型特征,绝大部分公众未必有兴趣直接参与数据治理。2012 年,Facebook 曾经对其数据治理与隐私政策发起过投票,但拥有 10 多亿用户的 Facebook 却最终只收到了 50 多万张选票,远远未达到 30% 的投票门槛。[5] 采取此类个体投票治理方式,不仅难以吸引大多数用户参与数据治理,反而只会吸引少数极端用户参加。因为越是具有极端偏好的用户,越有动力参与此类投票,如果仅以投票的方式吸引公众参与数据治理,其投票结果就可能仅反映少数极端用户的看法。更为可行的方式是,在企业数据决策层中设置代表普通用户的专业人员,强化企业数据治理的代

---

[1] 参见申卫星:《大数据时代个人信息保护的中国路径》,载《探索与争鸣》2020 年第 11 期。

[2] See Mauritz Kop, *The Right to Process Data for Machine Learning Purposes in the EU*, Harv. J. L. & Tech. Dig. (2021).

[3] 参见高富平:《个人信息保护:从个人控制到社会控制》,载《法学研究》2018 年第 3 期。

[4] See Elinor Ostrom, *Governing the Commons: The Evolution of Institutions for Collective Action*, Cambridge University Press, 1982, p. 1 – 15.

[5] See Dina Srinivasan, *The Antitrust Case Against Facebook*, 16 Berkeley Bus. L. J. 39 (2019).

表性。

另一种较为激进的方案是数据公共信托。在数据公共信托中,数据的部分控制权为企业所有,企业可以进行数据市场交易等商业活动,但数据的所有权和最终管理权为国家所有。国家可以对数据的滥用等行为进行管理,对数据进行更有效的利用。[1] 公共信托理论最初被应用于自然资源管理[2],但最近被广泛应用于诸多数据治理的场景。例如,美国纽约市强制要求 Uber 和 Lyft 等共享出行公司向纽约市公共机构披露接送"乘客的日期、时间、起始地和目的地、车辆的牌照号、行程里程、行程费用明细、路线,以及支付费用"等运营数据,纽约市公共机构通过获取这些数据,可以改善道路拥堵、乘车安全、红绿灯设置等公众利益。[3] 西班牙的巴塞罗那也创建了一个名为"Decidim"的平台,作为治理个人信息的数据信托平台。那些收集和利用个人定位数据的服务公司,需要将其数据共享给具有公共决策机制的 Decidim 平台,以建立"新型区域性数据公地,让人们有权收集和分享数据以应对区域性问题"。[4] 胡克指出,个人信息不仅只具有个体属性,由个人信息所汇聚的丰富的收益流向了那些最能利用这些新的信息集合的公司,造成了隐私损失、经济剥削、结构性不平等等问题,仅仅通过个体对于自身信息的控制,或者仅仅通过企业自身的数据治理,已经难以有效保护数据公平利用权。引入公共信托理论,则可以对数据进行更为公平和有效的管理。[5]

无论公众治理还是数据信托,"个体集合—数据企业"关系中数据公平利用权的关键在于强化个人信息集合对于用户集体利益的整体代表性。就像私人建造的水库,水库利用的公平性应当增强水库的普惠性

---

[1] 参见王延川:《数据法人:超级平台数据垄断的治理路径》,载《国家检察官学院学报》2022 年第 6 期。

[2] See Joseph L. Sax, *The Public Trust Doctrine in Natural Resource Law*:*Effective Judicial Intervention*,68 Mich. L. Rev. 471,477 (1970).

[3] See Aarian Marshall, *NYC Now Knows More Than Ever About Your Uber and Lyft Trips*, Wired (Jan. 31,2019), https://www.wired.com/story/nyc-uber-lyft-ride-hail-data/.

[4] Theo Bass and Rosalyn Old, *Common knowledge*:*Citizen-led data governance for better cities*, Decode (Jan. 28, 2020), p. 24, https://media.nesta.org.uk/documents/DECODE_Common_Knowledge_Citizen_led_data_governance_for_better_cities_Jan_2020.pdf.

[5] See Aziz Z. Huq, *Public Trust in Data*,110 Geo. L. J. 333 (2021).

与公共服务能力[1],由个人信息所汇聚的数据池也应如此。特别是对于掌握海量个人信息的超大型数据企业,其数据运用对于社会具有举足轻重的影响。对于这类主体,法律不能仅考虑个体与数据企业的纵向数据维度,也不能以权益分割或事前确权的方式实现保护数据公平利用权。法律在允许与促进相关数据合理汇聚的同时,应对数据的利用施加社会公平维度的责任。

(三)公开数据的开放利用公平

对于网络平台等公开数据,除了前文提到的商户数据与个人信息的制度建构,还存在若干特殊之处。网络平台不仅具有一般的公开性,而且具有互联互通的特征。正如科尔所述,任何人只要接通了互联网,就等于默认进入了一个公共领域,在这个公共领域,数据或信息具有一定的公有物特征。[2] 对于这类公开数据,应对其进行单独的公平制度设计。

首先,对公开数据应避免赋予其排他性权利,克减平台企业对于公开数据的控制权。对于为私人所控制但向公众开放的资源,即使是有形财产,私人的控制权也非绝对。例如,商场内的开放商铺不得歧视消费群体,不得阻止某些顾客进入。对于这类具有非排他性与非竞争性特征的公开数据,其控制权更应当受到限制,因为对于公开数据的常规访问并不会妨碍数据价值的实现。控制公开数据的企业可以在后台对数据进行一定的行为主义保护,如通过设置机器人协议来防止某些恶意"爬虫"行为,但不能主张其位于公有领域的数据享有类似财产权的保护。

其次,在技术可行的条件下,应当赋予商家以访问与利用权,但此种访问与利用权有别于欧盟《数据法》中的访问权与利用权。对于平台公开数据,商家已经具备了事实上的访问与利用权,可以无障碍地访问与利用其数据。赋予商家以此类权利,并不需要平台企业开发额外技术或

---

[1] 民法学界对于水权的分析,参见崔建远:《水权与民法理论及物权法典的制定》,载《法学研究》2002年第3期;王洪亮:《论水权许可的私法效力》,载《比较法研究》2011年第1期。

[2] 参见李兴锋:《公众共用物开发利用法律规制的困境与破解》,载《法商研究》2022年第1期。

承担额外成本。此类权利在大多数情形下有利于平台企业连接更多商家,打造更具规模与更有活力的生态系统。较有争议的情形是,平台出于竞争目的,可能与商家签订协议,防止商家将数据迁徙到竞争对手平台,此时商家的访问权与利用权是否优先于协议?本章认为,在不存在垄断力量的前提下,商家应具有访问与利用其公开数据的权利,但在商家违背协议迁徙数据的情形下,应允许平台向商家追究违约责任。其原理在于,商家对于数据的访问与迁徙符合网络平台的互联互通特征,也有利于促进网络平台间的竞争,但鉴于商家与平台之间已经签订协议,商家与平台都拥有理性决策的能力,此时应允许平台向商家追偿。因此,商家对于平台公开数据的访问与利用权应与欧盟《数据法》所设想的访问与利用权不同。根据欧盟《数据法》的规定,限制商户迁徙数据的所有合同都将被认定为无效,商家可以违反协议而不用进行任何补偿。同时,欧盟《数据法》允许数据持有者设定合理的补偿,但仅限于提供直接访问用户产品所产生的数据时产生的费用,而且明确指出此类补偿应由第三方而不是用户来支付。[1]

再次,对个人信息应赋予个人以信息携带权。目前,我国《个人信息保护法》规定了个人信息携带权或转移权,"个人请求将个人信息转移至其指定的个人信息处理者,符合国家网信部门规定条件的,个人信息处理者应当提供转移的途径"[2]。与商家的数据访问与利用权类似,个人访问其位于公开网络平台的数据,不会给平台带来额外负担。但是,与商家的数据访问与利用权相比,个人信息携带权的赋权程度更高。个人不但可以访问与利用其信息,要求第三方平台接收其信息,而且平台无法通过用户协议排除此种权利。即使个人违反用户协议,平台也无权向个体追究违约责任。其原因在于,个人不同于商家,商家可以就其数据与平台进行市场协商与决策,但个人则难以实现。对平台上的公开个人信息赋予携带权,并且对这一权利进行恰当解释与应用,有利于矫正个人与平台的信息不平等关系,以保护数据的公平利用权。[3]

最后,应通过反思性、动态性数据治理实现数据收益的分配公平。

---

[1] See Data Act, Recital, para 31.
[2] 参见《个人信息保护法》第 45 条第 3 款。
[3] 参见汪庆华:《数据可携带权的权利结构、法律效果与中国化》,载《中国法律评论》2021 年第 3 期。

数据收益的分配问题可以视为保护数据公平利用权的延伸。上文已经阐述涉及商户数据与个人数据的公平问题,这些制度设计同样适用于公开数据。但是,在网络平台等公开数据中,数据收益的分配公平更为复杂。网络平台具有公开性,网络平台上的用户既包括大量商业用户,也包含海量个人用户,既包括先进入市场的数据企业,也包括后进入或未来进入市场的数据企业。对于数据收益如何公平分配,目前我国"数据二十条"仅提出原则性意见。例如,主张充分发挥市场在资源配置中的决定性作用,健全数据生产要素由市场评价贡献、按贡献决定报酬机制;建立健全更加合理的市场评价机制,促进劳动者的贡献和劳动报酬相匹配;推动数据要素收益向数据价值和使用价值的创造者合理倾斜。针对这一难题,比较可行的方法是引入反思性、动态性的数据治理模式。法律除了赋予商家有限的访问权和个体携带权之外,应注重与多方主体及时沟通,在政策反思与学习中协调商户、个人、数据企业、先进者与后来者之间的复杂关系,以此实现数据收益的分配公平。[1]

五、结语:基于行为治理的数据权利

数据公平利用权已经成为各国的共同议题。这一议题聚焦的核心问题在于,数据的控制与利用权掌握在少部分企业手中,大量的商户与个体用户无法对数据进行有效利用或外化其价值。在已有制度探索中,保护数据公平利用权主要包括以我国代表的强化企业数据权益保护方案,以欧盟为代表的用户数据公平访问与利用权方案,以及以美国为代表的个人参与数据市场公平交易方案。但是,这几种方案都存在不足。我国的方案对数据公平利用权制度处在探索阶段,欧盟对用户进行单方面数据赋权很难说公平合理,也难以据此促进数据要素市场的有效运转。而以美国为代表的个人信息财产权制度则高估了个体有效支配其权益的动机与能力,面对大规模微型权益的汇聚,单纯依靠市场难以建构合理的数据公平利用权制度。

保护数据公平利用权制度建构困境的深层原因在于数据要素的特征:数据具有汇聚性、关联性、价值场景性、非竞争性与非排他性等特征。

---

[1] 参见王锡锌:《个人信息可携权与数据治理的分配正义》,载《环球法律评论》2021年第6期。

基于数据的这些特征,应将数据视为权益混同的共有物,注重公开数据的公共性特征。保护数据公平利用权应注重行为主义规制与数据治理,避免对私主体进行事前的一般性确权。对于商家数据的利用,应坚持市场自治与竞争法上的公平监管。对于个人数据的利用,应引入信息信义义务与数据治理机制,从个体数据与个体集合数据两个维度维护数据公平利用权。对于平台公开数据的利用,应注重其公共性,克减平台企业的数据控制权,对商家赋予有限的访问权,对个人赋予信息携带权,通过反思性、动态性数据治理实现数据权益的分配公平。

第七章 数据爬虫权利争议:从统一界权到个案判断

在前几章对数据相关权利探讨的基础上,本章进一步对平台数据爬虫中的权利争议问题进行分析。在新浪诉脉脉案[1]、大众点评诉百度案[2]、淘宝诉美景不正当竞争纠纷案[3]、美国的 Craigslist v. 3Taps 案[4]、HiQ 诉领英案[5]等案件中,各方所争议的核心问题都是数据权利的归属:当一个网络平台通过技术手段获取另一个平台的数据时,这种行为是否合法与合理?对于数据爬虫所涉及的个人、平台与公众,他们都分别拥有什么权利?

本章的分析将表明,针对平台的数据权利归属无法对其进行事前清晰的统一界权。平台数据常常具有多重属性:平台数据包含了大量的个人数据,个人对于此类数据具有数据隐私保护的权利;平台数据是企业所收集的,企业对平台数据拥有相应的权益;平台数据又可能属于公共领域,无论个人或企业都不对其具有独占性权利。此外,对平台数据的属性的判断又常常高度依赖具体场景。基于这些特征,本章认为,应当对平台数据进行场景化保护与个案型界权,无论是个人数据还是企业数据,都应当通过自下而上的个案对其进行界权。在权利界定中,需要考虑平台性质、数据性质、数据爬虫性质,努力实现个人信息权利保护、企业数据权利保护与公众权利保护之间的平衡。

---

[1] 参见北京知识产权法院民事判决书,(2016)京73民终588号。
[2] 参见上海知识产权法院民事判决书,(2016)沪73民终242号。
[3] 参见杭州铁路运输法院民事判决书,(2017)浙8601民初4034号。
[4] See Craigslist INC. v. 3Taps,942 F. Supp. 2d 962 (N. D. Cal. 2013).
[5] See HiQ Labs,Inc. v. LinkedIn Corp. ,938 F. 3d 985 (9th Cir. 2019).

一、互联网爬虫与数据权利归属争议

网络爬虫技术被最先使用和最常使用的场景是通用搜索引擎,如谷歌、百度、搜狗和必应。对于通用搜索引擎而言,其对爬虫技术的使用基本上是一个双赢与多赢的过程。对于搜索引擎而言,搜索引擎通过爬虫技术实现了信息的高效获取与汇集;而对于被爬虫的网页而言,这些网页也通过搜索引擎的链接而得到了推广。

但在网络爬虫的行为中,很快出现了被爬虫的一方不希望其数据被爬的情形。互联网行业的从业者逐渐发展出了两种通行的手段来反爬虫。首先,他们发展出了一套君子协议:robots 协议(机器人协议或拒绝机器人协议),即由网站所有者生成一个指定的文件 robot.txt,并放在网站服务器的根目录下,这个文件指明了网站中哪些目录下的网页是不允许被爬虫抓取的。具有友好性的爬虫在抓取该网站的网页前,往往会先读取 robot.txt 文件,对禁止抓取的网页不进行下载。其次,互联网行业的从业者还发展出了技术性的反爬虫手段,通过设置各种技术手段来防止爬虫机器人的访问。例如可以进行技术设定,当某一网站访问过快时,就要求该网站输入验证码,以此排除非人工的访问。再如,网站也可以不定期改变 HTML 标签,使之无法与 Web 排序匹配来限制爬虫。

在互联网企业进行爬虫与反爬虫斗争的同时,围绕着数据的法律争议也逐渐展开。2000 年,Bidder's Edge 公司的网站对 Ebay 网站进行了网络爬虫,Ebay 公司据此向加利福尼亚北区法院提起诉讼,控告 Bidder's Edge 公司对其网站的爬虫行为违反了 robots 协议,具有非法侵入、计算机欺诈和滥用、不公平竞争等违法行为。最终,法院认同了非法侵入这一项控告,认为被告未经授权干扰原告在计算机系统中的占有权益,这种行为直接导致原告受到损害。[1]

在此案中,Bidder's Edge 公司给自身的辩护理由是,Ebay 网站的信息都是公开可访问的,因而不存在非法侵入的问题。对此,法院的意见是,Ebay 网站的服务器是私人财产,其给予的公众访问权限是授予的,Ebay 网站一般不允许爬虫机器人进行访问,而且此案中 Ebay 网站明确告知 Bidder's Edge 公司不许对其网站进行爬虫,因此,此案中存在非法入侵。

---

[1] See Ebay, Inc. v. Bidder's Edge, Inc., 100 F. Supp. 2d 1058 (N.D. Cal. 2000).

在访问权限问题上，近年来中国的网络爬虫案与 Ebay 案的判决思路较为一致。例如在新浪诉脉脉案、大众点评诉百度案等案件中，法院都认定，未经对方授权进行网络爬虫，大量获取对方网站的数据，这属于违法行为。在这些案件中，法院常常援引《反不正当竞争法》的规定，认为此类行为是"扰乱市场竞争秩序，损害其他经营者或者消费者的合法权益的行为"，违反了《反不正当竞争法》第 2 条所规定的"经营者在生产经营活动中，应当遵循自愿、平等、公平、诚信的原则，遵守法律和商业道德"。

当然，国外也存在思路不同的判决。在 HiQ 诉领英案中，HiQ 公司对领英网站实施了网络爬虫，但加利福尼亚北区地区法院的法官认为，这种爬虫行为并不违反法律，因为领英网站上的数据是公开数据，对于公开数据，即使违反对方设置的 robots 协议，也应当是被法律允许的。这就像在白天推开一家未锁门的商店进去看看，并不能将其认定为非法侵入。按照这种推理逻辑，法院最后不仅没有认定 HiQ 公司的爬虫行为违法，甚至反过来认定领英的反爬虫技术违法，要求领英公司移除针对 HiQ 的接入壁垒。

使网络爬虫中的数据争议变得更为复杂的是，网站的数据常常来自个人，因此网络爬虫又常常面临数据隐私的问题。例如在上文提到的新浪诉脉脉案中，新浪对于脉脉公司的指控除了脉脉违反其 robots 协议外，还包括脉脉公司的网络爬虫未得到用户的授权。在 HiQ 诉领英案中，领英也提出了数据隐私保护的问题，指出 HiQ 对于领英数据的爬虫会影响个人的数据隐私保护。对于抓取网络平台上的数据是否需要个人授权，法院也给出了不同的判决，例如在 HiQ 诉领英案中，法院认为爬虫并不会影响公民的隐私保护，但在新浪诉脉脉案中，法院则明确了平台授权之外用户授权的必要性。

在今日头条与微博的网络爬虫与数据之争中，今日头条突出了用户具有的个人数据权。在这一数据争议中，微博认为其网站数据被今日头条非法爬虫，但今日头条认为此类数据属于用户，不属于微博，只要用户授权，网站就可以名正言顺地进行爬虫。今日头条认为其爬虫不具有违法性，因为头条页面具有邀请用户授权的选项，只有当用户开通此功能选项,授权今日头条抓取用户发在微博的数据后,头条才会进行网络爬虫,帮助用户将微博所发布的内容定期自动发表在头条旗下的产品微头条上。

二、数据权利主体性归属的四种观点

通过上文对若干数据爬虫案例的简单分析,我们现在可以对数据权利归属的观点进行归纳,对于拥有大量个人数据的平台,可以将平台数据权利归属的类型或观点归纳为四种。

(一)数据归个人所有

数据权利归属的第一种类型或观点是数据属于用户个人。在上文提到的今日头条与微博之争中,今日头条的意见是此种观点的典型代表。今日头条认为,微博并不具备对用户数据的任何权利,因此只要爬虫是在用户授权的情形下进行的,那么即使头条违反了微博的 robots 协议,此类行为也不违法。毋庸置疑,微博可以起诉用户特别是某些大 V 用户违反协议,因为微博的使用协议写明了微博享有对于用户内容的独家使用权,而且微博和某些大 V 还签订了非常明确的合同。这样一来,微博用户特别是大 V 用户在使用微博平台发布内容又授权今日头条使用时,微博就可以起诉,要求法院认定此类行为属于违约。但即使法院如此认定,今日头条也可以声称今日头条的行为并不违法,用户与大 V 的行为可能违法,但他们违法与今日头条无关。

事实上,如果强化用户数据的个人所有权,将用户对个人数据的权利更多视为人格权而非财产权,[1]或者将此种权利视为法定的消费者权利,那么微博设置的用户协议可能自始无效。一旦将数据个人所有权视为不可让渡的人格权,那么数据的收集者与使用者就不得限制这种数据权利的自由行使。就像私人之间不得通过合同限制公民对个人姓名

---

[1] 对于数据权利属于人格权还是财产权的探讨,参见丁晓东:《什么是数据权利?——从欧洲〈一般数据保护条例〉看数据隐私的保护》,载《华东政法大学学报》2018 年第 4 期。

的自由使用一样,[1]企业也无法通过合同而要求个人放弃其数据权利。

欧盟所确立的数据携带权可以被视为这种个人数据权利的另一体现。如果认同欧盟《一般数据保护条例》中所确立的数据携带权,那么平台不仅不能对个人数据进行限制,还需要对个人数据的自由流转提供帮助。《一般数据保护条例》规定,"数据主体有权获取其提供给控制者的相关个人数据",而且,这种个人数据格式应当是"经过整理的、普遍使用的和机器可读的",数据主体有权"无障碍地将此类数据从其提供给的控制者那里传输给另一个控制者"。[2] 按照这一数据权利,个人甚至可能要求微博对其他平台开放端口,以实现其个人数据的自由移转。

(二)数据归平台所有

数据权利归属的第二种类型或观点是数据属于平台。涉及此种观点的最典型的例子是今日头条与微博之争爆发后微博所发布的新用户协议,该用户协议规定,"用户在微博上发布的信息,包括但不限于文字、图片、视频、音频等,不论微博内容是否构成著作权法意义上的可保护客体,用户同意不可撤销地授权微博平台作为微博内容的独家发布平台,用户所发表的微博内容仅在微博平台上予以独家展示"。[3] 这一新用户协议实质上将数据的权属界定为平台所有,排除了用户对微博内容进行再次授权使用的权利。

可以想见,数据完全归属平台的观点并不受欢迎。在微博发布新的使用协议后,这一协议就受到了用户与媒体的猛烈抨击,而微博也对这一新的使用协议进行了澄清,并且修改了用户使用协议。更新后的用户协议规定,用户对于其所发的内容拥有版权与著作权,微博作为发布平

---

〔1〕 对于此问题的深入讨论,参见 Henry Hansmann & Reinier Kraakman, *Property, Contract, and Verification: The Numerus Clausus Problem and the Divisibility of Rights*, 31 Journal of Legal Studies 373, 368 – 387 (2002)。

〔2〕 欧盟《一般数据保护条例》第 20 条。

〔3〕 该用户协议同时规定:"未经微博平台事先书面许可,用户不得自行或授权任何第三方以任何形式直接或间接使用微博内容,包括但不限于自行或授权任何第三方发表、复制、转载、更改、引用、链接、下载、同步或以其他方式使用部分或全部微博内容等。"参见《微博推出霸王条款? 隐私条款更新,不同意就强制退出!》,载百度网 2017 年 9 月 20 日,https://baike.baidu.com/tashuo/browse/content? id = 508cb2fb154c15169509eef9。

台只享有一定范围内的使用权。用户对自己具有完全权利的内容可以根据自己的意愿将其发布到其他平台,无须微博批准、审批、同意。但即使如此,更新后的用户协议仍然强调,未经微博平台同意,自行授权、允许、协助第三方非法抓取已发布的微博内容,仍然属于违法。因此,调整后的微博用户协议意味着微博不享有相对于用户的数据权利,但享有相对于其他平台的数据权利。

(三)数据归个人与平台共有

数据权利归属的第三种类型或观点是数据由个人与平台共有。在我国法院的判决中,这是较为常见的一种观点。例如在新浪诉脉脉案中,法院认为,数据开放的前提是必须获得用户个人与平台的同时授权。而且,法院为了强调个人数据保护的重要性,还提出了"用户授权"+"平台授权"+"用户授权"的"三重授权"模式,即数据的提供方首先要取得用户同意而收集数据,在数据提供方向第三方平台授权使用此类信息时,第三方平台还应当明确告知用户其使用的目的、方式和范围,再次取得用户的同意。[1] 法院的这一判决理由意味着,个人和平台对于数据都拥有一定的权利主张,数据在一定程度上为个人与平台所共有。

当然,在数据个人与平台共有的情形中,个人与平台的权力划分与权利边界仍然是一个问题。在具有竞争关系的网络平台进行爬虫时,双重授权或三重授权的规定具有较强的合理性,而且也具有较强的现实操作性,但在其他场景下,要求平台与个人进行双重授权或三重授权可能会面临种种困境。例如,个人将平台的数据用复制—粘贴的方式大量拷贝到其他平台,此种行为显然没有获取平台的授权,但此种行为是否违反了数据的共有产权?此外,当平台所属的网络发生产权变更时,此时产权的变更是否需要获取用户同意?2018 年,人人网被出售给多牛传媒公司,其出售的资产包括了用户数据,但在这一出售过程中,人人网并没有履行征求用户同意的环节。无疑,要求人人网出售前征求所有用户的同意,这并不现实。

---

[1] 参见北京知识产权法院民事判决书,(2016)京 73 民终 588 号。

(四)数据归公众所有

数据权利归属的第四种类型或观点是数据归公众所有。这种观点认为,一旦平台介入互联网,就意味着平台数据具有了公共属性,不为任何私人或企业所有。在上文提到的 HiQ 诉领英案中,HiQ 公司聘请了哈佛大学法学院的劳伦斯·却伯(Laurence Tribe)教授作为顾问,却伯教授认为,数据与信息的访问权是一种言论自由的权利,受到《美国宪法第一修正案》的保护。根据这种观点,数据的本质其实是一种言论,而言论的本质就是流通与共享,具有公共属性。因此,对数据的抓取就不需要网络平台授权或个人授权。[1]

对于互联网的公共属性,网络法学者奥林·科尔(Orin Kerr)教授曾经有过经典描述。在科尔看来,互联网的一般原则是开放性,这种开放性允许世界上任何人发布信息或数据,数据可以被任何人访问,而无须进行身份验证。当计算机所有者决定在其机器上设置 Web 服务器,使文件可以通过 Web 访问时,这就被推定为大众都可以访问这些文件。科尔教授还打了一个比喻,把网络服务器连接到互联网,这就像参加一个公开交易会去出售商品,任何人都可以访问网络上的数据或交易会上的商品。只有在比较特殊的情形下,例如当网站设置密码时,此时网页才会从开放网页转化为封闭网页。[2]

我国的互联网评论家方兴东曾表达过类似的看法。方兴东认为,从互联网的前身阿帕网到后来的 TCP/IP 协议,以及一系列网络治理机制和技术标准组织,"都坚定地确立了互联网开放、共享、自由、平等的核心价值观和技术规则"与"无歧视、无选择、无条件的互联互通"。但当前中国互联网行业对数据与流量却采取了越来越多的"高筑墙"行为。因此,方兴东认为,无论是淘宝拒绝百度搜索店铺页面信息,百度试图通过 robots 协议拒绝 360 搜索的"3B 大战",微信频频对滴滴、淘宝、今日

---

[1] Tribe 指出,LinkedIn 和 Facebook 就是现代的"市政广场(town square)",要使言论充分交流,就必须将私人社交媒体平台当作公共论坛,参见 *HiQ Labs v. LinkedIn*:*Is Scraping Public Data Protected Speech?*(July 11,2017),请参见 http://jolt.law.harvard.edu/digest/hiq-labs-v-linkedin-is-scraping-public-data-protected-speech。

[2] See Orin S. Kerr, *Norms of Computer Trespass*, 116 Columbia Law Review 1143 (2016).

头条、抖音等竞争对手进行选择性的屏蔽,还是百度大规模的自我导流,甚至不再显示搜索结果中外部网站的地址,都不符合互联网的技术规则。[1]

三、数据权利主体性归属的法条分析

平台数据权利归属的四种观点哪个更有道理?对此我们可以首先从法律条文与法律教义的角度分析个人数据权利与企业数据权利的界限,而这种分析表明,个人数据与企业数据的权利界限均不明确。

(一)个人数据权利

首先,个人数据的范围、个人数据权利均存在很大的不确定性,这使平台数据中的受保护的数据范围存在不确定性。本来,中国与世界其他各国的法律都规定了个人数据保护的法律,企业、社会与政府也都对个人数据保护的优先性具有一定的共识。例如在腾讯与华为数据之争、菜鸟与顺丰数据之争、今日头条与微博数据之争等案例中,各方都视个人数据保护为重中之重,各方都强调获取用户的授权。但问题在于,用户在平台上所产生的各种数据是否属于个人数据?在不同应用场景下的个人数据是否都应当受到同等程度的保护?

按照个人数据或个人信息的通行定义,个人数据或个人信息为已识别个人或可识别个人的数据。[2] 例如,我国《网络安全法》规定个人信息是指"以电子或者其他方式记录的能够单独或者与其他信息结合识别自然人个人身份的各种信息"。[3] 欧盟《一般数据保护条例》将个人数据界定为"任何已识别或可识别的自然人相关的信息"。[4] 但按照这一通行的定义,网络平台的各类用户所产生的数据却既可能属于个人数据,也可能不属于个人数据。这是因为,平台的用户数据既可能直接识

---

[1] 方兴东:《BAT 开始站在互联网精神的对立面》,载观察者网,https://www.guancha.cn/FangXingDong/2019_01_30_488663.shtml。

[2] See Paul Schwartz & Dan Solove, *The PII Problem: Privacy and a New Concept of Personally Identifiable Information*, 86 New York University Law Quarterly Review 1814, 1815 (2011).

[3] 参见《网络安全法》第 76 条。

[4] 参见欧盟《一般数据保护条例》第 4(1)条。

别个人或结合其他信息间接识别个人,也可能基本无法识别个人。是否可以识别个人,这高度取决于具体应用场景、识别主体与识别难度。[1]以平台的用户评论数据为例,此类数据在平台上匿名化显示之后,对于一般人来说可能难以识别。但如果结合该用户的购买记录、行踪轨迹等信息之后,此类数据就有可能变成可以识别个人的数据。而对该用户周围的人群来说,甚至可能单凭一条用户评论就可以识别个人。

此外,个人数据权利的边界也存在不确定性,个人很难确立对于自身数据的排他性权利。本书前文提到,阿兰·威斯丁(Alan Westin)曾经将数据隐私或信息隐私界定为个人对信息的控制。[2] 这一思想框架后来被各国与各地区的立法所接受,构成了当前各国各地区的数据隐私法的基本思路。[3] 但问题在于,在不同国家和地区、不同场景下,法律对个人进行数据赋权的差异巨大。法律可能赋予个体以数据访问权、数据安全权等权利,[4]也可能赋予上文所提到的被遗忘权、数据携带权等新型权利。[5] 对此,无论是各国之间还是专家学者都未对此问题达成共识。

个人数据的这些不确定性特征使个人数据与企业数据的权利边界变得难以划分,甚至使一些初看上去较为明确的划分也可能会面临质疑。例如在关于企业数据的研究中,不少研究将数据区分为原始数据与加工数据,认为原始数据常常包含个人数据,而加工数据则由于加工和去标示化而不再属于个人数据。例如,基于个人数据而进行统计的数据,人们常常会认为其不属于个人数据,其应当属于企业。但此类区分还是会面临一些挑战。如果赋予个体以数据删除权,个体要求彻底删除其个人数据,或者个体明确要求撤回对其个人数据的处理,那么企业基于原

---

〔1〕 进一步的分析,参见丁晓东:《用户画像、个性化推荐与个人信息保护》,载《环球法律评论》2019 年第 5 期。

〔2〕 威斯丁认为,隐私是"个人、群体或机构对自身信息在何时、如何以及在什么程度与他人沟通的主张"。See Alan Westin, *Privacy and Freedom*, Atheneum, 1967, p. 7.

〔3〕 进一步分析,参见丁晓东:《论个人信息法律保护的思想渊源与基本原理——基于"公平信息实践"的分析》,载《现代法学》2019 年第 3 期。

〔4〕 See Fred H. Cate, *Privacy in the Information Age*, Brookings Institution Press, 1997, p. 370 – 373.

〔5〕 参见丁晓东:《被遗忘权的基本原理与场景化界定》,载《清华法学》2018 年第 6 期;《论数据携带权的属性、影响与中国应用》,载《法商研究》2020 年第 1 期。

始数据而得出的加工数据或统计数据的正当性可能就会面临争议。[1]

(二)平台数据权利

就平台数据权利而言,对照各国法律对于企业数据的保护,可以发现各国法律与法律教义对平台数据的保护也存在很多争议,对于平台数据权利的边界不具备共识。

首先,数据库法律与知识产权难以为平台数据权利划定边界。从性质上来看,平台数据最接近于数据库,两者都是海量数据的集合。但对于数据库的保护,各国首先就有很大的分歧。美国的数据库保护只涉及数据库中的原创性汇编的要素,对数据库中的事实部分,法律并不加以保护。本书前文提到,在费斯特案中,费斯特在未经许可的情况下将一本电话号码汇编全部进行了拷贝,对于此种行为,美国联邦最高法院认为,此种行为并不违反版权,版权只保护对数据进行原创性汇编的部分,不保护事实。[2] 而与美国做法不同的是,欧洲除了对数据库的原创性汇编部分进行保护之外,还为数据库的特殊权利(sui generis rights)提供保护。[3] 根据这一特殊权利保护的规定,当"创造数据库需要足够的人力、技术和财政资源"时,数据库就受到法律保护。[4] 一旦数据库被创造出来,他人就不得使用或复制数据库的全部数据或大部分数据。

知识产权与相关法律之所以对数据库权利存在分歧,其中重要原因就在于数据的多重属性。一方面,数据库的制作者无疑对数据的收集与编排付出了大量的工作。从劳动创造财产权的经典理论出发,[5] 数据库理应得到财产权或类似于财产权的保护。在美国历史上,下级法院也

---

〔1〕 这并不是说笔者赞同欧盟数据删除权或拒绝处理权,在笔者看来,虽然个体有权在某些场景中要求企业删除其数据或拒绝处理其数据,但这种删除权或拒绝处理权不应妨碍企业基于统计等目的而对个人数据的利用。

〔2〕 See Feist Publ'ns, Inc. v. Rural Tel. Serv. Co., 499 U. S. 340, 347 (1991).

〔3〕 See Directive 96/9/EC, of the European Parliament and of the Council of March 11, 1996 on the Legal Protection of Databases, 1996 O. J. (L 77) 20, chap 3.

〔4〕 See Directive 96/9/EC, of the European Parliament and of the Council of March 11, 1996 on the Legal Protection of Databases, 1996 O. J. (L 77) 20, chap 3, para 7.

〔5〕 这一理论源自洛克的分析,参见[英]约翰·洛克:《政府论》下篇,叶启芳、瞿菊农译,商务印书馆1982年版,第20~25页。

曾经在判决中认同了"额头汗水"（sweat of the brow）或"勤劳收集"（industrious collection）的教义，认为如果数据库制作过程中对数据收集付出了大量劳动，那么它们就应当得到法律保护。[1] 但另一方面，数据又具有非常强的公共属性。正如本书前文所述，并非付出了劳动，数据本身就应当变成法律上的私有财产或知识产权法保护的对象。因为与其他动产或不动产相比，数据具有明显的非排他性与非竞争性：数据很难为个人独自占有，公众对数据的使用也不会对数据产生损耗。美国联邦最高法院明确否定了下级法院的"额头汗水"的教义，即强调版权保护只及于创新部分，而数据本身仍然应当维持为公众所有。美国联邦最高法院明确指出，如果法律对数据库的保护延伸至基础数据，这将"损害版权法的基本原理"。[2]

其次，合同法也很难在事前为平台数据权利确定边界。robots 协议是否可以构成合同要约，这在各国的司法与法律教义上均存在很大争议。robots 协议可以被视为一种合同的意思表示，对外传递当事人的意愿，但当爬虫方阅读了这种告示之后，是否就意味着合同已经成立？在法律实践中，各国对因此类单方告知的合同引发的争议常常做出不同的判决，例如，对软件安装包内的格式合同或拆封许可，有的法院认为，当推定消费者可以看到此类告示而继续选择安装软件时，此时单方告知就能被视为合同；[3] 但在另外的法院判决中，法院则又认为此类合同无效。[4]

从性质上来说，robots 协议非常类似于很多小商铺门口挂的"同行免进""××类人免进"的告示。对于此类告示是否可以被认为合同要约，私法上并无确切答案。一方面，此类告示具有一定的合理性，因为它符合了私主体的意思自治原则，明确传递了商家的意愿。但另一方面，此类告示也可能被认定为自始无效。如果此类告示针对的是特定的人

---

〔1〕 See Leon v. Pacific Telephone & Telegraph Co.，91 F. 2d 484（9th Cir. 1937）; Jeweler's Circular Publ'g Co. v. Keystone Publ'g Co.，281 F. 83（2d Cir. 1922）.

〔2〕 See Feist Publications，Inc.，v. Rural Telephone Service Co.，499 U. S. 340（1991）.

〔3〕 See ProCD，Inc. v. Zeidenberg，86 F. 3d 1447，1449 – 50（7th Cir. 1996）; Specht v. Netscape Commc'ns Corp.，306 F. 3d 17（2d Cir. 2002）.

〔4〕 See Vault Corp. v. Quaid，Inc. 847 F. 2d 255，269 – 70（5th Cir. 1988）; Arizona Retail Sys. v. Software Link，Inc.，831 F. Supp. 759，766（D. Ariz. 1993）.

群,此类告示可能会因被认定为违反民法上的公序良俗原则而无效,[1]或者也可能会因被认定为违反公法上的反歧视原则而无效。[2] 此外,即使此类告示具有合同要约的效力,这也不等于看到告示牌的人就同意了这一告示,看到告示牌的人可能会将这一告示等同于善意提示而非要约,因此进入商铺内部查看并不等同于合同成立。

再次,从侵权法与刑法的角度来看,违反 robots 协议是否属于侵权或者侵入计算机系统,这也没有明确标准。从一般侵权责任来说,其构成要件包括加害行为、行为人过错、损害事实和因果关系,但在数据爬虫的情形中,很难说存在损害事实。在大部分情况下,网络平台之间的数据爬虫都是持续存在和长时间存在的,不会占据被爬虫网络平台的过多流量或造成被爬虫网络平台的网速变慢。而从普通法上的非法入侵或我国《刑法》上的非法获取计算机系统数据罪来看,[3]数据爬虫是否属于非法侵入计算机系统,本身就取决于法律如何界定数据爬虫的性质。

科尔教授曾经从线上、线下对比的角度对互联网非法侵入问题进行系统分析。科尔教授将网络企业设置的反爬虫技术障碍(如 robots 协议、设置验证码、设置密码)类比为线下世界的无力障碍(如商店设置告示、栅栏、关门、锁门)。科尔教授指出,此类物理障碍或网络技术障碍是否不可逾越,非法侵入的边界如何确定,法律并不提供规范性的规则指引。如同科尔所言,"和物理世界一样,计算机非法侵入的特点是文本并不能提供指引。法律文本禁止未经授权不得访问计算机,这就像非法侵入法规定,未经授权不得进入物理空间一样"。无论是在物理世界还是在线下世界,"法律的含义都依赖于社会所理解的相关空间中信号所传递的访问权限,法院必须根据对相关侵入规范的理解来确定不同空

---

〔1〕 参见《民法典》第 8 条。

〔2〕 一旦此类歧视涉及身份性因素,就有可能违反各国反歧视法的相关规定或原则。对此可以参见丁晓东:《探寻反歧视与平等保护的法律标准——从"差别性影响标准"切入》,载《中外法学》2014 年第 4 期。

〔3〕 《刑法》第 285 条第 2 款规定了非法获取计算机信息系统数据罪。这一罪名规定,"违反国家规定,侵入前款规定(国家事务、国防建设、尖端科学技术领域)以外的计算机信息系统或者采用其他技术手段,获取该计算机信息系统中存储、处理或者传输的数据,或者对该计算机信息系统实施非法控制,情节严重的",将受到刑法的处罚。

间的规则"。[1]

最后,从不正当竞争法的角度来看,不正当竞争法也面临类似的问题。在我国当前的网络数据争议中,不少案件都援引了《反不正当竞争法》第2条关于商业道德的规定。[2] 例如在新浪诉脉脉案、大众点评诉百度案中,法院都以数据爬虫违反商业道德和不正当竞争作为判决理由。但需要指出的是,法院的判决主要建立在对具体个案与具体场景的判断之上,《反不正当竞争法》本身并没有对何谓商业道德给出非常刚性的规则指引。如同很多专家所言,不正当竞争法需要借助其他法律规定与商业习惯来确定何谓不正当竞争,不正当竞争法本身常常具有很大的不确定性。[3]

四、数据权利主体性归属的后果分析

如果说法律条文与法律教义分析无法为数据权利归属问题提供事前统一界权,那么基于实用主义的后果分析是否可以确立数据的权利归属?结合上文所总结的数据权利归属的四种观点,也可以发现任何一种观点都无法完全成立。

首先,将数据权利归属完全配置给个人是不现实的,这将产生极高的交易成本与沟通成本。如果个人对数据拥有完全的产权,那就意味着平台或个人对此类数据的访问都需要获得个人同意。在这种制度设计下,搜索引擎等普通网络爬虫行为将无法运转,甚至连个人对他人数据的阅读也属于违法。[4] 此外,将数据权利完全界定为个人所有,这也将架空平台对数据所享有的某些权利,使平台无法进行某些正常的商业活

---

[1] See Orin S. Kerr, *Norms of Computer Trespass*, 116 Columbia Law Review 1143 (2016).

[2] 《反不正当竞争法》第2条规定:"经营者在生产经营活动中,应当遵循自愿、平等、公平、诚信的原则,遵守法律和商业道德。本法所称的不正当竞争行为,是指经营者在生产经营活动中,违反本法规定,扰乱市场竞争秩序,损害其他经营者或者消费者的合法权益的行为。本法所称的经营者,是指从事商品生产、经营或者提供服务(以下所称商品包括服务)的自然人、法人和非法人组织。"

[3] See Yuval Feldman, *The Behavioral Foundations of Trade Secrets: Tangibility, Authorship, and Legality*, 3 Journal of Empirical Legal Studies 197 (2006).

[4] 参见丁晓东:《个人信息私法保护的困境与出路》,载《法学研究》2018年第6期。

动。例如,平台就无法和大V等用户签订独家使用协议;人人网出售其网站的行为就不仅是非法的商业活动,甚至还可能构成侵犯公民信息罪。[1]

其次,将数据权利归属完全配置给平台,这也不符合常理。对此,上文已经有所论述。数据归平台所有不仅可能对个人的著作权等知识产权造成影响,而且也可能无法保护公民的数据隐私。即使是公开的互联网上的数据,也并不意味着这些数据就可以被第三方平台随意使用。关于这一点,最为著名的例子当属Facebook所涉及的剑桥分析公司事件。在此事件中,剑桥分析公司通过一款App收集了30万的用户信息,并通过Facebook的授权而获得了这30万人的朋友圈约5000万人的信息。[2] 这些信息虽然都是在网上公开的,但其公开显然有特定的对象和场景。剑桥分析公司在未获得用户同意的情况下收集这些信息,并且在完全不同的场景下利用这些信息,构成了对用户数据隐私的侵犯。

再次,将数据权利归属配置给个人和平台共有,将存在类似的妨碍数据流通与数据共享的问题。如同上文所说,当平台进行数据交易或共享时,可能面临难以获取用户同意的困境。而当普通用户希望转移其个人数据时,如果需要获取平台的同意,那么这种转移也将很难实现,因为很多平台可能不愿意看到用户的流失,就像微博在其用户协议中所规定的那样。总之,数据归个人与平台共有,这会进一步增添数据流通与数据共享的制度成本。

最后,将数据认定为公共产品,这虽然可以促进数据流通与数据共享,但却可能无法保护个人数据权利与平台的合理数据权益。一方面,互联网的公共性与互联网的联通性并不意味着公开性的个人数据就不

---

[1] 《刑法》第253条之一规定:"违反国家有关规定,向他人出售或者提供公民个人信息,情节严重的,处三年以下有期徒刑或者拘役,并处或者单处罚金;情节特别严重的,处三年以上七年以下有期徒刑,并处罚金。"最高人民法院、最高人民检察院《关于办理侵犯公民个人信息刑事案件适用法律若干问题的解释》进一步规定,"未经被收集者同意,将合法收集的公民个人信息向他人提供的,属于刑法第二百五十三条之一规定的'提供公民个人信息'",该解释还规定,非法获取、出售公民个人信息五千条以上的,都属于"情节严重"类型。

[2] See Sam Meredith, *Facebook-Cambridge Analytica: A Timeline of the Data Hijacking Scandal*, CNBC(Apr. 10, 2018), available at https://www.cnbc.com/2018/04/10/facebook-cambridge-analytica-a-timeline-of-the-data-hijacking-scandal.html.

存在隐私问题,也不意味着这类数据完全属于公共产品。在具体场景中,个人数据完全可能遭遇一系列数据隐私问题,而个人数据也可能是个人"数字劳动"(digital labor)的产物,凝结了个体的劳动与付出。[1]另一方面,平台也在平台搭建与数据收集过程中投入了大量的资金与劳动,如果对企业的正当数据权益不加任何保护,那么此种制度设计也可能对竞争秩序产生不良影响。[2]

数据权利归属无论配置给哪一方都存在问题。其深层原因在于,数据的属性往往高度依赖具体场景。数据与普通物品不同。一件具体的物品,在不同的场景下性质基本不变,都受到法律上的物权或财产权的保护,但数据在不同的场景中可能呈现完全不同的特征。同样的一组数据,在不同的场景中对于不同的对象而言可能分属不同类型的数据。以社交网络中的用户数据为例,此类用户数据对于朋友圈的对象来说无疑属于公开数据,因为这类数据的本意就在于在朋友圈中的传播。但对于平台与第三方企业来说,此类用户数据又属于数据隐私所保护的对象,因为其中包含了大量可识别个人的个人信息。此外,对于具有竞争关系的第三方平台而言,此类用户数据的集合又具有类似数据库的性质,或者其需要法律的某种保护,因为此类数据具有极高的商业性价值,而且平台为此投入了大量的资金与劳力。

五、数据权利主体性归属的个案判断

(一)数据权益的场景化保护

数据权利归属问题高度依赖场景,这意味着,维护个人数据权益与企业数据权益必须采取场景化的保护方式。通过在具体场景中确定数据的性质与类型,并根据具体场景中的各方的合理预期来确定相关主体的数据权益,这是解决数据权利归属与数据争议的更好方式。

在数据隐私的学术研究中,个人数据的场景化保护进路已经为很多

---

[1] See Trebor Scholz, *Digital Labor: The Internet as Playground and Factory*, Routledge, 2012.

[2] See David F. Tamaroff, *Bottling the Free Flow of Information: A Comparative Analysis of U. S. and EU Database Protection*, 12 Wake Forest Journal of Business and Intellectual Property Law 16 (2011).

学者认可。例如以隐私场景理论著称的海伦·尼森鲍姆教授(Helen Nissenbaum)曾经指出,数据隐私保护的基本原则与关键在于实现数据的"场景性公正"(contextual integrity),[1]即要在具体场景中实现个人数据与信息的合理流通。[2] 尼森鲍姆的理论之所以影响巨大,其理论中的"尊重场景"(respect for context)成为奥巴马政府时期起草的《消费者隐私权利法案》的指导思想,最重要的原因就在于其理论契合了个人数据保护的基本特征。另一个例子是数据隐私法的权威学者丹尼尔·索洛夫(Daniel Solove)的隐私分类理论。索洛夫借用维特根斯坦的语境理论,指出隐私并不存在一个核心或本质特征,保护隐私实际上是为了保护具体场景中的某些个人权益不受侵害。[3] 此外,阿里·瓦尔德曼(Ari Ezra Waldman)教授也指出,不能以个人权利来理解隐私与个人信息或个人数据,[4]因为隐私问题的本质在于信任,其权利的边界需要根据具体场景中的合理期待来确定。[5]

在实践中,个人数据保护也采取了场景化的保护进路。在美国,联邦层面没有对个人数据保护进行太多立法,[6]但美国联邦贸易委员会通过执法在具体案例中逐渐确立了数据隐私保护的规则。[7] 这种保护方式无疑是高度场景化的,以至于有的学者将其总结为普通法的保护模式。在欧洲,尽管《一般数据保护条例》等法律设立了很多关于个人数据保护的规则体系,但这些规则体系实际上犬牙交错,相互抵牾之处比比皆是;同时,这些规则还常常受到法律原则的约束。[8] 因此,即使欧

---

〔1〕 See Helen Nissenbaum, *Privacy in Context: Technology, Policy, and the Integrity of Social Life*, Stanford University Press, 2009, p. 127.

〔2〕 See Helen Nissenbaum, *Privacy in Context: Technology, Policy, and the Integrity of Social Life*, Stanford University Press, 2009, p. 140.

〔3〕 See Daniel Solove, *Conceptualizing Privacy*, 90 California Law Review 1087 (2002).

〔4〕 See Ari Ezra Waldman, *Privacy as Trust: Sharing Personal Information in a Networked World*, 69 U. Miami Law Review 559, 560–590 (2015).

〔5〕 See Ari Ezra Waldman, *Privacy as Trust: Sharing Personal Information in a Networked World*, 69 U. Miami Law Review 559, 590–630 (2015).

〔6〕 美国的数据隐私的联邦立法主要采取了部门立法的方式(sectorial approach),而且主要集中在某些数据风险较高的领域,例如医疗、教育、未成年等。

〔7〕 See Daniel J. Solove & Woodrow Hartzog, *The FTC and the New Common Law of Privacy*, 114 Columbia Law Review 583, 585–86 (2014).

〔8〕 参见丁晓东:《什么是数据权利?——从欧洲〈一般数据保护条例〉看数据隐私的保护》,载《华东政法大学学报》2018年第4期。

洲采取了统一立法的模式，但这一立法并未确立个人数据保护的明确边界，未来欧盟个人数据保护的走向仍然取决于具体场景与具体个案中的规则演进。

以场景化的视角看待个人数据保护，一些数据权利归属难题就会迎刃而解。以 Facebook 剑桥分析公司丑闻案与人人网出售案为例，从非场景化的个人数据保护观来看，很难解释为何剑桥分析公司对某些个人数据的利用成了丑闻，而人人网整体的个人数据的控制者的转移却没有引起过多争议。从场景化的个人数据保护视角出发，则可以非常容易理解二者的差别。在 Facebook 剑桥分析公司的案例中，Facebook 剑桥分析公司对某些个人数据的利用打破了个体的合理预期，而且并未获取个体的同意，这才造成了数据隐私保护的失败。而在人人网的出售案例中，人人网出售前虽然也并未征求个体的同意，但由于人人网的出售并没有改变个人数据所使用的场景和预期，因此即使人人网的出售行为改变了网站数据的控制者，此种行为也并未直接对个人数据隐私造成威胁。[1] 只要人人网的购买者承担起个人数据保护的责任，在个人的合理预期内使用平台数据，个人的数据隐私就能得到合理的保护。[2]

对企业或平台数据权益也更宜采用场景化的保护进路。在关于数据爬虫争议的司法实践中，我国与美国所援引的法律依据有些差别。我国的法院更多采取了竞争法的方式来保护平台数据，而美国的法院则更多诉诸英美法与制定法上的非法侵入。但二者在场景化保护这一点上其实具有相似之处。我国竞争法的保护方式非常强调个案判断与不同案件的类比推理，强调从个案中提取和制定规则，而不是从统一规则中寻求法律答案。而美国法上的非法侵入概念也同样非常依赖于具体场景，何谓非法侵入，何谓对数据的合理访问与利用，这取决于具体场景与具体个案中的多种不同因素。

---

[1] 当然，人人网可能需要告知其用户，数据控制者已经发生了变化，以保证用户的知情权。欧盟《一般数据保护条例》第 13 条规定，当收集和数据主体相关的个人数据时，控制者应当为数据主体提供"控制者的身份与详细联系方式，以及如果适用的话，控制者的代表"。

[2] 从法律责任的角度而言，这种责任更接近于"信托责任"而非"合同责任"，参见 Jack M. Balkin, Information Fiduciaries and the First Amendment, 49 UC Davis Law Review 1183 (2016).

从法理上说,对平台数据权利归属采取场景化的保护,这实际上是采取理性规则而非规则本身来对数据权利问题进行判断。对于法律争议,传统的法律领域常常强调法律规则的重要性,主要通过规则与例外规则的设定来划分各方的权利边界。但在竞争法、反垄断法等领域,国外的法律更多以理性规则与个案判断来确定各方权利。[1] 以这种方式来设定各方的权利义务,其原因在于此类问题的争议往往更依赖具体场景,更难依赖脱离场景的规则来进行确定。就数据而言,由于数据问题的高度场景化特征,采取理性规则无疑将更有利于对个人数据和企业数据进行更为合理的保护。[2]

(二)数据权利归属界定的因素考量

在实体问题判断中,对平台数据权利归属的场景化界定需要考虑一系列因素。第一,应当将数据隐私保护作为极其重要的考虑因素之一。在数据隐私会给个人带来较大风险或打破个体合理预期的情形下,应坚持数据隐私合理保护相对企业数据权益的优先性。这是因为,一旦个人数据隐私得不到合理保护,不但个人的合法权益无法得到保障,企业也会丧失来自用户与消费者的信任。[3]

第二,在保障个人数据隐私的前提下,应注重促进数据的共享与流通。数据的共享与流通不但无损于数据本身的价值,而且更可能发挥数据的规模化优势,真正发挥大数据的功能,并为人工智能产业提供坚实基础。毕竟,所谓的大数据,其最主要的特征就是"高容量、快周转、多种类",离开了数据的共享与流通,大数据以及人工智能的发展就是无源之水。

此外,我们更要认识到数据共享与流通的国际战略意义。在可预见的将来,我国互联网企业必然会逐步进行海外拓展,而在这种拓展过程

---

[1] See Bus. Elecs. Corp. v. Sharp Elecs. Corp. ,485 U. S. 717,726 (1988).

[2] 需要指出的是,平台数据权利归属的场景化界定并不意味着数据权利归属问题本身的消亡。作为一种法律的拟制与想象,权属问题会在所有具有财产性利益的问题中如影随形。随着数据的价值日益凸显,可以想象对于数据权利归属的争议将会更加突出,数据收集与利用的相关各方会更多运用权属的概念体系来阐述自身的主张。在这个意义上,本章的论述并不能也并不是为了消解数据权利归属问题本身,而是为了重构思考这一问题的视角与进路。

[3] 而在平台对个人数据的利用不会带来风险或打破合理预期的前提下,则不宜过度对个人数据的合理收集与使用施加过多的限制。

中,数据的获取与使用必然是重要的战略环节。制定符合数据特征的数据共享与流通制度,将有利于我国互联网企业在东南亚、"一带一路"倡议等国家的战略布局。

第三,应根据爬虫平台与被爬虫平台的性质、爬虫行为的特征等因素来确立不正当竞争与合理使用的边界。就爬虫平台一方而言,当爬虫平台一方具有公益性或具有公共基础设施的性质时,应当在更大程度上允许爬虫平台进行数据爬虫。例如,对于搜索引擎的数据爬虫,美国与欧盟等地区都确立了对于搜索引擎的数据开放的立场,即使对于受版权保护的信息与数据,搜索引擎对其的数据爬虫行为也被认为属于合理使用的范围。[1]因为搜索引擎具有公共基础设施的性质,搜索引擎的数据爬虫无疑有利于数据的公共传播与利用。[2]

而就被爬虫平台方而言,应当考虑被爬虫平台方的数据体量与数据性质。当被爬虫的一方数据体量巨大,而其中的数据又属于原始数据或基础数据时,应当在更大程度上允许第三方的数据爬虫与数据合理使用。这是因为,当超级网络平台收集海量数据后,此时数据的潜在垄断就会成为可能。如果赋予此类平台以过强的数据保护,其结果就可能出现所谓的数据割据或数据封建主义,无法实现数据共享与数据的普惠性。

就爬虫性质而言,在其他因素相同的情况下,若某个平台爬虫后将数据用于和被爬虫平台类似的商业场景中,此时应当倾向于认定数据爬虫构成不正当竞争;而若数据爬虫的目的是对数据进行进一步处理或在其他场景下对数据进行利用,此时应当倾向于认定数据爬虫的合理使用。这是因为,前一种行为并没有对数据进行创造性的利用,也没有为消费者提供差异化服务,其对数据的爬虫完全是一种搭便车行为,不利于构建良好的市场竞争环境。相对而言,第二种数据爬虫行为虽然也具有搭便车的因素,但鉴于数据较强的公共属性和此类服务的创新和差异化服务,此时应当在更大程度上倾向于认定数据的合理使用,或者应当更为慎重地认定不正当竞争。

---

〔1〕 See The Authors Guild Inc. ,et al. v. Google,Inc. ,755 F. 3d 87 (2d Cir. 2014).

〔2〕 当然,搜索引擎的公共基础设施的性质也意味着搜索引擎在很多方面应当承担更多的公共责任,例如,应当向公众提供更多的中立性信息,搜索引擎企业一旦走向封闭和丧失其公益性,其合理爬虫与使用数据的权利也就随之消失。

当然，确定数据爬虫属于不正当竞争还是合理使用，需要考虑的因素还远不止以上因素。例如，还需要结合具体场景中的商业习惯与行业惯例来判断企业的合理预期。这些多种因素的判断无疑给司法与法律判断增加了难度，但从另一个角度来看，多种因素的综合性分析将使司法对此问题的分析更为全面与融贯，更能符合法律的整体性解释。[1]

六、结语：基于场景案例的数据权利

对于由平台数据爬虫而引发的数据权利归属问题，可以归纳为四种观点：平台数据归个人所有；平台数据归平台所有；平台数据归个人与平台共有；平台数据归公共所有。本章指出，从法律条文或法律教义的角度分析，无论哪种观点都无法得到支持。从后果主义的角度分析，也可以发现无论把平台数据配置给哪一方都不合理。而平台数据的权利归属之所以无法明确界定，关键在于数据具有多重性质，而其性质又往往依赖具体场景。在有的场景下，平台数据属于个人数据范畴，需要数据隐私法的优先保护；在有的场景下，平台数据具有类似数据库的性质，需要类似数据库权益的保护；而在其他场景下，平台数据又具有公共性，需要法律保障数据的共享与流通。

从数据的多重属性与场景化特征出发，需要确立数据的场景化保护与场景化确权。无论是对个人数据的保护还是对企业数据权益的合理保护，都需要注重通过自下而上的个案来推动数据保护规则的制定与演进，而非过于依赖自上而下的规则制定。就法理而言，这意味着对数据权利应当基于理性规则进行确定，而非寻求放之四海而皆准的事前统一规则来进行确定。在实体判断层面，平台数据权利归属界定需要考虑多种不同因素，既需要考虑数据隐私的优先保护，考虑合理保护平台数据权益，又要特别注意促进数据的共通共享；既需要考虑数据领域的"搭便车"与不劳而获行为，又要注重数据的公共性；既需要防止平台的不合理竞争，又需要防止数据垄断与数据壁垒。如此，互联网才能实现数据的合理流通与合理保护的双赢。

---

〔1〕 对于法律的整体性解释理论与融贯性解释理论，参见 Ronald Dworkin, *Law's Empire*, Harvard University Press, 1986, p. 176–275。

第三编　人工智能相关权利

第八章 人工智能训练中的数据权困境：重构公共性

随着 DeepSeek、ChatGPT 等生成式人工智能的问世，人工智能的发展引起全球关注。从人工智能发展的法律视角来看，人工智能训练中的数据权利值得特别关注，因为人工智能的其他发展要素算力主要涉及硬科技问题，算法则与数据密切相关。[1] 以最近几年最为热门并且落地的人工智能 NLP(GPT)和人工智能绘画(Diffusion)为例，2021 年 GPT-3 是当时最为庞大的模型，其训练使用了约 300B 个词元，也即约 400GB 的数据，涵盖精简后的 Common Crawl 数据集以及 WebText 数据集、图书语料库和英语维基百科三个精心策划的高质量数据集，该模型在机器学习中所设定的参数量达到了 1750 亿个。[2] 人工智能绘画 Stable Diffusion 使用了 LAION 组织收集的、来自网络的超过 30 亿张图像文本对(text pair)，设置了超过 11 亿个参数；DALL-E 2 在 CLIP 中使

---

〔1〕 各类训练模型算法经历不断的迭代升级，其中关键在于海量聚集使各类数学算法被不断优化组合。以 GPT-3 的模型算法为例，早在 1998 年诞生的注意力机制直到 2014 年才被运用于 NLP 领域，2017 年谷歌提出了完全基于注意力机制的 Transformer 模型，再加上 OpenAI 每一代的小修小改，最终铸成了如今的 GPT-3。从另一种角度看，也可以认为 GPT-3 的算法模型早在 2017 年便已经被 OpenAI 的竞争对手所提出，而其内在的注意力机制更已诞生 20 余年，但最终仍得益于 OpenAI 利用了极为庞大的训练数据和参数量，才在 2020 年成功训练出 GPT-3 与 ChatGPT 两个能力异常出众的人工智能。See Wang C. et al., *A deep learning approach for credit scoring of peer-to-peer lending using attention mechanism LSTM*, 7 IEEE Access 2161, 2161-2168 (2019); Itti L. Koch, C. & Niebur E., *A model of saliency-based visual attention for rapid scene analysis*, 20 IEEE Transactions on Pattern Analysis and Machine Intelligence 1254, 1254-1259 (1998); Brown T. et al., *Language models are few-shot learners*, 33 Advances in Neural Information Processing Systems 1877, 1877-1901 (2020).

〔2〕 See Brown T. et al., *Language Models Are Few-Shot Learners*, 33 Advances in Neural Information Processing Systems 1877, 1877-1901 (2020).

用了约4亿个图像文本对,设置了超过35亿个参数,极为庞大的数据和参数量为二者提供了强大的图像生成能力。[1] 2024年年底,我国的生成式人工智能产品DeepSeek横空出世。DeepSeek LLM包含670亿个参数,利用了2万亿token的数据集进行训练。[2] 海量数据之于人工智能,就像人类从婴儿到儿童、成人所接触的万事万物之于人类。没有海量的经验性数据,单纯依靠人类的生理性发育,人类无法从婴儿时的懵懂无知成长为具有认知与理想能力的个体。

海量数据不仅对于人工智能的训练与发展具有重要作用,而且对于人工智能的公平性与社会治理也具有重要意义。[3] 例如,如果某一生成式人工智能所训练的数据都依赖于英语世界的数据,则该类人工智能产品的内容输出必然会受到英语世界内容的影响。同样,如果人脸识别技术所依赖的训练数据依赖于某个种族,那么该识别技术就可能会对其他种族产生歧视与偏见;而拥有不同种族人脸训练数据的人工智能则可能更为公平地进行人脸识别。[4]

从权利的视角来看,不同主体的数据权利可能阻碍数据的汇聚利用。很多数据受到个人信息权利、著作权、企业数据权利的包含,人工智能企业在利用这些数据时,常常面临很大的法律风险。如何在保护个人、著作权所有人和企业的合法权利的前提下,设计促进人工智能发展的数据制度,成为迫切需要回答的问题。本章将围绕这一时代问题,对这一问题进行法律制度层面的分析。同时,本章也将深入相关问题的背后原理,在法理层面对相关问题进行分析。本章指出,当前数据制度的核心问题在于数据收集端的形式性风险防范与确权门槛过低,其导致集

---

[1] See Andy Baio, *Exploring 12 Million of the 2.3 Billion Images Used to Train Stable Diffusion's Image Generator*, WAXY (Aug. 30, 2022), https://waxy.org/2022/08/exploring-12-million-of-the-images-used-to-train-stable-diffusions-image-generator/; Radford A. et al., *Learning Transferable Visual Models from Natural Language Supervision*, International Conference on Machine Learning, July 2021, Vienna, Austria, p.8748–8763.

[2] 《2024年,DeepSeek带给硅谷"苦涩的教训"》,载腾讯网,https://news.qq.com/rain/a/20241231A005Z700。

[3] See Orly Lobel, *The Equality Machine: Harnessing Digital Technology for a Brighter, More Inclusive Future*, PublicAffairs, 2022, p.1–34.

[4] See Ryan Merkley, *Use and Fair Use: Statement on shared images in facial recognition AI*, Creative Commons, https://creativecommons.org/2019/03/13/statement-on-shared-images-in-facial-recognition-ai/.

体行动的失败与数据汇聚的困难。对人工智能时代的数据权利应当进行公共性重构,法律应当在收集端放宽数据的融合汇聚,但在利用端对人工智能施加更为严格的责任。

一、现有数据权利对数据汇聚的挑战

人工智能的突破依赖于数据的爆发性增长,但现有的数据权利保护却可能妨碍数据的汇聚与融合。在个人信息权利保护、著作权、企业数据权利等领域,现行制度对人工智能训练所需的大数据的政策形成产生了不少挑战。

(一)个人信息权利

首先,个人信息权利保护中的告知同意对数据收集形成了挑战。作为一种数据隐私自我管理的制度工具,[1]告知同意制度可以为个体提供一定的自我保护,预防因信息处理者过度收集个人信息所带来的风险。但正如本书第二章所述,但这一制度也存在不少困境。当个人面对信息处理的复杂实践,个人往往难以理解其真正面对的风险是什么,[2]个人常常要么是无奈选择同意信息处理者的隐私政策,要么能拒绝的尽量拒绝。在有的情形下,这种个体认知与选择的困境会造成保护不足,使个体难以真正预防相关风险。在其他情形下,则可能存在保护过度的问题。例如,互联网企业收集个人信息进行大数据分析,但采取严格保护措施,这类做法带来了"长尾效应",促进了消费者福利。但在告知同意制度下,人工智能却可能无法对这类数据进行合理利用。

其次,必要性原则也可能对数据的收集与利用形成挑战。必要性原则强调对收集个人信息的限制与处理的最小化。例如我国《个人信息保护法》规定:"处理个人信息应当具有明确、合理的目的,并应当与处理目的直接相关,采取对个人权益影响最小的方式。收集个人信息,应当限于实现处理目的的最小范围,不得过度收集个人信息。"欧盟的《一

---

[1] See Daniel J. Solove, *Introduction: Privacy Self-Management and the Consent Dilemma*, 126 Harvard Law Review 1880, 1880 – 1991 (2013).

[2] See Alessandro Acquisti et al., *What Can Behavioral Economics Teach Us About Privacy?*, in Acquisti A. et al. eds., Digital Privacy: Theory, Technologies and Practices, Auerbach Publications, 2007, p. 363.

般数据保护条例》也规定,"个人数据的收集应当具有特定的、清晰的和正当的目的,对个人数据的处理不应当违反初始目的","个人数据的处理应当是为了实现数据处理目的而适当的、相关的和必要的"。这类规定将使数据很难被用于人工智能训练。因为除了极少数专门采集的个人信息,绝大部分个人信息被收集时,其目的都只和生活、消费、资讯、出行、娱乐、服务等个人目的相关。如果严格解释必要性原则,则即使信息处理者进行告知并获取个人同意,此类人工智能训练也将属于违法。因为必要性原则作为个人信息处理的整体性原则,不能通过告知同意而进行规避。[1]

最后,公开个人信息的处理也存在挑战。传统隐私侵权法一般并不保护公开的个人信息,但个人信息保护制度将其纳入保护范围。尤其是欧盟的《一般数据保护条例》,其对公开的个人信息保护进行一体保护,仅在有限的条款中进行规定,[2]并主要通过言论自由、公众知情权等原则在个案中允许对此类信息的处理。[3] 相较之下,我国的《个人信息保护法》对于公开个人信息进行了例外规定,将"个人自行公开或者其他已经合法公开的个人信息"作为例外规定。[4] 但即使是我国,也仍然规定个人可以"明确拒绝"处理个人信息,"对个人权益有重大影响的"应当获取其同意。[5] 如果对这一制度进行严格解释,则人工智能训练数据将受到重大影响。目前,人工智能训练的数据中的大部分数据都来自公开数据,例如,ChatGPT 的主要训练数据来自公开的 Common Crawl 数据项目和 Reddit 等公开网站数据,百度文心一言的主要训练数据也来自百度百家号、百度知道等一系列公开网站。[6] 而公开数据往往缺

---

〔1〕 See Paul M. Schwartz, *Global Data Privacy: The E. U. Way*, 94 New York University Law Review 771, 771 - 819 (2019);刘权:《论个人信息处理的合法、正当、必要原则》,载《法学家》2021 年第 5 期。

〔2〕 例如在第 9 条对特殊类型个人数据的处理条款,第(e)条。

〔3〕 最为典型的是有关个人数据删除权或被遗忘权,对于搜索引擎等公共领域的个人信息删除,欧盟仍然施加了众多限制,参见 Robert Post, *Data Privacy and Dignitary Privacy: Google Spain, the Right to be Forgotten, and the Construction of the Public Sphere*, 67 Duke Law Journal 981, 981 - 1072 (2018)。

〔4〕 参见《个人信息保护法》第 13 条第 6 款、第 27 条。

〔5〕 参见《个人信息保护法》第 27 条。

〔6〕 Sun Yu et al., *Ernie 3.0: Large-scale knowledge Enhanced Pre-training for Language Understanding and Generation*, arXiv(Jul. 5, 2021), https://arxiv.org/abs/2107.02137.

乏交互场景或联系方式,信息处理者很难联系到个人并获取个人同意。如果人工智能对公开的个人信息的利用适用个人信息保护的一般规则,则人工智能将很难获取足够的数据集合。

(二) 著作权

著作权也会对人工智能训练数据的汇聚和融合形成挑战。首先,当人工智能企业试图使用网络上的文字、图片、声音等素材进行训练时,这些文字、图片、声音很可能已经受到著作权保护。著作权保护的门槛并不高,只要"具有独创性并能以一定形式表现的"作品,均能获得著作权保护。[1] 例如微博、知乎上发表的文字或问答,微信、小红书、抖音上用户上传的音乐、图片、视频,在达到独创性的门槛后,都可能获得著作权保护。一旦人工智能企业利用这些内容数据,就有可能对这些数据构成著作权侵权。对于人工智能企业而言,单次侵权的赔偿额度或许可以负担,但如果大量用户提起著作权侵权诉讼,人工智能企业将面临巨大的诉讼压力和赔偿压力,同时还可能面临很大的社会声誉压力。

对于人工智能企业而言,获得每项作品的著作权许可极其困难。很多作品的作者难以直接被联系到,例如,一些用户可能发表了文字或上传了图片与视频,但并不经常查看其邮箱或账户消息,或者对企业要求获得其许可的请求置之不理。还有很多作品则可能完全找不到作者,属于"孤儿作品"(orphan works)。[2] 对于这些作品,如果著作权人不主张权利,人工智能企业可能没有什么风险;但一旦著作权人突然"站出来",对该作品的使用可能"面临侵权诉讼的风险"。[3] 此外,即使人工智能企业联系到上述情形中的著作权人,也可能遭遇不合理的要价问题。很多普通用户可能会觉得,人工智能企业可以创造巨额利润,因此应当支付较高费用来获取其著作权。但对于人工智能企业而言,单项作

---

[1] 参见《著作权法》第3条。

[2] See Matthew Sag, *Orphan Works as Grist for the Data Mill*, 27 Berkeley Technology Law Journal 1503, 1503 – 1550 (2012); Matthew Jockers, Matthew Sag & Jason Schultz, *Digital Archives: Don't Let Copyright Block Data Mining*, 490 Nature 29, 29 – 30 (2012).

[3] See Olive Huang, *U. S. Copyright Office Orphan Works Inquiry: Finding Homes for the Orphans*, 21 Berkeley Technology Law Journal 265, 265 – 288 (2006).

品所能带来的收入非常有限,人工智能企业将很难和著作权人达成许可协议。

数据库和各类著作集体管理组织可以在一定程度上解决大量作品的著作权许可问题,但其作用有限。对于数据库而言,数据库所拥有的数据可能仍然较少,难以满足人工智能数据训练所需要的数据量。而且很多数据库并不拥有其中大部分作品的著作权,这些作品的著作权可能仍然归分散的著作权人所有。上文提到的著作权人难以联系、策略性要价问题仍将存在。对于各类著作集体管理组织而言,这些组织主要集中于传统著作权保护的领域,对大量互联网等普通用户所创造和上传的数据很少进行保护。例如,我国的中国音乐著作权协会、中国音像著作权集体管理协会、中国文字著作权协会、中国摄影著作权协会、中国电影著作权协会,美国的作曲家,作家与出版商协会,广播音乐联合会,其保护对象都难以囊括大量互联网上的著作权作品。

(三)企业数据权利

对数据汇聚形成另一挑战的是企业数据权利保护与数据互联的冲突。互联互通被认为是互联网的核心精神之一,自互联网的前身阿帕网到后来的 TCP/IP 协议,以及一系列网络治理机制和技术标准组织,都默认了互联网的公共性特征。[1] 除非企业或个人设置密码等保护措施,否则用户终端一旦接入互联网,就意味着终端数据向所有用户开放。网络的互联互通带来了溢出效应(spillover effect),极大促进了数据的共享。[2] 但随着互联网的发展和商业化,网络互联也出现了新的问题,使数据公地重新面临挑战。

首先,越来越多的互联网企业开始设置"栅栏"或"高墙",防止其他企业特别是竞争企业获取其数据。例如,淘宝很早就对百度关闭端口,防止百度搜索其店铺页面的信息;微信对滴滴、淘宝、抖音等竞争对手进行选择性的屏蔽;百度也试图通过 robots 协议拒绝 360 浏览器的搜索。

---

〔1〕 See Barbaravan Schewick,*Internet Architecture and Innovation*,MIT Press,2010,p. 37 - 82.

〔2〕 See Brett M. Frischmann & Mark A. Lemley,*Spillovers*,107 Columbia Law Review 257,257 - 302(2007).

互联网企业的这类做法有各自的目的,有的是为了打造自身的封闭生态系统,有的是为了竞争,有的是为了安全,但无论如何,这类做法都使互联网出现了"数据孤岛"现象,数据无法互联互通。[1] 对人工智能发展而言,此类情形已经造成了明显的影响。

其次,数据爬虫的法律规制也给数据汇聚带来了挑战。如果说企业自我设置的围墙是一种自我割据机制,那么法律对数据爬虫的规制则对数据桥梁机制形成了挑战。目前,我国对数据爬虫存在竞争法、刑法等多种不同的法律规定。在企业之间,大量的数据爬虫案件通过适用反不正当竞争法来得以解决。由于互联网企业被认为经常可以跨界经营,即使业务非常不同的两个互联网企业,也可能会因为数据爬虫而被认定为不正当竞争。[2] 我国《刑法》第 285 条规定了非法侵入计算机信息系统罪、非法获取计算机信息系统数据、非法控制计算机信息系统罪。在实践中,当数据爬虫造成网站宕机,就可能因为触犯刑法而入罪。如果法律允许合理的数据爬虫,则数据爬虫就可以充当不同"数据孤岛"之间的桥梁。相反,在刑法等法律的严厉规制下,中小企业和个人用户的数据爬虫变得极为谨慎,不再充当数据共享的连接者。

二、原理分析:大规模微型权益聚合

从原理层面分析,数据汇聚所面临的难题是市场机制的失灵,微型权益的聚合难以通过市场机制来实现。而其深层法律制度原因则在于个人信息保护、著作权、企业数据权利保护等制度对传统法律制度的路径依赖。为了实现大规模微型权益的聚合,有必要重构数据的公共性。

(一)市场机制的失灵

从法律原理来看,数据聚合的难题在于外部性问题。外部性问题主要指个体决策对外部造成的影响,例如环境污染、公共卫生等,其核

---

[1] 域外也有类似情形,参见 Julie E. Cohen, *From Lex Informatica to the Control Revolution*, 36 Berkeley Technology Law Journal 1017, 1017 – 1050 (2022).

[2] 例如,在大众点评诉百度案和淘宝诉美景案中,大众点评与百度、淘宝与美景之间并不是直接竞争关系,分别参见上海知识产权法院民事判决书,(2016)沪 73 民终 242 号;杭州铁路运输法院民事判决书,(2017)浙 8601 民初 4034 号。

心是私人行动可能对他人或社会造成集体负面后果。例如,某一面包房企业产生噪声,影响周围邻居;某人因为成本、风险等担忧而拒绝打疫苗,影响传染病防治。针对外部性,一种解决方案是通过国家规制进行调整,例如,通过庇古税来增加边际私人成本,从而实现社会成本等的内部化(internalization of social cost)。[1] 而另一种解决方案是依赖市场机制。例如科斯定理指出,在交易成本为零的情形下,外部性问题可以通过私人之间的协商或交易而得以解决,例如,面包房企业会和周围邻居进行协商,设定合理的噪声补偿机制。[2] 自从科斯定理提出以来,通过市场和财产权等机制解决外部性问题,成了更受偏好的路径。例如有研究者认为,产权的清晰界定可以减少交易费用、促进市场的自由协商。[3]

但在数据问题上,企业数据权利保护与市场交易难以解决数据聚合问题。早在20世纪60年代,肯尼斯·阿罗(Kenneth Arrow)就在相关研究中指出,信息与数据交易常常面临多重困难,例如,买家在购买之前首先需要了解或试用数据,以确定数据的价值,而了解或适用数据即意味买家可以不用再进行购买;当数据的价值不确定时,买家和卖家也更难达成协议。[4] 在知识产权领域,数据型专利的交易也表明,企业之间常常面临很高的交易成本。[5] 在本章提到的个人信息、用户生成内容等领域,这类问题将更为严重,因为此类情形具有大规模微型数据汇聚的特征。在个人信息保护立法与著作权保护的背景下,企业更难与海量个体进行有效交易。

市场机制下的数据库或专利池等方式也难以完全解决这类问题。数据库或专利池通过对大量作品或专利进行汇集,为使用者提供集中许

---

[1] See Cecil Pigou, *The Economics of Welfare*, Macmillan, 1920, p. 1 – 18.

[2] See R. H. Coase, *The Problem of Social Cost*, 3 Journal of Law and Economics 1, 1 – 44 (1960).

[3] See Henry E. Smith, *Property and Property Rules*, 79 New York University Law Review 1719, 1791 – 1793 (2004).

[4] See Kenneth Arrow, *Economic Welfare and the Allocation of Resources for Invention*, in National Bureau Committee For Economic Research, The Rate and Direction of Inventive Activity: Economic and Social Factors, Princeton University Press, 1962, p. 618.

[5] See Ronald J. Gilson et al., *Contracting for Innovation: Vertical Disintegration and Interfirm Collaboration*, 109 Columbia Law Review 431, 431 – 502 (2009).

可,的确可以大幅减少数据使用者的交易成本。[1] 但数据库或专利池所收集的常常是具有单独使用价值的作品或专利,而非大量一般性数据。对于具有单独使用价值的作品或专利,数据库或专利池的所有者可以更容易和权利所有者进行谈判,其作品或专利也更容易找到买家。[2] 人工智能所要使用的汇聚型数据远远超出此类范围,其依赖的主要是用户所产生的内容数据,这些数据常常不具有特别明确的价值,也并未被各类数据库或专利池所收录。而且,人工智能所依赖的数据还常常需要及时更新,保证其正确性,而数据库或专利池所收集的数据则常常不具备这类特征。[3] 就此而言,数据库或专利池可以部分解决传统知识产权领域中的数据聚合问题,但其对于实现人工智能所要求的海量数据聚合,仍然面临很大障碍。

(二)制度的路径依赖

与市场机制失灵相关的是,个人信息权利、著作权、企业数据权利保护存在路径依赖难题。这些领域的制度起源于人工智能时代之前,其制度设计以工业社会甚至是传统农业社会为模板。这些制度在具有合理性的同时,也面临与信息时代脱节的问题,特别是与人工智能所需要的数据大规模汇聚存在冲突的问题。

以个人信息保护为例,个人信息保护制度起源于20世纪六七十年代,在理念上与个人信息控制论或自决论密切相关,[4] 其制度则起源于美国的"公平信息实践"(fair information practices)。[5] 这一制度在当

---

[1] See Robert P. Merges, *Contracting into Liability Rules: Intellectual Property Rights & Collective Rights Organizations*, 84 California Law Review 1293, 1293 – 1394 (1996).

[2] See Michael Mattioli, *Power and Governance in Patent Pools*, 27 Harvard Journal of Law & Technology 421, 421 – 466 (2014).

[3] See Avishalom Tor & Amitai Aviram, *Overcoming Impediments to Information Sharing*, 55 Alabama Law Review 231, 231 – 280 (2004).

[4] See Alan Westin, *Privacy and Freedom*, Atheneum, 1967, p. 7; Arthur R. Miller, *The Assault on Privacy: Computers, Data Banks, and Dossiers*, University of Michigan Press, 1971, p. 189; Spiros Simitis, *Privacy—An Endless Debate?*, 98 California Law Review 1989, 1989 – 2006 (2010).

[5] U. S. Department of Health, Education & Welfare, *Records, Computers and the Rights of Citizens: Report of the Secretary's Advisory Committee on Automated Personal Data Systems*, July, 1973.

时具有很强的合理性,因为在20世纪六七十年代,个人信息保护所面临的主要问题是个人档案性信息被国家规制机构处理。就知情同意而言,当时个人被收集信息的次数非常有限,而且收集个人档案类信息往往非常明显,个人往往有很强的意愿了解信息收集的情况。就必要性而言,当时的个人信息没有汇聚的需求,甚至其主要目的就是防止数据的过度收集和汇聚,美国国会甚至还在1988年制定了《计算机匹配和隐私保护法》,以防止不同规制机构匹配数据,泄露个人隐私。[1]但到了大数据特别是人工智能时代,个人信息所面临的场景已经大不相同。如今,个人每天都面临大量个人信息在不知情的情形下被收集的处境,如果每次收集均要求获取个人知情同意,个人将不得不面临信息过载(information overloaded)和决策过频的难题,[2]很难真正做出有意义的决定。而且,大数据与人工智能时代所需要的恰恰是数据的汇聚融合。如果说传统社会的目标主要是防止个人信息的匹配与融合,担心其融合带来负外部性,那么人工智能恰巧是要实现数据匹配与融合后带来的正外部性。

再以著作权为例,著作权制度起源于200多年前。这一制度本身具有很强的合理性,尤其对农业社会与工业社会的知识生产,著作权可以保护创造者的人格与劳动,提供有限激励。[3]在农业社会与工业社会,作品创造、印刷、传播都需要很高的成本,如果此类作品无法得到法律保护,作品创造者和运营商所付出的成本得不到回报,则此类知识的生产与传播都可能缺乏动力。[4]但在网络与信息社会,知识生产的方式经历了深刻的民主化转型,普通民众能将自己所创造的产品进行大范围分享,不再依赖传统的出版社、音乐公司进行制作和传播。而且即使缺乏

---

[1] 该法案为对1974年《隐私法案》的修改,参见 The Privacy Act of 1974 (5 U. S. C. 552a), as amended by the Computer Matching and Privacy Protection Act of 1988 (Pub. L. 100-503)。

[2] See Susan Athey, Christian Catalini & Catherine Tucker, *The Digital Privacy Paradox: Small Money, Small Costs, Small Talk*, Stanford Univ. Graduate Sch. of Bus. Research Paper, No. 17-14 (2018)。

[3] See William Fisher, *Theories of Intellectual Property*, Cambridge University Press, 2001, p.1-8. 大致而言,欧洲地区更强调前者,而美国等国家则更注重后者,我国的著作权体制则兼具二者特征。

[4] See Robert Merges, *Justifying Intellectual Property*, Harvard University Press, 2011, p.1-27.

著作权激励,很多用户也仍然会有动力进行创造和分享。[1] 也因此,如果将传统著作权延伸到网络环境下的所有数据,例如,对用户生成内容也都完全适用传统著作权保护,就可能形成过度保护的困境,使海量的数据难以被收集、汇聚和利用。[2] 尤其对于生成式的人工智能,其训练数据高度依赖 Reddit、Wikipedia、知乎等社区的高质量内容,如果此类数据都受到排他性的著作权保护,排除人工智能对这类数据的合理利用,则生成式人工智能很难获得发展,或者很难训练出高质量的产品。

网络互联机制也面临路径依赖的难题。在私人自治与公共互联之间,传统社会的法律更强调前者。在法律上,财产的私有制是更为一般性的原则,公共互联的财产则主要限于某些特定物品,如公共道路、公共食堂、湖泊、河流。在互联网的发展历程中,这种以不动产和动产为基础的法律想象也深刻影响了互联网规制。尽管互联网一直秉持互联互通的理念,但随着互联网的商业化,法律也逐渐为企业提供财产权保护。我国《刑法》第 285 条以及美国的《计算机欺诈和滥用法案》的规定,[3] 都将互联网企业的计算机视为类似的私人财产,所有未获许可的访问都属于违法行为。不过,在法律实践中人们也迅速意识到,互联网中的私人计算机与数据和传统私人财产有很大区别,并非所有未获许可的访问都属于违法行为。[4] 如果说传统社会是以私人自治为一般规则,以公共互联为例外;那么在网络社会中则是以公共互联为规则,以私人自治为例外。在人工智能时代,法律更需要摆脱传统路径的依赖,在维护企业自治的同时维护数据的互联互通。

(三)公共性的重构

为解决数据汇聚的难题,有必要重新建构数据的公共性。对于数据的公共性,法理学、知识产权和信息法领域的很多学者已经进行了许多

---

[1] See Yochai Benkler, *Sharing Nicely: On Shareable Goods and the Emergence of Sharing as a Modality of Economic Production*, 114 Yale Law Journal 273, 273 – 358 (2004).

[2] See Mark Lemley, *IP in a World Without Scarcity*, 90 New York University Law Review 460, 460 – 515 (2015).

[3] 18 U.S.C. § 1030 (2012).

[4] See Orin Kerr, *Norms of Computer Trespass*, 116 Columbia Law Review 1143, 1143 – 1184 (2016).

有益的探索。例如丽贝卡·艾森伯格(Rebecca Eisenberg)和迈克尔·海勒(Michael Heller)两位教授指出,在数据领域,过多的排他性权利保护导致了社会对数据的利用不足,构成了一种"反公地的悲剧"(tragedy of anti-commons)。[1] 卡罗尔·罗斯(Carol Rose)在其关于公有物的研究中指出,对数据进行公有物保护,更能促进社会的整体福利,从而带来所谓的"公地喜剧"(comedy of commons)。[2] 在互联网兴起后,数据的公共性特征获得了进一步关注。例如,哈佛法学院的尤查·本科勒(Yochai Benkler)对互联网的知识生产机制进行了重新阐释,在他看来,互联网作为公共领域为社会的自发协作提供了平台,促进了知识与数据的大规模汇聚。[3]

当然,数据不仅具有正外部性,也具有负外部性。个人信息保护不仅涉及个人,也可能涉及第三方,例如,个人的基因信息也会揭示第三方信息。正如奥姆瑞·本·沙哈(Omri Ben-Shahar)教授指出,缺乏个人信息保护,数据的汇聚将类似数据污染(data pollution),对这类数据进行利用不仅可能对个人的人格尊严、财产、人身造成危害,而且可能危及他人。[4] 再如,知识产权的学者也指出,对数据或信息进行合理保护,有利于激发私主体的创造,鼓励个体公开其具有价值的数据。[5] 企业对其数据进行合理保护,有利于企业建构良性生态系统,防止恶性竞争。在这个意义上,数据的合理保护也是一种公共善(public good)。[6] 数据的公共性并不意味着任何数据都应当完全共享,无论是个人信息类数据的法律保护、作品类的著作权保护,还是企业对于其数据的自我保护,

---

[1] See Michael A. Heller & Rebecca S. Eisenberg, *Can Patents Deter Innovation? The Anticommons in Biomedical Research*, 280 Science 698, 698–701 (1998).

[2] See Carol M. Rose, *Surprising Commons*, 2014 Brigham Young University Law Review 1257, 1257–1282 (2015).

[3] See Yochai Benkler, *Coase's Penguin, or, Linux and The Nature of the Firm*, 112 Yale Law Journal 369, 369–446 (2002).

[4] See Omri Ben-Shahar, *Data Pollution*, 11 Journal of Legal Analysis 104, 104–159 (2019).

[5] See William M. Landes & Richard A. Posner, *An Economic Analysis of Copyright Law*, 18 Journal of Legal Studies 325, 325–363 (1989).

[6] See Joshua Fairfield & Christoph Engel, *Privacy as a Public Good*, 65 Duke Law Journal 385, 385–457 (2015).

都具有很强的合理性与正当性。

数据的公共性也并不否认数据利用的公平性。正如本书前文所述,有观点担心降低数据收集与汇聚的门槛,将带来数据利用的非公平性,导致大量中小企业和个人无法对数据进行利用,从而使少数人工智能企业垄断数据利用。这些观点指出,数据汇聚型的法律制度将导致人工智能企业获得数据的绝大部分收益,而个人信息主体、著作权所有者和数据企业则无法分享收益。这些担忧无疑是合理的。事实上,很多学术研究和法律实践对此都做出了回应。例如纳德日达·普托娃(Nadezhda Purtova)教授重提个人数据的财产化价值,[1]欧盟的《数据法》和我国的"数据二十条"都提出了"数据用户"的公平利用权或数据来源者的权利,[2]欧盟《人工智能法》为了应对ChatGPT等生成式人工智能的挑战,要求人工智能公司披露其系统开发过程中使用的所有著作权作品。[3]

但数据的公平性不应通过微型权益确权或强化企业的数据排他性确权来实现。这类确权不仅妨碍数据的大规模汇聚,而且可能对中小人工智能企业带来不成比例的困难,形成更严重的数据不公。毕竟,很多超大型的互联网企业都拥有自己的数据源,无论是百度、Google这样的搜索引擎企业,微信、Facebook这样以社交企业,还是阿里、京东、亚马逊这样的电商企业,都可以通过海量用户所上传的内容而获取大量可以供人工智能进行训练的数据。相反,很多中小企业由于没有此类数据,往往陷入无米之炊的困境。如有的学者所言,如果不能对公共领域的数据进行合理利用,那么其结果将是"脸书、微软和谷歌等公司永远主导人工智能领域"。[4]当其他中小企业难以获取数据时,这些超大型企业

---

[1] See Nadezhda Purtova, *Do Property Rights in Personal Data Make Sense after the Big Data Turn*?,10 Journal of Law and Economic Regulation 208,208-222(2017).

[2] Regulation (EU) 2023/2854 of the European Parliament and of the Council of 13 December 2023 on harmonised rules on fair access to and use of data and amending Regulation (EU) 2017/2394 and Directive (EU) 2020/1828;丁晓东:《论数据来源者权利》,载《比较法研究》2023年第3期。

[3] Supantha Mukherjee, Foo Yun Chee & Martin Coulter, *EU proposes new copyright rules for generative AI*, Reuters (Apr. 28, 2023), https://www.reuters.com/technology/eu-lawmakers-committee-reaches-deal-artificial-intelligence-act-2023-04-27/.

[4] See Amanda Levendowski, *How Copyright Law Can Fix Artificial Intelligence's Implicit Bias Problem*,93 Washington Law Review 579,579-630(2018).

总是可以利用用户协议和生态系统而获得海量数据。目前,这一问题已经反映在我国的通用人工智能发展上。由于数据汇聚难题,目前我国的通用人工智能发展曾经主要局限于百度、阿里等少数几家大型互联网企业。直至 DeepSeek 横空出世,我国的人工智能发展才打破僵局。而 DeepSeek 之所以能够实现突破,主要原因之一就在于其通过数据爬虫等方式汇聚了海量数据。美国亦是如此,美国具有很强的数据公共领域概念,因此 OpenAI 这样的独角兽企业也能获得足够训练的数据,发展出比微软、谷歌等大型企业更为出色的 ChatGPT。数据的公平性理应成为法律追求的目标,但在实现手段方面,应当运用其他更具有创新性的手段解决这一问题。[1] 通过微型权益确权将导致数据无法汇聚,并导致更为严重的数据不公平。

三、人工智能训练中的数据权利重构

为了重构数据的公共性,应对个人信息权利、著作权与企业数据权利保护的法律制度进行重构。这种重构一方面应促进数据的大规模汇聚融合,避免在数据的收集与融合端对人工智能收集数据进行过多限制。另一方面,在人工智能的数据利用端,应对人工智能施加更为严格的数据保护职责,要求人工智能承担更多的社会责任。

(一)个人信息权利

就个人信息权利保护而言,应首先避免过度依赖个人同意制度。正如本书一再指出,期待个人利用同意机制保护个人信息并不现实,实践中的同意往往异化为个人信息处理的"自由通行证"。[2] 信息处理者不仅可以通过个人同意而轻易收集个人信息,而且其处理也常常可以因为告知同意而免责。从促进人工智能发展的角度,可以进一步指出,过度依赖个人同意将把大量并不存在风险的数据排除在利用之外,不利于个

---

[1] 鉴于主题和篇幅,本章将不对数据公平性这一问题展开分析。对数据公平性的创新方案包括数据信托、数据税收等,参见 Aziz Z. Huq, *The Public Trust in Data*, 110 Georgetown Law Journal 333, 333–402 (2021)。

[2] See Elettra Bietti, *Consent as a Free Pass: Platform Power and the Limits of the Informational Turn*, 40 Pace Law Review 310, 310–398 (2020)。

人信息的汇聚与合理利用。为此,对于从互联网等途径收集的信息,法律应适度减少对个人同意的依赖。要求用户进行过多的同意,或者不断复杂化同意的形式,要求企业采取单独弹窗、选择加入等模式获取用户同意,[1]不但可能造成个人信息保护流于形式,而且可能妨碍数据的汇聚。

当然,减轻对个人同意的依赖,并不意味着放弃告知同意制度。[2]对于与人工智能进行直接交互的个人信息数据,此时仍然应当保留告知同意要求。例如,ChatGPT、文心一言等生成式人工智能在利用用户聊天记录进行训练时,就应当获得用户的明确授权,因为用户聊天记录常常包含个人敏感信息或私密信息,对此类个人信息的不当利用将损害用户对生成式人工智能的信任。[3] 此外,对于其他从网络上收集的个人信息,对告知同意制度进行合理化设计,也仍然可以发挥其保障个人知情权、获取用户信任的作用。尤其是告知同意中的隐私政策,其可以发挥告知个人之外的多种作用。例如,隐私政策可以成为企业内部的合规章程,促进企业建立一体化的自我规制体系;[4]隐私政策可以成为个人申诉、个人诉讼、政府监管的依据,为个人信息保护的救济与执法提供线索与证据;隐私政策也可以为市场主体与非交互场景下的个人提供信息,为市场与社会监督提供媒介。综合而言,法律应在减弱个人同意要求的同时,保持甚至强化企业的告知义务。当企业在其隐私政策中提供详细的个人信息处理规则说明时,即使个人很难在交互场景下理解这些说明,这类隐私政策也能发挥重要的沟通信任功能。

其次,在人工智能适用场景下,应对个人信息处理的必要性原则进行适度扩张解释。对于必要性原则中的目的限制原则,应将其解释为不违反个人的合理预期,而非解释为必须与个人信息收集时的目的保持一

---

[1] See Hans Degryse & Jan Bouckaert, *Opt in Versus Opt Out: A Free-Entry Analysis of Privacy Policies*, CESifo Working Paper Series No. 1831 (2006).

[2] 参见张新宝:《个人信息收集:告知同意原则适用的限制》,载《比较法研究》2019年第6期。

[3] 以 ChatGPT 为例,其用户隐私政策已经将个人输入数据从默认可以利用改为需要获得用户明确授权。参见 Open AI, *New ways to manage your data in ChatGPT*, OpenAI (Apr. 25, 2023), https://openai.com/blog/new-ways-to-manage-your-data-in-chatgpt。

[4] See Peter Swire, *The Surprising Virtues of the New Financial Privacy Law*, 86 Minnesota Law Review 1263, 1263-1324 (2002).

致。对于必要性原则中的最小化原则,也不应将其视为否定所有二次利用。正如英国信息委员会办公室在《大数据、人工智能、机器学习和数据保护》的报告中指出,"决定一个新的目的是否与原来的目的不兼容",需要"考虑新的目的如何影响相关个人的隐私,以及他们的数据是否在合理预期范围内可以这种方式使用"。[1] 即使是个人信息保护极为严格的欧盟,也在《一般数据保护条例》的"重述"中规定,在分析目的限制与最小化原则时,"有必要考虑原始处理和新处理之间的任何联系、数据主体的合理期望、数据的性质、进一步处理的后果以及是否存在安全保护"。[2] 如果对必要性原则进行过度严格的解释,则人工智能将无法合理使用大量个人信息。

对必要性原则做适度扩张性解释,对我国《个人信息保护法》尤其具有重要意义。我国《个人信息保护法》的立法起草阶段,正是个人信息亟待规范的历史阶段,立法者出于政策考量,并未在其中包含"正当利益"条款,即信息处理者的正当利益不能成为个人信息处理的合法性基础之一。我国《个人信息保护法》的这一特征,将使我国人工智能对个人信息的合理利用面临更大障碍。欧盟的《一般数据保护条例》虽然被认为是史上最严格的法律文件之一,但其将"控制者或第三方的正当利益"作为处理个人数据的合法性基础之一,为个人信息的合理利用提供了更多途径。在正当利益条款下,很多没有获得个人同意或没有其他合法性基础的个人信息处理都可以被视为合法。对于用于人工智能训练的数据处理,这一条款也可能成为人工智能企业的合法性基础之一。

再次,法律应对公开个人信息保护适用特殊规则。在个人信息保护中,对此类信息进行特殊规定,符合个人信息保护的一般原理。因为个人自行公开意味着个体对其中的风险有较强的事前预期与预防,而合法公开则常常是政府所为,此类公开常常是为了满足公众知情权或促进公共利益。人工智能的发展需要数据的大规模汇聚,这进一步强化了对公开信息进行特殊规制的需求。目前,欧美对公开个人信息采取了完全不

---

[1] See ICO, *Big Data, Artificial Intelligence, Machine Learning and Data Protection*, ICO (Sept. 4, 2017), https://ico.org.uk/media/for-organisations/documents/2013559/big-data-ai-ml-and-data-protection.pdf?LinkSource=PassleApp.

[2] 参见《一般数据保护条例》"重述"第50条。

同的进路,美国基本上将个人公开信息排除在保护范围之外,[1]欧盟则未明确区分公开个人信息与非公开个人信息。而我国则在制定法上对其采取了特殊规制的进路,在允许处理的同时赋予了个人的拒绝权,并规定处理"对个人权益有重大影响的"数据应当获取个人的同意。这一规定与本章的主张具有一致性,但在解释与适用上可以进一步注重与汇聚型数据的衔接。对于个人的拒绝权,应根据个人信息的去标识化程度、信息的敏感性等特征在具体场景中进行界定。因为一旦个人信息进行了去标识化处理,或者信息不具备任何敏感性,则此类信息的汇聚利用与个人权益之间的关联就较弱。反之,即使公开个人信息也将影响个人权益。而在告知同意方面,法律在强化告知要求的同时,减弱同意要求。公开个人信息中的大部分信息都很难直接联系到个人,很少有交互页面可以对个人进行告知并获取其同意。而且,要求个人同意可能对个人信息造成更大威胁,因为告知同意本身就意味着需要联系和识别个人。

最后,应强化人工智能企业在数据利用环节的个人信息保护责任。上述告知同意、必要性原则和公开个人信息的制度设计,有利于放松个人信息在收集端的法律限制,促进数据的大规模汇聚。但在数据汇聚后,法律就应对企业施加更多监管,强化人工智能的处理者责任。例如,在数据清洗(data cleaning)、数据标注(data annotation)、模型训练(model training and valuation)模型部署与应用(model implementation)等阶段,应当对个人信息数据进行全生命周期的监管。

尤其对于生成式人工智能,其信息输出如果包含个人信息,就类似于公开个人信息,其更应受到法律的严格规制。[2] 目前,我国和域外个人信息保护的制度工具箱中已经具备了多种制度工具,例如,企业内部合规、数据保护专员、合规审计与个人信息影响评估、隐私设计、算法审计、数据伦理等。[3] 法律应结合人工智能的特征与具体场景,在个人信

---

[1] 例如《加州消费者隐私法》明确将其排除在外,参见 Civil Code section 1798.140。

[2] 目前,意大利等欧盟国家对于 ChatGPT 的监管主要集中于数据隐私领域,参见 Ravie Lakshmanan, *ChatGPT is Back in Italy After Addressing Data Privacy Concerns*, The Hacker News(Apr. 29,2023), https://thehackernews.com/2023/04/chatgpt-is-back-in-italy-after.html。

[3] See Ari Ezra Waldman, *Privacy as Trust: Sharing Personal Information in a Networked World*, 69 University of Miami Law Review 560,560-590(2015).

息的存储、使用、加工、传输、提供、公开等环节强化人工智能企业的主体责任和国家保护义务。[1]

(二) 著作权

对于涉及著作权数据的人工智能的利用,可以首先将人工智能区分为生成式人工智能与非生成式人工智能。非生成式人工智能并不直接产出作品,其对数据的复制与训练必然是非表达性(non-expressive)或非消费性(non-consumptive)利用。[2] 例如,人脸识别利用人脸照片数据进行训练,是为了更为精准地识别个体;自动驾驶利用交通照片数据进行训练,是为了对各类不同情形进行更准确的预测。而表达性的人工智能除了利用数据进行训练,也输出与训练数据属性相同的作品,例如 ChatGPT、文心一言等可以生成各类文字、图片、音乐与视频。

对于非生成式人工智能,其对著作权作品数据的利用应被视为合理使用。非生成式人工智能对于著作权作品的利用是为了获取其中的事实性知识,而非创造性表达。当非生成式人工智能利用人脸照片或交通照片进行训练时,其对照片中的创意性表达或创意性因素并不感兴趣。事实上,过于创造性的作品反而不利于非生成式人工智能获取有效信息,因为这类作品往往带有创作者个体的特征,与真实世界相差较大,从而对人工智能训练造成干扰。而在著作权的法律实践与法律原理上,各国都坚持事实/表达(或思想/表达、过程/表达)二分法,坚持著作权仅保护思想的表达,不保护思想或事实本身。[3] 例如,我国《著作权法》第5条将"单纯事实消息"排除在保护范围之外,欧美也在相关案例和法律规定中确立了该原则。[4] 允许非生成式人工智能利用著作权数据进行

---

[1] 参见张吉豫:《人工智能良性创新发展的法制构建思考》,载《中国法律评论》2018年第2期;王锡锌:《个人信息国家保护义务及展开》,载《中国法学》2021年第1期。

[2] See Matthew Sag, *Copyright and Copy-Reliant Technology*, 103 Northwestern University Law Review 1607, 1607–1682 (2009).

[3] 正如保罗·戈尔茨坦和伯恩特·胡根霍尔茨所言,"对于思想和其他文学艺术表达的基石,每一个成熟的版权体系都避免对其进行保护"。See Paul Goldstein & Bernt Hugenholtz, *International Copyright: Principles, Law, and Practice*, Oxford University Press, 2013, p.220.

[4] 美国与欧盟的相关案例,参见 Baker v. Selden, 101 U.S. 99 (1879); C-406/10 SAS Inst., Inc. v. World Programming, Ltd., ECLI:EU:C:2012:259 [2012] at 30–31。

训练,符合各国著作权的一般规定与基本原理,也将有利于解决本章所提到的数据大规模汇聚问题。

生成式人工智能对数据的利用更为复杂,因为其对著作权作品数据的利用常常既涉及事实,也涉及表达,其生成作品有可能对原作品形成替代。但整体而言,生成式人工智能对著作权作品数据的利用也应被视为合理使用。从法理上来看,这一方案更符合著作权的基本原理。从著作权所包含的人格性权益来看,生成式人工智能对著作权作品的利用,是利用海量数据进行训练,并不会侵犯特定作者的人格权。从激励机制来看,生成式人工智能所创造的作品也不会对特定作品形成替代,不会减少作者的创造性表达。大量的用户生成内容都是用户的主动创造,其创造并非特定激励机制下的产物。至于生成式人工智能可能替代大量绘画从业者,这一问题也不应通过著作权来解决。在技术进步的时代洪流中,职业的变迁是不可避免的现象,而且也可能催生更有创造力的艺术工作。就像摄影技术的发明替代了传统的人像绘画师,但并未替代具有创造力的各类画家。生成式人工智能可能产出大量普通用户可以完成的作品,但这一现象也会促进互联网用户发展更具有个性特征、更具有创作力的作品。

当然,无论是哪种类型的人工智能,其对数据的收集与利用都不能破坏有效协议或技术措施。在实践中,著作权人或数据库持有者常常利用用户协议、机器人协议等方式进行自我保护。当相关协议具有法律效力,就应当为此类自我保护措施提供救济。此外,著作权人或数据库持有者也可以利用侵权法提起诉讼或权利主张,当人工智能对数据的利用具有过错并产生具体损害时,法律应当为相关行为提供侵权法救济。但无论是合同法保护还是侵权法保护,其对著作权或数据库的保护都应当以责任规则为基础,都不应将著作权作品或数据库作品视为排他性的财产性权利。[1] 当非生成式人工智能对这类数据进行利用,或者生成式

---

〔1〕 关于财产规则与责任规则的区别,参见 Guido Calabresi & A. Douglas Melamed, *Property Rules, Liability Rules, and Inalienability: One View of the Cathedral*, 85 Harvard Law Review 1089, 1089 – 1128 (1972)。

人工智能对其进行利用后的产出作品并不损害作品或数据库权益时,[1]此类利用都应属于合法利用。

人工智能在对著作权作品进行宽泛合理使用的同时,也应承担与此相应的更多责任。首先,人工智能应承担社会责任,避免数据与算法歧视、价值观等方面的风险与侵害。[2]例如,人脸识别技术不能对某些特定种族的人群形成歧视,自动驾驶不能将风险不公平地转移给某类群体,生成式人工智能应当避免出现色情、仇恨言论。对于此类风险,我国与欧盟都进行了类似规定,例如我国《生成式人工智能服务管理暂行办法》规定:"提供和使用生成式人工智能服务,应当遵守法律、行政法规,尊重社会公德和伦理道德,遵守以下规定:(一)坚持社会主义核心价值观……(二)在算法设计、训练数据选择、模型生成和优化、提供服务等过程中,采取有效措施防止产生民族、信仰、国别、地域、性别、年龄、职业、健康等歧视……"[3]

其次,人工智能企业应对具有实质相似性的生成作品承担侵权责任。上文提到生成式人工智能企业对著作权作品的利用应当被视为合理利用,但这种合理利用不应被理解为完全免责。毕竟,有的生成式人工智能对著作权作品的利用不仅仅是提取其事实性知识,而且提取其表达。[4]更有甚者,其可能以人工智能的名义对原始作品进行简单剪切和拼接。对人工智能施加此类责任,既有利于合理保护作品原创者的利益,防止其作品被类似作品替代,也有利于激励人工智能企业的发展。如果人工智能对著作权作品的利用不是获取其事实性知识,或者没有在

---

〔1〕 当然,著作权作品如果发生大规模泄露,可能会让这类作品出现"容易被盗版"(exposure-to-piracy)的风险,但这类损害一般不被法院认可,参见 Authors Guild v. Google, Inc. ,804 F. 3d 202 ,227 (2d Cir. 2015)。

〔2〕 参见李成:《人工智能歧视的法律治理》,载《中国法学》2021 年第 2 期;郑智航、徐昭曦:《大数据时代算法歧视的法律规制与司法审查——以美国法律实践为例》,载《比较法研究》2019 年第 4 期。

〔3〕 参见《生成式人工智能服务管理暂行办法》第 4 条。

〔4〕 最新案例为盖蒂图片社起诉 Stability AI,盖蒂图片社认为 Stability AI 对相关图片的利用不仅用于文本学习,而且构成了风格上的侵权。See Blake Brittain, *Getty Images lawsuit says Stability AI misused photos to train AI*, Reuters (Feb. 7, 2023), https://www.reuters.com/legal/getty-images-lawsuit-says-stability-ai-misused-photos-train-ai-2023-02-06/。

原有基础上进行创造性利用,那么人工智能就可能成为规避著作权保护的工具,助长抄袭与剽窃之风。

最后,应避免对各类生成类作品赋予著作权。对于人工智能生成作品的著作权问题,目前国外实务与国外理论界的主流意见是反对赋予人工智能作品以著作权,但也有部分国家和地区规定,人工智能的设计者可以拥有著作权。[1] 在学术研究领域,国外也有部分学者认为应当赋予人工智能企业以著作权。[2] 但这类看法与本章的基本原理存在冲突,将人工智能生成作品的著作权赋予人工智能企业,这与人工智能企业获得大量著作权作品进行训练与利用的权利并不匹配。而且,对生成式人工智能的作品进行著作权确权,也会造成大量的作品无法被重新利用的难题。更为合理的制度设计是,将这类作品视为公共领域的作品,允许公众与企业对其进行一般利用。人工智能企业可以推出用户付费版本,通过用户协议来获得报酬,但无权在其生成作品上设定著作权。

从比较法的经验来看,也可以得出上述结论。总体而言,美国对著作权作品的合理使用范围较宽。美国对合理使用的判断依据"四要素"标准,通过多年的司法实践,[3] 法院逐渐"将机器阅读排除在著作权法之外"。[4] 非生成式人工智能对著作权作品的利用,在美国应当会被视为合理使用。此外,自从皮埃尔·莱瓦尔(Pierre Leval)法官发表《迈向

---

〔1〕 例如在英国,其《著作权、设计与专利法案》规定,计算机生成作品的版权归"创作作品所需安排的人",参见 Copyright, Designs and Patents Act, 1988, c. 48, § 9(3) (U.K.)。

〔2〕 See Colin R. Davis, *An Evolutionary Step in Intellectual Property Rights— Artificial Intelligence and Intellectual Property*, 27 Computer Law & Security Review 601, 601 – 619 (2011); Annemarie Bridy, *Coding Creativity: Copyright and the Artificially Intelligent Author*, 5 Stanford Technology Law Review 1, 1 – 28 (2012); Ryan Abbott, *I Think, Therefore I Invent: Creative Computers and the Future of Patent Law*, 57 Boston College Law Review 1079, 1079 – 1126 (2016).

〔3〕 在 1992 年的 Sega Enterprises Ltd. v. Accolade, Inc 案中,美国联邦第九上诉法院允许企业在反向工程中复制软件,将"基于非挪用目的"的机器阅读纳入合理使用范围。其后在 2002 年的 Kelly v. Arriba Soft Corp 案中,美国法院又将搜索引擎复制原图并以"缩略图"(thumbnails)的方式显示视为合理使用。See Sega Enterprises Ltd. v. Accolade, Inc. , 977 F. 2d 1510 (9th Cir. 1992); Kelly v. Arriba Soft Corp. , 280 F. 3d 934 (9th Cir. 2002).

〔4〕 See James Grimmelmann, *Copyright for Literate Robots*, 101 Iowa Law Review 657, 657 – 682 (2016).

合理使用准则》一文以来,使用目的成了美国司法裁判的压倒性标准。[1] 对著作权作品的利用是否属于合理使用,主要取决于是否对作品进行转换性利用(transformative use),即是否"添加了新的东西,具有进一步的目的或不同的特征,以新的表达、意义或信息改变了原来的内容"。[2] 在这种标准之下,生成式人工智能所生成的作品,很可能会在美国被认定属于合理使用。[3] 至于美国知识产权学术界,则大多主张将人工智能利用数据视为合理利用,例如莱姆利(Lemley)教授认为,人工智能对著作权作品的利用是一种"合理学习"(fair learning),著作权不应保护以学习为目的的版权利用。[4]

相较之下,欧盟虽然整体也为生成式人工智能的著作权利用提供可能,但整体更为谨慎。欧盟2019年的《数字单一市场指令》为人工智能利用数据提供了合理使用的依据。[5] 该指令第3条规定,研究机构和文化组织为了"文本和数据挖掘"而复制著作权作品,应当为法律所允许。第4条进一步规定,任何机构都应当有此种复制权利,但当著作权所有者明确保留其"文本和数据挖掘"权利时,机构就无权进行复制。[6] 上述规定为人工智能利用数据提供了法律依据。

综合法理与比较法,我国也应将人工智能对著作权作品的利用纳入

---

[1] See Pierre N. Leval, *Toward a Fair Use Standard*, 103 Harvard Law Review 1105, 1105 (1990).

[2] 皮埃尔·莱瓦尔法官在1990年发表了经典论文,主张将"转换性利用"作为判断合理使用的关键标准,这一论文极大影响了美国司法,成为美国法院判断合理使用的关键性标准。See Pierre N. Leval, *Toward a Fair Use Standard*, 103 Harvard Law Review 1105, 1105 (1990).

[3] 当然,也存在一定的不确定性,See Rishi Bommasani et al., *On the Opportunities and Risks of Foundation Models*, arXiv(Aug. 16,2021),https://arxiv.org/abs/2108.07258。

[4] See Mark A. Lemley & Bryan Casey, *Fair Learning*, 99 Texas Law Review 743,743-786(2021).

[5] 比起美国著作权法中的合理使用,这一规定仍然较为严格,特别是第4条赋予著作权人选择退出的权利,遭到了不少学者的批判,参见 Thomas Margoni & Martin Kretschmer, *A Deeper Look into the EU Text and Data Mining Exceptions: Harmonisation, Data Ownership, and the Future of Technology*, 71 GRUR International 685,685-701(2022)。

[6] Directive(EU) 2019/790 of the European Parliament and of the Council of 17 April 2019 on copyright and related rights in the Digital Single Market and amending Directives 96/9/EC and 2001/29/EC(Text with EEA relevance)[2019] OJ L130/92(CDSM).

合理使用范围。[1] 我国《著作权法》虽然并未明确制定类似《数字单一市场指令》第3条和第4条的例外规则,但第24条规定在"法律、行政法规规定的其他情形"中,在"不得影响该作品的正常使用,也不得不合理地损害著作权人的合法权益"的前提下,"可以不经著作权人许可,不向其支付报酬"。

(三) 企业数据权利

就企业数据权利保护和数据互联而言,应首先避免对网络公开数据进行绝对化与排他性的确权。[2] 随着数据价值的凸显,数据的利益分配成为各方关注的焦点,有声音呼吁通过企业数据权利保护实现此类分配。但正如本书前文所述,企业数据权利保护应当注重数据的不同类型与场景,不宜对所有有价值的数据都进行绝对化的财产权保护。法律可以对符合著作权、专利条件的数据进行知识产权保护,也可以对采取保密措施、有价值的商业数据进行保护,但不应对不符合前述条件的网络公开数据进行排他性确权保护。过去几十年来,正是网络公共空间的兴起导致了数据的爆发性增长,为人工智能的发展提供了坚实的数据基础。[3] 如果此类数据成为排他性的财产,则无论此类数据是私人企业所有还是国家所有,数据都会走向"封建割据",产生人为创造的"数据孤岛"现象。对于网络公开数据,不同企业可以对其自身创造的数据进行自我保护,法律也可以对一些违法或不合理的数据爬虫进行行为主义规制,但此类规制区别于排他性的企业数据权利保护。排他性的企业数据权利保护预设了数据的孤立性,要求数据的获取与互联都必须得到事先许可;而数据的行为主义规制则预设数据的互联,将某些行为排除在外。

其次,法律应适度减轻企业在各类数据爬虫中的责任,要利用各类合理的爬虫机制打通不同企业之间的数据壁垒。从动产或不动产的角

---

[1] 参见吴汉东:《人工智能生成作品的著作权法之问》,载《中外法学》2020年第3期。

[2] 参见高富平:《数据流通理论 数据资源权利配置的基础》,载《中外法学》2019年第6期;梅夏英:《企业数据权益原论:从财产到控制》,载《中外法学》2021年第5期。

[3] 参见周汉华:《数据确权的误区》,载《法学研究》2023年第2期。

度来看,数据爬虫常常被想象为盗用,甚至从知识产权的角度,数据爬虫也很容易被类比为侵权或不正当竞争。[1] 但数据爬虫本身具有技术上的中立性。[2] 对于不受知识产权保护的数据,数据爬虫具有促进互联的重要作用。尤其在数据企业纷纷设置壁垒、互相防范的情形下,数据爬虫可以成为不同企业数据融合的桥梁。为此,对合理的数据爬虫不应施加过多限制。对于造成宕机等后果的数据爬虫,法律也应更多依赖侵权责任法加以应对,慎用刑事措施。从比较法看,不少国家和地区也经历了此种转变。例如,美国的《计算机欺诈和滥用法案》将未获许可的爬虫都视为犯罪行为,将其类比为线下的侵入行为。但法院逐渐意识到,《计算机欺诈和滥用法案》是一部前互联网时代的法律,在互联网时代,对其进行适用应当符合互联网的特征。在实践中,美国的各级法院逐渐将很多数据爬虫去罪化。[3] 在学术研究和讨论中,很多学者也指出,应当将数据爬虫类比为进入对公众开放的商店,其合法性应当按照此类空间中的社会规范决定,而非将其类比为侵犯私人财产。[4]

最后,法律应通过行业自律等方式,在允许互联网企业自治的同时推动企业之间的互联互通。一方面,互联网企业的自治与互联各有利弊。虽然互联网具有公共性,但允许互联网企业进行合理自治,特别是

---

〔1〕 See Maureen O'Rourke, *Property Rights and Competition on the Internet*: *In Search of an Appropriate Analogy*, 16 Berkeley Technology Law Journal 561, 561 – 630 (2001).

〔2〕 See Cyrus Y. Chung, *The Computer Fraud and Abuse Act*: *How Computer Science Can Help with the Problem of Overbreadth*, 24 Harvard Journal of Law & Technology 233, 233 – 256 (2010); Patricia L. Bellia, *A Code-Based Approach to Unauthorized Access Under the Computer Fraud and Abuse Act*, 84 George Washington Law Review 1442, 1442 – 1476 (2016); Michael J. Madison, *Authority and Authors and Codes*, 84 George Washington Law Review 1442, 1442 – 1476 (2016).

〔3〕 See Jonathan Mayer, *The "Narrow" Interpretation of the Computer Fraud and Abuse Act*: *A User Guide for Applying United States v. Nosal*, 84 George Washington Law Review 1644, 1644 – 1671 (2016).

〔4〕 代表性研究,参见 Orin Kerr, *Vagueness Challenges to the Computer Fraud and Abuse Act*, 94 Minnesota Law Review 1561, 1561 – 1587 (2010); Niva Elkin-Koren, *Let the Crawlers Crawl*: *On Virtual Gatekeepers and the Right to Exclude Indexing*, 49 Journal of the Copyright Society of the U. S. A. 165, 165 – 194 (2001); Christine G. Davik, *Access Denied*: *Improper Use of the Computer Fraud and Abuse Act to Control Information on Publicly Accessible Internet Websites*, 63 Maryland Law Review 320, 320 – 368 (2004); Jeffrey K. Hirschey, *Symbiotic Relationships*: *Pragmatic Acceptance of Data Scraping*, 29 Berkeley Technology Law Journal 897, 897 – 928 (2014)。

对自身生态系统进行半封闭性管理,有利于打造多样性的互联网生态。例如在科技与操作系统行业,苹果系统采取半封闭的生态系统,使苹果系统在开放性方面逊色于安卓系统,但在安全性稳定性方面却胜过安卓系统。互联网的自治与互联亦是如此,要求互联网企业完全开放,可能对企业的合理生态管理造成威胁。另一方面,在互联网企业各设栅栏围墙的背景下,互联网面临集体行动失败的难题,应积极推动数据互联与数据融合。尤其是在人工智能发展的背景下,企业呈现前所未有的数据融合需求,更应鼓励企业主动挖掘数据互联融合的价值,加快促进数据互联与数据融合。例如,近期作为美国人工智能训练数据来源之一的Reddit宣布将有偿提供网站数据以供人工智能预训练等。[1] 这一数据共享方式既能够为人工智能相关企业的数据获取降低风险并提供便利,也为互联网内容企业的估值和变现途径难题提供了全新的解决路径。利用法律与行业自律的方式助推数据互联,打破互联网企业之间的囚徒困境,可以为人工智能发展提供亟须的数据源,也有助于对数据的充分利用。

四、结语:数据权利的公共领域之维

人工智能所依赖的数据的公共性并非全新的问题,在信息社会之前,这类问题就普遍存在。例如大量集体行动失败的例证表明,理性个体的投票、选举等活动不能产生符合公共利益的结果。在财产权的研究中,也有大量研究表明,对草场、河流、湖泊等自然资源设定排他性权利,可能妨碍对此类资源的公共性利用,形成"反公地悲剧"(tragedy of anticommons)。[2] 对数据的利用问题可谓人工智能时代的公共性难题,解决此类难题的关键在于,如何在保护个体或企业合法权益的同时,实现数据的聚合与互联。

现有数据法律制度的问题在于过度依赖财产性或排他性赋权。例如,个人信息保护制度高度依赖个人控制论或个人信息自决论,著作权上的人格性权益与财产性权益也具有较高的排他性,互联网企业也对其数

---

[1] See Mike Isaac, *Reddit Wants to Get Paid for Helping to Teach Big A. I. Systems*, The New York Times, https://carmona.mx/2023/04/18/reddit-wants-to-get-paid-for-helping-to-teach-big-a-i-systems-by-by-mike-isaac/.

[2] See Michael Heller, *The Tragedy of the Anticommons: A Concise Introduction and Lexicon*, 76 Modern Law Review 6,6-25(2013).

据主张排他性控制的权利。在人工智能时代之前,这些制度就已经受到不少批判。如同前文所述,不少研究指出过度依赖赋权不仅妨碍对数据的合理利用,而且也无法真正保护权利主体。人工智能的发展进一步凸显了上述问题,缺乏了数据的汇聚互联,人工智能发展将面临无源之水的困境。

  无疑,数据的汇聚互联会带来很多风险,而且也会造成权益分配不公的问题,就像水库必然会对下游形成泄洪风险,从而独占水资源收益。但就因此而对上游水流或水滴进行赋权,试图通过赋权来实现风险自负与权益分配,并非此类问题的解决之道。更为恰当的方法是要求水库承担更为严格的安全保障义务,同时要求水库承担更多社会责任。人工智能促进型的数据法律制度更应如此,因为不同于水资源,数据资源具有可再生、可重复利用、复制成本极低等特征,其汇聚并不会减少或直接减少数据的价值。[1] 为了促进人工智能的发展,发挥数据汇聚互联的公共性价值,数据法律制度的重心应当从前端赋权转向合理利用与后端责任。[2] 就像合理建造的水库与责任分配将最终有利于每一个人,数据法律制度的这一重构将不仅有利于人工智能的发展,而且最终也将为各类权利主体提供更多福利。

---

〔1〕 参见王利明:《论数据权益:以"权利束"为视角》,载《政治与法律》2022 年第 7 期。
〔2〕 参见丁晓东:《数据公平利用的法理反思与制度重构》,载《法学研究》2023 年第 2 期。

第九章 人工智能决策的算法解释权难题：重构信任

第八章对促进人工智能输入端的相关数据权利进行分析，本章聚焦人工智能使用中的相关权利。人工智能时代，基于个人信息的算法自动化决策越来越普遍。例如在网约车的场景下，算法可以为乘客派送不同的司机，设置不同的线路；在资讯分发的场景下，算法可以为不同用户推荐不同的视频、新闻与广告；在搜索场景下，搜索算法可以为每个用户呈现不同的搜索结果；在电商场景下，算法可以结合用户的购买、搜索、浏览等记录，为用户推荐符合其偏好的商品。算法自动化决策在给个人带来便捷服务的同时，其黑箱属性和可解释性也引起了社会的普遍关注。[1] 当乘客利用网约车打车时，乘客可能希望知晓，算法为何给其派送了较远的车辆，给其他乘客派送了较近的车辆。当外卖骑手被困算法系统，不断被压缩送餐时间时，外卖骑手可能希望了解，算法如何对其进行考核。[2] 当货车司机因为防止疲劳驾驶的自动记录仪掉线而被罚款时，货车司机可能希望了解，此类自动化决策仪器的算法如何设置。[3] 当人们驾驶自动驾驶车辆遭遇刹车失灵时，车主可能希望了解，车辆所遭遇的问题是因为车辆的问题还是因为自身的问题。[4]

为了应对与个人信息相关的算法黑箱问题，各国都在其个人信息保

---

[1] 参见张文显：《构建智能社会的法律秩序》，载《东方法学》2020年第5期。
[2] 参见赖祐萱：《外卖骑手，困在系统里》，载《人物》2020年第8期。
[3] 参见刘娜、刘丽丽：《"北斗掉线"司机自杀背后：北斗概念正被滥用 无正常数据就会罚》，载新浪网，http://finance.sina.com.cn/tech/2021-04-09/doc-ikmyaawa8632222.shtml。
[4] 参见《〈人民日报〉评论：尊重消费者，特斯拉该补上这一课》，载新浪网，http://finance.sina.com.cn/tech/2021-04-23/doc-ikmxzfmk8434426.shtml。

护法或个人数据保护法中规定了相关的算法解释权条款[1]。例如,我国《个人信息保护法》在第24条等条款对拒绝自动化决策的权利与解释说明的权利进行了规定[2],国家互联网信息办公室制定的《互联网信息服务算法推荐管理规定》第12条规定,算法推荐服务提供者应保证和优化算法决策规则的透明度和可解释性;欧盟《一般数据保护条例》也在若干条款中对算法解释权进行了规定。但是,人们在算法解释权的内容、程度、时间、方式等制度问题上仍然存在很大分歧。就内容而言,算法解释权应被视为一般性的算法解释主张,还是应被视为拒绝自动化决策等限定权利主张?就程度而言,个体可否要求自动化决策者对算法进行系统性解释,还是可以要求有更为具体的个案解释?就时间而言,个体是否可以要求自动化决策者在算法决策前进行算法解释,还是只能要求算法决策的事后解释?就方式而言,当个人提起算法解释,自动化决策者是否必须对个体提供人工解释,还是也可以提供机器解释?[3]

本章借鉴信任与沟通机制理论,对算法解释权进行新的反思,并在此基础上进行制度重构。具体而言,本章认为算法解释权不应建立在算法个体控制的基础之上。因为算法的复杂性、不确定性以及场景多元

---

[1] 为了讨论需要,本章采用广义上的算法解释权界定。所谓广义上的算法解释权,指的是法律赋予个体的与算法决策相关的各类权利。例如,拒绝纯自动化决策的权利,本章也将其视为算法解释权加以讨论。狭义的算法解释权指的是,个人有权对任何算法决策主张解释权。相关讨论,可参见 Sandra Wachter, Brent Mittelstadt & Luciano Floridi, *Why a Right to Explanation of Automated Decision-Making Does Not Exist in the General Data Protection Regulation*, 7 International Data Privacy Law 20, 20−21 (2017)。

[2] 其他法律法规也对算法解释权或脱离自动化决策权进行了一些规定,但这些规定也可以被视为个人信息保护在其他法律中的体现。例如,《电子商务法》第18条规定,电子商务经营者根据消费者的兴趣爱好、消费习惯等特征向其提供商品或者服务的搜索结果的,应当同时向该消费者提供不针对其个人特征的选项。

[3] See Andrew D. Selbst & Solon Barocas, *The Intuitive Appeal of Explainable Machines*, 87 Fordham Law Review 1085, 1118−1126 (2018); Bryan Casey, Ashkon Farhangi & Roland Vogl, *Rethinking Explainable Machines: the GDPR's "Right to Explanation" Debate and the Rise of Algorithmic Audits in Enterprise*, 34 Berkeley Technology Law Journal 143, 145 (2019); Maja Brkan, *Do Algorithms Rule the World? Algorithmic Decision-Making in the Framework of the GDPR and Beyond*, 27 International Journal of Law and Information Technology 91, 91−93 (2019). 吕炳斌:《论个人信息处理者的算法说明义务》,载《现代法学》2021年第4期;张凌寒:《商业自动化决策的算法解释权研究》,载《法律科学(西北政法大学学报)》2018年第3期;张欣:《算法解释权与算法治理路径研究》,载《中外法学》2019年第6期;解正山:《算法决策规制——以算法"解释权"为中心》,载《现代法学》2020年第1期。

性,强化个体算法控制面临种种挑战。作为替代,应以信任机制重构自动化决策中的算法解释权,将算法解释权视为一种信任沟通机制。从信任沟通机制出发,算法解释权的性质应被视为一种相对性与程序性权利,而非绝对性和实体性权利。在制度层面,可以根据算法自动化决策所位于的行业领域、市场化程度、个案影响、企业能力而对算法解释权的内容、程度、时间和方式作不同要求。[1]

一、算法解释权的不同解释及其争议

目前各国都在其个人信息或个人数据保护法中引入了算法决策的相关条款,但由于与算法相关的权利相对新颖,而且各国的法律规定都比较概括抽象,对这些条款往往可以作不同解读。在学术研究中,研究者也对算法解释权的权利内容、程度、要求、时间要求与方式要求给出了不同的法律解释。不同的算法解释权意味着个人可以主张行使的权利不同,个人信息处理者应当承担的义务不同。本部分结合各国对算法解释权的立法与学术研究,分析算法解释权在法律解释层面的争议。

(一)一般主张与限定主张

在权利内容方面,算法解释权一方面可以被解释为一般性权利主张,即此种权利赋予了个体在所有情形下针对所有自动化决策者的算法解释权利。以我国《个人信息保护法》为例,《个人信息保护法》第24条是对自动化决策进行规定的专门条款,其第1款规定,"个人信息处理者利用个人信息进行自动化决策,应当保证决策的透明度和结果公平、公正",其第3款规定,"通过自动化决策方式作出对个人权益有重大影响的决定,个人有权要求个人信息处理者予以说明"。此外,该法第7条规定,"处理个人信息应当遵循公开、透明原则,公开个人信息处理规则,明示处理的目的、方式和范围"。第44条规定,"个人对其个人信息的处理享有知情权、决定权,有权限制或者拒绝他人对其个人信息进行处理"。综合这些条款,可以从中推导出一种基于透明性主张的算法解释权,个人可以对所有算法决策者提出算法解释与说明的主张,并且可以

---

[1] 算法规制的场景化进路,可参见丁晓东:《论算法的法律规制》,载《中国社会科学》2020年第12期。

在信息处理者拒绝的情形下提起诉讼请求。[1]

另一方面,《个人信息保护法》又可以被理解为限定性的权利性主张,包括特定条件下的说明解释权与拒绝自动化处理的权利,但不包括一般情形下的算法解释权。在这种观点看来,《个人信息保护法》第 24 条第 1 款仅一般性地规定了自动化决策的透明性要求,第 7 条和第 44 条则更是关于个人信息处理的一般性规定。而第 24 条第 2 款、第 3 款则明确对算法解释权进行了限定,这两款规定,"通过自动化决策方式向个人进行信息推送、商业营销,应当同时提供不针对其个人特征的选项,或者向个人提供便捷的拒绝方式""通过自动化决策方式作出对个人权益有重大影响的决定,个人有权要求个人信息处理者予以说明,并有权拒绝个人信息处理者仅通过自动化决策的方式作出决定"。这两款将算法解释权限定为信息推送与商业营销场景下拒绝算法决策的权利,以及个人收益受到重大影响前提下得到说明与拒绝算法决策的权利。[2]

欧盟《一般数据保护条例》与其具有一定的相似性。一方面,《一般数据保护条例》在其第 2 章第 2 部分"信息与对个人数据的访问"中,在多个条文中对算法透明进行了规定:当数据控制者"收集数据主体个人数据时"(第 13 条)、"当个人数据还没有从数据主体那里收集"(第 14 条)以及当数据主体的"数据正在被处理时",数据主体有权知晓"存在自动化的决策"(第 15 条),包括"用户画像,和在此类情形下,对于相关逻辑、包括此类处理对于数据主体的预期后果的有效信息"。此外,《一般数据保护条例》还规定,对于所有个人数据权利,"控制者应当以一种简洁、透明、易懂和容易获取的形式,以清晰和平白的语言来提供"。(第 12 条)。有关研究认为,从这些条款中可以推导出一种一般性的算法解释权,因为离开了算法解释权,用户的知情权就不能保证,也不可能获取"对于数据主体的预期后果的有效信息"。[3]

---

[1] 《个人信息保护法》第 50 条第 2 款规定:"个人信息处理者拒绝个人行使权利的请求的,个人可以依法向人民法院提起诉讼。"

[2] 参见贾章范:《论算法解释权不是一项法律权利——兼评〈个人信息保护法(草案)〉第二十五条》,载《电子知识产权》2020 年第 12 期。

[3] See Gianclaudio Malgieri & Giovanni Comandé, *Why a Right to Legibility of Automated Decision-Making Exists in the General Data Protection Regulation*, 7 International Data Privacy Law 243, 243–246 (2017).

另一方面,欧盟《一般数据保护条例》中的算法解释权也可以被视为一种限定性权利。按照这种观点,《一般数据保护条例》第 12～15 条的相关规定只是对透明性的要求,而第 21 条与第 22 条对算法的专门性规定只赋予了个体有限的权利。[1] 其中第 21 条规定了数据主体在用户画像与营销中使用算法的反对权:"因为直接营销目的而处理个人数据,数据主体有权随时反对为了此类营销而处理相关个人数据,包括反对和此类直接营销相关的用户画像。若数据主体反对为了直接营销目的而处理,将不能为了此类目的而处理个人数据。"第 22 条规定了限定情形下对基于自动化的个人决策和用户画像的反对权,数据主体有权反对"完全依靠自动化处理——包括用户画像——对数据主体作出具有法律影响或类似严重影响的决策"。

算法解释权的一般性主张与限定性主张之间的区别并不仅仅是概念性的,前者为个人赋予了更宽泛的权利主张,其适用对象更广,而且对算法决策者施加了更多责任。如在一般娱乐资讯的个性化推荐机制下,按前者理解,个体可以要求企业对其自动化决策算法进行解释,但按后者理解,个体仅具有拒绝的自动化决策或关闭个性化推荐的权利,对没有给人造成严重影响的算法决策,个人无权主张一般性的算法解释权。

(二) 系统解释与个案解释

对算法解释权的程度要求也可以作两种理解。一种理解是,个人可以要求自动化决策者对算法的系统功能进行解释,即要求自动化决策者解释"自动决策系统的逻辑、意义、预期后果和一般功能,如系统的需求规范、决策树、预定义模型、标准和分类结构"。另一种理解是,个人可以要求对个案决策进行解释,即要求自动化决策者解释"算法决策的基本原理、原因,以及限定自动决策的个别情况,如特征权重、机器定义的案例限定决策规则、有关引用或配置文件组的信息"[2]。两种解释对个人赋予不同的信息权利,对自动化决策者施加不同的责任。以网约车场

---

[1] 参见唐林垚:《"脱离算法自动化决策权"的虚幻承诺》,载《东方法学》2020 年第 6 期。

[2] See Sandra Wachter, Brent Mittelstadt & Luciano Floridi, *Why a Right to Explanation of Automated Decision-Making Does Not Exist in the General Data Protection Regulation*, 7 International Data Privacy Law 76,78 (2017).

景为例,按照前一种理解,乘客有权知晓网约车公司利用算法进行派车的一般机制,网约车公司需要为个体提供其算法决策规则的一般性解释。而按照后一种理解,乘客可以要求网约车就某次车辆派送进行个案性解释,网约车公司不但需要解释其算法决策的一般性规则,而且需要向某位乘客解释,为何给其派送某种类型的车辆,为何其等待的时间较长,为何给其设置了某条行车路线。[1]

从法条解释来看,以上两种程度要求都可以在我国的《个人信息保护法》中找到依据。一方面,《个人信息保护法》中的算法解释权可以被视为一种系统性解释要求。《个人信息保护法》第48条规定,个人有权要求"对其个人信息处理规则进行解释说明"。这意味着,自动化决策者仅仅需要对其算法规则进行解释,而不需要对具体的决策机制进行说明。另一方面,我国《个人信息保护法》中的算法解释权可以被视为一种个案性解释。《个人信息保护法》第24条规定,"应当保证决策的透明度和结果公平、公正""通过自动化决策方式作出对个人权益有重大影响的决定,个人有权要求个人信息处理者予以说明",这一规定似乎不仅仅针对一般性的规则,而且还包括对个案的算法决策进行说明。

对欧盟的《一般数据保护条例》也可以作两种解释。一方面,《一般数据保护条例》可以被视为赋予了个体以系统解释权:第13~15条赋予了个人对于"存在自动化决策"的一般知情权。另一方面,第22条第3款规定"数据控制者应当采取适当措施保障数据主体的权利、自由、正当利益,以及数据主体对控制者进行人工干涉,以便表达其观点和对决策进行异议的基本权利",这一规定又明确赋予了个体介入具体算法决策的权利。也因此,《一般数据保护条例》也可以被视为赋予了个体获得个案性解释的权利。

(三)事前解释与事后解释

就解释的时间要求而言,算法解释权既可以被视为要求自动化决策者进行算法决策前的解释,也可以被视为要求自动化决策者进行算法决策后的解释。根据事前解释的要求,无论是网约车乘客还是各类资讯、广

---

[1] 参见张恩典:《大数据时代的算法解释权:背景、逻辑与构造》,载《法学论坛》2019年第4期。

告、新闻平台的用户，都可以要求自动化决策者在算法决策前就公布其算法规则。而根据事后解释，则个体只能在算法决策作出之后提出请求。

对于算法解释权的时间要求，我国《个人信息保护法》并未对其进行明确规定。《个人信息保护法》第 24 条与第 48 条、第 50 条中对透明性的一般性要求，既可以被解读为要求自动化决策者进行事前解释，也可以被解读为要求自动化决策者进行事后解释，或者同时包含两者。另外，《个人信息保护法》有的条款更偏向于事前解释或事后解释。如第 24 条的规定更偏重决策本身的公平公正与个人在事后决策中的知情权。而第 55 条规定，利用个人信息进行自动化决策，"个人信息处理者应当事前进行个人信息保护影响评估，并对处理情况进行记录"，这一条款明确了风险评估应当属于事前责任。

对欧盟《一般数据保护条例》也可以作两种解释。一方面，欧盟《一般数据保护条例》中的很多条款规定了收集与处理个人信息前的告知性权利，这些条款明确赋予了个体以事前解释的权利。另一方面，欧盟《一般数据保护条例》第 22 条规定的拒绝自动化处理的权利，在一定程度上赋予了个体以事后解释的权利。对《一般数据保护条例》第 22 条进行解释的"重述"第 71 条明确提到：个体拥有"获得对评估后作出的决定的解释，和对决定提出疑问的权利"。"重述"虽然没有法律效力，但在一定程度上代表了欧盟对于《一般数据保护条例》进行解读的官方立场。[1]

（四）机器解释与人工解释

就解释方法而言，一方面，算法解释权可以被认为要求进行人工解释，即当个人提出算法解释权的主张时，自动化决策者应当通过人工服务的方式解释算法的运行机制。另一方面，也可以认为纯粹机器解释也符合算法解释权的要求。在当前很多互联网公司提供的客户咨询中，都采取了机器解释的方式，即通过自动化或非人工的方式为顾客解答疑虑。

---

[1] 《一般数据保护条例》由正式法律条款与"重述"两部分组成。其中法律条款具有直接的法律效力，而"重述"则不具备直接法律效力，但为法律条款提供附加信息以及具体场景。欧洲数据保护委员会（前身为第 29 条工作组）也依赖"重述"对法律条款进行解释。此外，欧洲正义法院也经常参考"重述"，以决定《一般数据保护条例》的含义和适用。

目前,各国的个人信息保护法并未对解释方法作出明确规定。一方面,相关法条似乎蕴含了人工解释的要求。例如,我国《个人信息保护法》第 24 条规定的个人有权拒绝"仅通过自动化决策的方式作出决定"和"有权要求个人信息处理者予以说明",以及第 48 条规定的个人有权"对其个人信息处理规则进行解释说明",都隐含了人工解释的要求。此外第 50 条规定的"申请受理和处理机制",也隐含了人工介入和人工解释的要求。另一方面,相关条款也可以被理解为需要人工介入,但未必需要最终以人工方式向个人进行解释。例如,银行或征信企业可以建立人工审核机制,对提出异议或拒绝算法自动化决策的用户进行人工复核,但此类复核结果却可能被录入计算机系统,并以自动化回复的方式与用户沟通。

对欧盟的《一般数据保护条例》和相关规定也可以解读出机器解释与人工解释两种不同要求。一方面,《一般数据保护条例》在第 21 条和第 22 条中规定的反对用户画像与完全自动化处理的权利,在一定程度上提出了人工介入的强制性要求。如果相关沟通与解释机制是完全机器化的,则算法解释机制就可能走向其反面,变成了另一种自动化决策。但另一方面,欧盟《一般数据保护条例》并未明确说明,除了需要在设计、运行阶段对自动化决策进行人工介入之外,是否需要在与用户的沟通中也必须采取人工的方式,以及是否至少可以采用机器解释的方式。在欧盟第 29 工作组发布的《个人自动化决策和用户画像指南》中,第 29 工作组特别提到了使用"视频"等方式来阐述过去的自动化决策如何做出〔1〕。这说明,欧盟立法者与政策制定者心目中的算法解释至少包含了机器解释。

二、算法解释权的适用困境及其分析

算法解释权的困境不仅存在于法律解释层面,在法律适用与效果层面,算法解释权也存在困境。无论将算法解释权界定为一般性权利主张还是限定性权利主张,系统性解释还是个案性解释,事前解释还是事后

---

〔1〕 See Article 29 working party, *Guidelines on Automated individual decision-making and Profiling for the purposes of Regulation* 2016/679, European Commission (Aug. 22, 2018), https://ec.europa.eu/newsroom/article29/items/612053.

解释,人工解释还是机器解释,都存在法律适用的有效性难题。一旦对算法解释权的内容要求、程度要求、时间要求、方式要求作刚性的规则要求,就会带来各类问题。

(一)算法解释权的权利内容

就权利内容而言,将算法解释权界定为一般性权利主张,首先可能面临知情同意原则带来的问题。以"知情—同意"模式保护个人信息相关权益,本身就面临着很多困境,可能同时引起个人信息权益的保护不足与过度保护的问题。对此,中外文已有海量文献进行论述。例如有学者指出,对于信息处理者的告知,个人一般没有兴趣、时间、专业能力进行阅读。[1] 即使个体了解相关的告知,个体也往往因为认知偏差而过高估计有的风险或过低判断有的风险。[2] 还有学者指出,在个人信息收集与处理中,个人信息往往涉及多个不同主体,其风险往往具有累积性效应(aggregating effect)。[3] 因此,个人可能未必能通过"知情—同意"的方式来维护自身权益,个人既可能很容易就同意对信息的收集与处理,从而未能有效保护自身权益,也可能高估或者误判对某些信息收集与处理行为,拒绝本来可能为个人提供更好服务或利益的相关活动。

在涉及算法的自动化决策中,上述问题更为明显。相比个人信息的收集与非自动化决策的信息处理,涉及算法的规则往往更为复杂。算法往往由很多程序员共同完成,非常复杂,每个程序员可能仅仅负责其中一部分,很少有人能够完整地解释算法的所有细节。尤其是在涉及大数据的算法中,由于基于大数据的算法奠基于相关关系而非因果关系之

---

[1] See Lorrie Faith Cranor, *Necessary But Not Sufficient*: *Standardized Mechanisms for Privacy Notice and Choice*, 10 Journal on Telecommunications & High Technology Law 273, 273 – 274 (2012).

[2] See Alessandro Acquisti & Jens Grossklags et al., *What Can Behavioral Economics Teach Us About Privacy?*, in Acquisti A., Vimercati S. C., Gritzalis S. & Lambrinoudakis C. ed., *Digital Privacy*: *Theory*, *Technologies and Practices*, Auerbach Publications, Taylor and Francis Group, 2007.

[3] See Daniel J. Solove, *Introduction*: *Privacy Self-Management and the Consent Dilemma*, 126 Harvard Law Review 1880, 1889 – 1991 (2013).

上,对算法的解释往往难以满足人类因果关系思维的解释。[1] 在机器学习的年代,算法又增加了不确定性的特征。机器学习的特征是,运用海量数据对机器学习算法进行训练,让机器学习算法进行自我调整,以获得更好的性能。[2] 机器学习算法可以随时间的推移而改变处理数据的方式,就像人类可以通过学习改变处理数据的方式一样。因此,如果将绝对透明视为算法解释权的要求,未必现实。就效果而言,也未必能很好地维护个人的相关性权益,并促使企业为个人提供更优服务。[3]

另外,将算法解释权视为一种限定性权利主张,以拒绝算法自动化处理权作为核心,也面临不少困境与挑战。首先,有的场景下对个人反对权的行使并不合理。例如在自动驾驶的场景下,行人主张脱离算法自动化处理,要求自动驾驶汽车避免使用算法,就不现实,因为自动驾驶在遇到行人时,必然需要即时性的算法处理。其次,在原理层面,将反对或脱离算法决策上升为一种权利,也需要进一步论证。很多人可能更愿意采用自动化决策算法,而非人工算法。很多人可能更加担心人工审核带来歧视、腐败与效率低下,[4] 或者出于认知上的惰性,[5] 更愿意选择基于算法的自动化决策,而非人类决策。如果拒绝自动化决策可以作为一种权利,那么反对人类决策和采取自动化决策权是否也应该成为一种权利?

---

[1] 正如舍恩伯格所言,"当我们说人类是通过因果关系了解世界时,我们指的是我们在理解和解释世界各种现象时使用的两种基本方法:一种是通过快速、虚幻的因果关系,还有一种就是通过缓慢、有条不紊的因果关系。大数据会改变这两种基本方法在我们认识世界时所扮演的角色"。参见[英]维克托·迈尔-舍恩伯格、肯尼斯·库克耶:《大数据时代:生活、工作与思维的大变革》,盛杨燕、周涛译,浙江人民出版社2013年版,第197~198页。

[2] See Jenna Burrell, *How the Machine "Thinks": Understanding Opacity in Machine Learning Algorithms*, 3 Big Data & Society 1, 1–12 (2016).

[3] See Mike Ananny & Kate Crawford, *Seeing Without Knowing: Limitations of the Transparency Ideal and Its Application to Algorithmic Accountability*, 20 New Media & Society 973, 973 (2016).

[4] See Anupam Chander, *The Racist Algorithm*, 115 Michigan Law Review 1023, 1044 (2016).

[5] See Linda J. Skitka, *Does Automation Bias Decision-making*, 51 International Journal of Human-Computer Studies, 991, 991 (1999).

（二）算法解释权的解释程度

就算法解释权的解释程度而言，算法的系统性解释除了上文提到的算法复杂性之外，还存在如下几方面的难题。首先，算法的系统性解释面临时时更新的难题。以机器学习为代表的人工智能算法可以从数据中学习，并随着时间的推移而提高其准确性。因此，在机器学习算法中，算法随着时间的演进而变化，而非一成不变。要对这样的算法进行系统性解释，就意味着必须对算法进行实时跟踪，不断进行解释。[1]

其次，算法的系统性解释常常难以引起个人注意，为个人提供有效信息。在自动化决策者进行自动化决策之前对个人的告知中，个人对算法自动化决策系统的逻辑、意义、预期后果和一般功能往往就没有多大兴趣，更不用说去了解和阅读相关告知。而在个人遭遇自动化决策，对算法产生相应疑虑之后，关于算法的一般系统规则解释也未必能打消个人疑虑。特别是当系统解释与个人的算法决策结果相关性不高时，系统解释对于个人就没有太大意义。

最后，算法的系统性解释还面临知识产权与"算计"算法的难题。算法的系统性解释，往往意味着算法决策机制在一定程度上的公开，会对企业的知识产权保护带来一定的挑战。而算法如果完全公开，即向包括社会公众在内的人员公开，则可能导致社会主体钻算法的空子，采取各种方式来"算计"算法的问题。例如 Google 最初采取一种叫作 PageRank 的算法，用于在搜索引擎结果中对网页进行排名。Google 公司曾经向社会公开这种算法，但结果是有的网站利用这一算法而将自己的网站排在 Google 搜索结果的前列。[2] 为了应对这一问题，Google 只能采取其他算法与 PageRank 算法混合，不再使用唯一的某项算法。[3]

相比算法的系统性解释，算法的个案性解释需要解释某个具体算法决策的逻辑，因而更贴近个人诉求。但个案性解释首先面临与系统性解

---

[1] See Fred H. Cate et al, *Machine Learning with Personal Data：Is Data Protection Law Smart Enough to Meet the Challenge?* 7 International Data Privacy Law 1, 1 – 2 (2017).

[2] John Faber, *How to Future-Proof Your Search Ranking*, Chapter Three (Apr. 3, 2018), https://www.chapterthree.com/blog/how-to-future-proof-your-search-ranking.

[3] Danny Sullivan, *Google Uses Rank Brain for Every Search*, *Impacts Rankings of "Lots of Them*", Search Engine Land (Jun. 23, 2016), https://searchengineland.com/google-loves-rankbrain-uses-for-every-search-252526.

释一样的问题,因为个案性解释以系统性解释为前提,个案性解释需要首先解释算法决策系统的一般规则。其次,个案性解释的解释难度更大、成本更高。因为个案性解释除了要掌握算法的系统性运作,还需要掌握针对某个个体决策的具体情况。最后,算法的个案性解释需要多具体?从逻辑上来讲,个案性解释可以无限具体,个人可以无限追问。以个性化推荐算法为例,个人可能希望知道,为何自己收到植发广告?企业可能告诉某个个人,企业并没有设置"掉发""秃头"之类的标签,植发广告是算法的自动化分发。但个人可能会进一步追问,企业是否设置了"头发""中年"等标签,或者要求企业解释,为何其电脑上收到了植发广告,而手机上没有收到?为何对他推送了植发广告,而没有对其他人推送?如果个案解释以个人的彻底满意为标准,个案解释可能会无穷无尽。

(三)算法解释权的时间要求

就算法解释的时间要求而言,事前解释的意义有限。事前解释只能是一般解释。个体往往对告知不太在意或难以理解,而机器学习等算法又可能时时发生变化,在这样的背景下,对算法进行事前解释,无助于个体理解算法和作出理性决策。对个体而言,事前解释最多等同于告知个体"存在自动化算法决策"。这种解释既无法向个体告知演进后的算法规则,也无法针对具体个体的情况,向个体解释针对其个人的具体算法决策如何作出。[1]

同时,事后解释也面临难题。首先,事后解释是在算法决策已经作出之后,自动化决策者无须提前告知个体其运行机制,那么个人对自动化决策与个人信息处理的选择权首先将形同虚设。缺乏知情与了解,个人的选择权与决定权可能成为一种任意行使的情绪性主张,缺乏理性基础。此外,在一些具有风险性的算法决策中,事后解释可能面临更大的问题。因为此类算法决策可能给个体带来重大风险,需要个体采取措施进行积极预防,事后解释显然无法帮助个体理解和防范此类风险。[2]

---

[1] See David Lehr & Paul Ohm, *Playing with the Data: What Legal Scholars Should Learn About Machine Learning*, 51 U. C. Davis Law Review 653, 658–659 (2017).

[2] See Jessica M. Eaglin, *Constructing Recidivism Risk*, 67 Emory Law Journal 59, 67–68 (2017).

其次,事后解释应当以体系性解释为要求,还是应当以个案性解释为要求,也是一个两难问题。在机器学习等算法中,算法可能在经过大数据训练后发生变化,因此算法的事后解释既可以要求自动化决策者对算法进行一般解释,也可以针对决策时的算法系统进行个案解释。如果将事后解释的要求界定为体系性解释,那么企业等算法主体需要对算法的演化进行追踪了解,将决策时的算法告知用户。其好处是企业等算法主体的负担相对合理,但其问题在于,个体对算法决策的困惑可能很难得到消除。而如果将事后解释的要求界定为个案解释,则企业不但需要追踪算法的演化,还需要针对成千上万用户进行个性化的解释。此类解释虽然有利于用户消除疑虑,但也会给企业等算法主体施加不现实的负担。

(四)算法解释权的方式要求

在解释方式的要求上,对机器解释与人工解释也难以作统一要求。一方面,如果将人工解释作为强制性与统一性的要求,这并不现实。这意味着在个人信息的收集、处理、申诉等各个阶段,使用算法的企业都需要单独通知个人,并在个人行使访问权、更正权、删除权、拒绝自动化决策权等权利的时候都设置人工服务。在用户量有限的医疗算法、信贷算法等场景下,医院或大型银行或许可以满足这一要求,因为此类场景更类似于一对一或一对多的服务。但在其他场景下,人工解释会给某些算法主体带来难以承担的压力。有的互联网与科技企业的用户超过数亿,每天存在无数的自动化处理。如果人工解释或服务是强制性要求,那么只要有千分之一的用户提起算法解释请求,企业就将不堪重负。

事实上,即使对算法解释权最为推崇的欧盟,也将很多自动化决策视为符合法定要求的个人信息处理,毋需人工介入或人工解释。例如欧盟第29工作组发布的《个人自动化决策和用户画像指南》认为,如果企业海量的自动化处理是企业所必需的,那么《一般数据保护条例》第6条第1款b项所规定的"为履行合同而必需"可以被视为这一处理的合法性基础。对于《一般数据保护条例》规定的知情权、访问权、更正权以及拒绝自动化决策权,此类处理将不再适用。欧盟第29工作组以招聘中的自动化算法为例,指出如果某企业的工作很受欢迎,收到了数以万计的申请,那么企业可以合法使用纯粹的自动化决策筛选不相关的申请,以确定合适的候选人。[1]

但是如果完全不做要求,允许企业以纯机器解释的方法来进行算法解释,那么算法解释制度设计的初衷就可能大打折扣。在一定程度上,设计算法解释制度就是为了引入人类的解释说明机制,消除个人对算法的疑虑。如果允许用机器解释机器决策,则算法解释机制毋宁说是另一种自动化决策,未必能够消除个人疑虑。特别是当算法对个人的"权益造成重大影响",而个人又对于机器的算法解释感到困惑与质疑,希望有人工解释介入时,企业如果仍然未能提供人工解释的选项,则所谓的算法解释制度将形同虚设。

三、算法解释权的深层法律原理分析

解决算法解释权面临的法律解释争议与法律适用困境,需要回到算法解释权的基本原理。从基本原理来看,现行算法解释权建立在算法个体控制论的基础之上,但这一理论面临种种困境。应当超越算法个体控制论,以沟通信任的基本原理重构算法解释权。从性质上来看,这也意味着算法解释权应当被视为一种程序性权利,而非一种刚性的实体性权利。

(一)算法个体控制论的困境

在原理层面,算法解释权的提出与制定,与个人信息控制权理论密切相关。20 世纪 60 年代,美国学者阿兰·威斯丁(Alan Westin)首先提出了个人对于自身信息控制的权利,以回应传统隐私权在信息技术时代保护个人权益的不足。[2] 此后,这一个人信息控制权或个人信息自决权的理论得到广泛传播,并在制度层面形成了以"公平信息实践"(fair information practice)为基础的个人信息保护制度。各国的个人信息保护制度虽然各有不同,但大多赋予个人以信息访问

---

[1] See Article 29 working party, *Guidelines on Automated individual decision-making and Profiling for the purposes of Regulation* 2016/679, European Commission (Aug. 22, 2018), https://ec.europa.eu/newsroom/article29/items/612053.

[2] Alan Westin, *Privacy and Freedom*, Atheneum, 1967, p. 7.

权、纠正权、删除权等控制性权利,同时要求信息处理者承担一系列责任。算法解释权作为一种新型权利,正是访问权、纠正权、删除权等传统个人信息控制权的进一步拓展。算法解释权期望通过个体对算法的知情、拒绝与控制,最大限度地保护公民在大数据与自动化决策中的权益。[1]

但将算法解释权视为绝对化的控制性权利,存在如下几方面的问题。首先,个人信息控制权本身存在可行性困境。虽然法律在个人信息收集、储存、流转的各个环节都赋予了个体以知情选择权,但个人很难通过告知同意的方式来做出理性判断,以至于这种权利在很大程度上仍然是"停留在纸面上的权利"。[2] 同时,解决这种困境,也无法简单通过强化个人的选择权来完成。为了应对告知同意的失效,有的方案要求信息处理者简化隐私政策,制定简短易懂的隐私政策[3],有的方案要求信息控制者都以"选择加入"[4]等方式获取消费者的同意。但这些改良版的方案却不仅无法解决个人控制的问题,反而可能带来更多问题。

以简化隐私政策为例,简化的隐私政策虽然更具有可读性,但对用户知情权的改善非常有限,[5]而且可能导致遗漏相关信息,从而对消费者造成误导。而用非专业语言对消费者进行告知,虽然可能让个人更容易理解隐私政策,但也同时可能让隐私政策变得更加冗长。毕竟,一个专业术语的解释就可能需要更多的篇幅来进行解释。此外,强化用户都以"选择加入"的方式进行同意,只会让用户疲惫不堪。因为用户每天在网络等场景下需要面对数十甚至成百上千个信息处理者,如果每个信息处理者的每项隐私政策变动都需要以"选择加入"的方式进行单独同

---

[1] See Margot E Kaminski, *The Right to Explanation*, *Explained*, Berkeley Technology Law Journal, Vol. 34:189, p. 190 (2019).

[2] See Kenneth A. Bamberger & Deirdre K. Mulligan, *Privacy on the Books and on the Ground*, 63 Stanford Law Review 247, 247 (2011).

[3] 例如《一般数据保护条例》第12条第1款规定,当控制者试图获取用户的同意时,"控制者应当以一种简洁、透明、易懂和容易获取的形式,以清晰和平白的语言来提供"相应信息。

[4] 对于"选择加入"与"选择退出"的分析,可参见 Hans Degryse & Jan Bouckaert, *Opt in Versus Opt Out*: *A Free-Entry Analysis of Privacy Policies*, SSRN (Oct. 24, 2006), https://ssrn.com/abstract=939511。

[5] See Omri Ben-Shahar and Adam Chilton, *Simplification of Privacy Disclosures*: *An Experimental Test*, 45 The Journal of Legal Studies 1, 41–67 (2016).

意,那么用户体验将大幅降低。[1]

在算法问题上,个人控制权面临更多问题。算法自动化决策比个人信息的收集、储存与流转更加复杂,更加具有黑箱属性与不可预测性。[2] 以近年来兴起的可解释人工智能(Explainable Artificial Intelligence,XAI)项目为例,这一项目最初的目标被定义为实现人工智能的可解释性(explainability)。但面对算法的黑箱属性与机器的自我学习特征,很多学者认为,算法全面解释的不可行或难度太大,应以可理解性(interpretability)为目标,即"有能力用可理解的术语向人类表达",[3] 而非对算法进行全盘解释。理解算法对于专家来说已是如此困难,对于普通个人来说更是如此。[4]

其次,个人控制权存在正当性困境。在很多自动化决策的场景中,自动化决策者与个人之间的关系具有互惠合作性,而不只具有对抗性,这就使个人的算法解释权与控制权难以具备绝对化权利的正当性基础。一般而言,当法律关系中的两方是对抗防范关系,同时一方具有强势地位或行使公权力时,作为弱势的防范的一方,有权要求对方对相关行为进行说明,并在没有法律授权的情形下获得个人同意。但在算法自动化决策中,很多企业的算法决策是为了向个体提供更有效的信息、更优惠的价格和更好的服务。对企业而言,只有为消费者提供性价比更好的产品,才更有利于企业的长期发展。如果法律关系中的双方形成的是互惠关系,那么赋予一方以更多的解释权,不仅没有必要,而且会给双方的合作关系带来不必要的烦扰。

当然,自动化决策者与个人之间也经常具有对抗性。[5] 例如在网

---

〔1〕 See Brent Mittelstadt et al. , *Explaining Explanations in AI*, ACM Digital Library (Jan. 29,2019), https://dl.acm.org/doi/abs/10.1145/3287560.3287574.

〔2〕 林洹民:《自动决策算法的法律规制:以数据活动顾问为核心的二元监管路径》,载《法律科学》2019 年第 3 期;解正山:《算法决策规制——以算法"解释权"为中心》,载《现代法学》2020 年第 1 期。

〔3〕 Cynthia Rudin, *Stop Explaining Black Box Machine Learning Models for High Stakes Decisions and Use Interpretable Models Instead*,1 Nature Machine Intelligence 206,206(2018).

〔4〕 参见沈伟伟:《算法透明原则的迷思——算法规制理论的批判》,载《环球法律评论》2019 年第 6 期。

〔5〕 See Gerhard Wagner & Horst Eidenmueller, *Down by Algorithms*? *Siphoning Rents, Exploiting Biases, and Shaping Preferences*:*Regulating the Dark Side of Personalized Transactions*, 86 University of Chicago Law Review 581,609 (2019).

约车与电商商品推荐的场景中,企业可能利用算法进行"大数据杀熟";在搜索引擎的场景中,企业可能利用搜索算法而诱使用户进行某些不必要的消费。现实中已经出现了大量的企业支配消费者和榨取消费者剩余价值的情形。[1] 在此类不对等的对抗防范关系中,赋予个体以拒绝算法自动化处理权与解释权,的确具有正当性与必要性。但这种反对权与解释权的行使应以企业存在不合理支配为前提,以消除企业对个人的欺诈与不公平对待为目的。[2] 对于不具有对抗性或具有互惠合作性的关系,赋予刚性的权利则并无必要,也不利于双方合作关系的形成。[3]

此外还需指出,市场本身也具有调整能力,在企业算法决策中,并非所有不合理的算法问题都需要国家力量的介入。在某一领域的竞争较为充分,特别是已经形成市场良性竞争的前提下,当某企业利用算法对个人设置过高的价格或提供低水平服务,这家企业就很可能会被消费者抛弃,被市场淘汰。因此,算法解释权应当更多针对那些对消费者产生重大影响的自动化决策,或者针对具有市场支配地位的企业。前者可以使政府力量集中,避免规制中经常出现的规制失灵、选择性规制、规制俘获等问题。[4] 后者则可以避免某些垄断企业利用算法和消费者的个人信息而滥用市场支配地位,支配消费者。[5]

(二)抛弃算法解释权?

算法解释权既然面临种种困境,那是否应当抛弃算法解释权的进

---

〔1〕 参见张凌寒:《算法权力的兴起、异化及法律规制》,载《法商研究》2019 年第 4 期;周晖:《算法权力及其规制》,载《法制与社会发展》2019 年第 6 期;郭哲:《反思算法权力》,载《法学评论》2020 年第 6 期。

〔2〕 对于算法中的歧视问题,参见丁晓东:《算法与歧视?——从美国教育平权案看算法伦理与法律解释》,载《中外法学》2017 年第 12 期;李成:《人工智能歧视的法律治理》,载《中国法学》2021 年第 2 期。

〔3〕 参见丁晓东:《社会法概念反思:社会法的实用主义界定与核心命题》,载《环球法律评论》2021 年第 3 期。

〔4〕 See Michael Levine & Jennifer L. Forrence, *Regulatory Capture, Public Interest, and the Public Agenda: Toward a Synthesis*, 6 Journal of Law Economics & Organization 167, 167 – 168 (1990).

〔5〕 See James C. Cooper, *Privacy and Antitrust: Underpants Gnomes, the First Amendment, and Subjectivity*, 20 George Mason Law Review 1129, 1129 (2013).

路,以算法规制的进路作为替代? 例如,政府可以对算法进行直接监管,要求企业在某些敏感领域对算法进行审查与风险评估;[1]政府也可以消费者保护法等框架来监管算法,要求企业的算法决策不得欺诈消费者;政府还可以企业自我监管的方式对待企业算法。这些模式与算法解释权的区别在于,这些模式主要从外部对算法进行监管,都没有赋予个体以主张算法解释的权利。

算法外部监管具有很多优势,例如,监管机构的专业能力较强,对算法的理解能力高于普通个人;监管机构的人力、物力远非个人能比,因此其调查与执法能力强于个人;监管机构通过对算法的监管与风险评估,可以保护所有使用该算法的个人,而不仅仅是某个个人。但彻底放弃算法解释权的进路,代之以算法的外部监管,并不是合理的法律与制度选择。

首先,算法的外部监管面临多重挑战。监管机构虽然专业能力、执法能力较强,但监管机构的数量和人员都有限度,发现问题的能力较弱。尤其是在算法这类科技专业性较强的领域,一般的监管机构的通用专业能力往往难以满足该领域的监管需求。[2] 面对快速变化的科技问题,监管机构往往难以进行知识更新,赶上科技的发展。[3] 此外,监管往往依赖全有或全无的规则或命令,对于场景多元、权益多变的算法自动化决策来说,这类规则或命令也未必完全适合监管算法。[4] 可见,政府对算法的外部监管具有监管能力和监管手段方面的局限性,不能完全依赖政府的外部监管。

其次,对于算法外部监管面临的困境,算法解释权的合理行使恰巧可以弥补其不足。面对算法决策,个体虽然认知能力较弱,也一般倾向于息事宁人,不愿意介入法律诉讼,但用户是算法决策最直接影响的对

---

[1] See Bryan Casey, Ashkon Farhangi & Roland Vogl, *Rethinking Explainable Machines: the GDPR's "Right to Explanation" Debate and the Rise of Algorithmic Audits in Enterprise*, 34 Berkeley Technology Law Journal 143, 144 (2019).

[2] See Emily S. Bremer, *Private Complements to Public Governance*, 81 Missouri Law Review 1115, 1116 (2016).

[3] See Meg Leta Jones, *Does Technology Drive Law? The Dilemma of Technological Exceptionalism in Cyberlaw*, Journal of Law, 2018 Technology & Policy 249, 277 (2018).

[4] See Dennis D. Hirsch, *The Law and Policy of Online Privacy: Regulation Self-Regulation, or Co-Regulation?*, 34 Seattle University Law Review 439, 458–459 (2011).

象,算法的变化或更改,用户的感受往往最为直接且深刻。即使其中有很小比例的用户发现问题,提起申诉或诉讼,其也可以较快地发现问题。因此,个人对于算法的控制权虽然难以行使,但赋予个人对算法的有限解释权,通过个人发现算法存在的问题,有利于对算法进行监督和合作治理[1]。

最后,算法解释权不仅可以扮演一种工具性权利,也可以成为一种价值本身。在日常交往与法律活动中,受到影响特别是受到伤害的一方寻求解释,这对于维护个体自治与尊严具有重要意义。法律心理学的成果表明,法律程序的一个重要价值就在于使相关主体得到倾听,相关疑虑得到消除。通过获得解释与参与相关沟通,个人可以在法律程序中获得一种被尊重的感受[2]。在算法自动化决策中,个体主张某种程度的算法解释权,也可以被视为一种直觉性的个体尊严需求[3]。算法解释权的合理行使,有利于个人自主性的实现[4]。

(三)迈向沟通信任的算法解释权

为了避免给以个人控制权为基础的算法解释权带来困境,同时弥补算法外部监管的不足,对算法解释权的基本原则应当进行重构。既然自动化决策者与个人既存在合作互惠关系,又存在对抗防范关系,那么算法解释权就应当以促进双方的合作互惠为目标,以消除个人的疑虑和防范自动化决策者的不合理支配为目标[5]。也就是说,对算法解释权的行使应当建立在沟通信任的原则之上[6]。

在个人信息保护的基础理论研究中,关于以信任原则建构信息隐私

---

[1] See Margot E. Kaminski, *Binary Governance: Lessons from the GDPR's Approach to Algorithmic Accountability*, 92 Southern Califonia Law Review 1529, 1529 (2019).

[2] See Dan M. Kahan, *The Economics-Micro-, Behavioral, and Political-of "Subsequent Remedial Measures" Evidence*, SSRN (Mar. 5, 2010), https://papers.ssrn.com/sol3/papers.cfm?abstract_id=1561843.

[3] Andrew D. Selbst & Solon Barocas, *The Intuitive Appeal of Explainable Machines*, 87 Fordham Law Review 1085, 1085 (2018).

[4] 参见陈姿含:《人工智能算法中的法律主体性危机》,载《法律科学》2019年第4期。

[5] 参见郑智航:《人工智能算法的伦理危机与法律规制》,载《法律科学》2021年第1期。

[6] 算法规制中的信任问题,参见苏宇:《算法规制的谱系》,载《中国法学》2020年第3期。

保护，已经涌现了一大批研究成果。这些理论的共识是，以个人控制论为基础的个人信息保护已经难以承担网络时代的信息隐私保护功能，信息处理者应当超越一次性的告知同意，构建可信赖的信息处理机制，赢得信息主体的信任。例如阿里·瓦尔德曼(Ari Waldman)教授认为，信息隐私的本质应当是信任，而非关于个人控制，用信任关系界定信息隐私，更有利于在互联网与大数据时代保护个人权益。[1]

此外，杰克·巴尔金(Jack Balkin)教授等学者提出的信息信义义务理论，也与信任理论密切相连。针对互联网时代个人与信息处理者之间的信息能力的不平等，个人对信息处理者的依赖，平台的专业信息处理能力，以及二者之间可能形成的信任关系，[2]巴尔金认为应当对平台施加信义义务，要求平台承担对个人的保密义务、谨慎义务和忠诚义务，[3]以建构一种基于值得信任的平台的个人信息保护。虽然有学者对巴尔金的理论提出疑问，认为这种信义义务理论不足以保护个人的信息隐私，[4]但作为一种对个人控制模式的批判与替代，信息信义义务理论仍然具有强大的生命力，也得到了很多权威学者的支持。[5]

在算法自动化决策问题上，以信任原则重构算法解释权，比个人信息保护中的其他议题更为重要。在算法自动化决策中，个人所面临的专业化壁垒更高、信息更不对称、不确定性更强。对这种关系，法律更难通过告知同意的方式进行规制。如果说个人信息保护中有的议题与消费者法保护更类似，存在一定的能力与信息的不对称，那么算法自动化决策则类似于医患关系，双方的能力与信息的不对称程度更高。在这样一

---

〔1〕 See Ari Ezra Waldman, *Privacy as Trust: Sharing Personal Information in the Twenty-First Century*, 69 University of Miami Law Review 559, 559 (2015).

〔2〕 See Jack M. Balkin, *Information Fiduciaries and the First Amendment*, 49 U. C. Davis Law Review 1183, 1222 (2016).

〔3〕 See Jack M. Balkin, *Information Fiduciaries and the First Amendment*, 49 U. C. Davis Law Review 1183, 1206-1208 (2016).

〔4〕 See Lina M. Khan & David E. Pozen, *A Skeptical View of Information Fiduciaries*, 133 Harvard Law Review 497. 497 (2019).

〔5〕 See Jonathan Zittrain, *Engineering an Election: Digital Gerrymandering Poses a Threat to Democracy*, Harvard Law Review (Jun. 2024), https://harvardlawreview.org/2014/06/engineering-an-election/; Neil Richards, *Intellectual Privacy: Rethinking Civil Liberties in the Digital Age*, Oxford University Press, 2015, p. 168; Jack M. Balkin, *The Fiduciary Model of Privacy*, 134 Harvard Law Review 11, 33 (2020).

种关系中,法律经常要求医生对病患承担信义义务,建构一种基于信任而非简单同意机制的医患关系。[1] 对于算法自动化决策,也应当更多以信任原则和信义法的框架重构算法解释权。

(四)算法解释权的程序性特征

从沟通信任的原则出发,可以对算法解释权的性质进行重新界定。既不应将算法解释权视为一种透明性要求,也不应将其视为一种静态、孤立、绝对化的实体性权利。相反,算法解释权应当被视为一种动态、沟通、相对性的程序性权利,[2] 因为信任本身就是持续性、关系性、程度性的。

首先,信任本身是一个过程,无法通过一次性授权而得以永久性建构,[3] 这使算法解释权更类似一种动态性权利。正如有的学者指出,信任本身就是一种贝叶斯态度,一方对另一方的信任常常随着先前事件的变化而变化,而非取决于最初双方的合意。[4] 现代合同法研究也表明,所有合同都只能是不完备合同(incomplete contract),即使在最经典的一般合同关系中,双方也不可能对所有事项进行约定,而需要双方对信任关系进行持续性构建。[5] 在算法信任关系的建构中,持续性问题更为突出,更需要消除双方或一方的疑虑。如此一来,算法解释权就不能是被限定在某一个时间点对个人进行的一次性解释。这种解释即使在当时赢得了个体的信任,也可能因为时间的演化而受到个体怀疑,需要后续的更多解释。

其次,信任需要在关系中进行建构,而不能通过孤立的权利行使来

---

[1] See Onora O'Neill, *Some Limits of Informed Consent*, 29 Journal of Medical Ethics 4, 6-7 (2003).

[2] See Danielle Keats Citron & Frank Pasquale, *The Scored Society: Due Process for Automated Predictions*, 89 Washington Law Review 1, 16-18 (2014);陈景辉:《算法的法律性质:言论、商业秘密还是正当程序?》,载《比较法研究》2020年第2期;李晓辉:《算法商业秘密与算法正义》,载《比较法研究》2021年第3期。

[3] See Onora O'Neill, *Autonomy and Trust in Bioethics*, Cambridge University Press, 2002, p.44.

[4] See Russell Hardin, *Trust and Trustworthiness*, Russell Sage Foundation, 2002, p.113-114.

[5] See Ian R. Macneil, *Relational Contract Theory: Challenges and Queries*, 94 Northwestern University Law Review 877, 877 (1999).

获取,这使算法解释权更类似于沟通性权利。目前,我国和欧盟等国的法律赋予了个体在算法自动化决策中的反对权与申诉权,如果行使恰当,这些权利可以充当沟通与信任的桥梁,既消除个体的疑虑,同时也可以成为企业等信息主体倾听消费者建议、改进服务的渠道。但如果行使不当,此类权利也可能成为进一步破坏信任的壁垒。个人可能仅仅得到一种机械性的回应,不仅没有消除疑虑,反而产生更多的怀疑;而企业则可能将回应机制视为一种负担,对算法解释消极应对。因此,孤立和形式主义的权利行使无助于对信任的建构,应以关系沟通的立场看待算法解释权。

最后,信任是程度性而非绝对性的,这使算法解释权更接近于一种相对性权利。就信任而言,即使是最亲密的关系,也不可能实现百分之百的信任。在商业算法决策等场景下,信任关系更不可能达到私人之间亲密关系中的信任程度,也无须达到这种程度。因此,对算法解释权的行使不应追求绝对信任。目前,我国和域外国家的法律已经作出了某些规定,例如,将对个体权益造成重大影响作为限定条件,此类规定有利于以信任原则重构算法解释权。此外,算法解释权中的信任问题还应考虑市场竞争、算法决策的应用领域。例如,对于市场竞争较为激烈、用户选择权较为充分的领域,就不应对双方信任程度作过高要求。[1] 相反,对公共事业领域的算法,或者那些具有一定市场垄断、具有公共基础设施性质的企业,则应要求或引导企业获取个体更高程度的信任。在算法解释权的规则设定上,国家"有必要更多地采取软法方式,而不是简单地提高硬法的惩戒力度"。[2]

总之,算法解释权的权利主张不应以绝对透明为目标。绝对透明的要求可以永无止境,信息的无限度披露也只会引起信息过载与选择疲劳。算法解释权也不应是绝对性的。个人有向自动化决策者提出算法解释或者反对算法决策的正当程序权利,自动化决策者也应建立回应个

---

〔1〕 值得注意的是,消费者也可能利用算法进行选择。See Michal S. Gal & Niva Elkin-Koren, *Algorithmic Consumers*, SSRN(Nov. 29, 2016), https://papers.ssrn.com/sol3/papers.cfm? abstract_id = 2876201.

〔2〕 参见季卫东:《人工智能开发的理念、法律以及政策》,载《东方法学》2019 年第 5 期;衣俊霖:《数字孪生时代的法律与问责——通过技术标准透视算法黑箱》,载《东方法学》2021 年第 4 期。

人这类诉求的机制。但此类权利主张应更类似于一种程序性权利,而自动化决策者的回应机制也更应被视为一种沟通机制或客服机制。通过对正当程序权利的行使与回应,算法解释权可以成为建立算法信任与科技向善的桥梁。

四、算法解释权法律制度的重新建构

从算法解释权的原理出发,可以重新建构算法解释权制度。上文已经提到,算法解释权可以根据其权利内容、解释程度、解释时间、解释方式的不同而被分为一般性主张与限定性主张、系统性解释与个案性解释、事前解释与事后解释、机器解释与人工解释。而且每种分类均存在法律解释层面与法律有效性层面的难题。其中一般性权利主张面临权利主张过强、算法解释难以实现等难题,特定性权利面临权利主张较弱等问题。系统性解释面临算法复杂、算法针对性不强、被人利用等难题,个案性解释则面临难度大、成本高等问题。事前解释面临算法演化不确定性难题,事后解释面临无法提前知情选择难题。机器解释面临人工干预不足问题,人工解释面临成本过高等问题。要回应这些难题,可以结合算法解释权的沟通信任原则与程序性性质,对算法解释权的内容、程度、时间与方式作不同类别的要求。

首先,就权利内容而言,算法解释权不应被视为一种内容边界完全清晰的权利。无论是一般性主张还是限定性主张,其权利主张都是程序性的,其实体性边界应该根据具体场景下个人与算法决策者之间的沟通信任关系而确定。总体而言,当算法决策所处的场景具有严重的信任危机,且难以通过市场竞争改善算法时,应当赋予个体主张一般性的算法解释权,而不仅仅是拒绝算法自动化决策的权利。同时,个体主张算法说明解释的权利也不应被设置前提。例如,当人们对外卖算法系统存在普遍不信任时,或者对网约车的算法派单感到困惑时,都应赋予个体以算法解释权,这类一般性主张将有利于督促自动化决策者对算法进行改善,重新赢得社会与用户的信任。相反,如果算法决策所处的场景本身具有相对较高的可信任度,或者该行业具有可以良性互动的竞争机制,则此时应将算法解释权限定为某些特定的权利主张。一部分群体可能对自动化决策本身存在怀疑,若自动化决策会对他们产生重大影响,赋予他们以拒绝自动化处理的权利或算法说明解释权,有利于进一步促进二者之间的信任。

其次,就解释程度而言,应一方面要求企业充分了解和掌握算法的系统性解释。现代互联网企业和银行的算法往往"由众多工程师设计组成的复杂公式决定",企业或规制机构掌握其算法的整体运行机制,这是算法解释权有效实施的前提。[1] 为了实现这一目标,企业或运用算法决策的规制机构就应打通其内部壁垒,在企业内部树立算法伦理与合规实践,[2]真正将企业向消费者告知的隐私政策和对用户的回应落实到企业的每一个环节。换句话说,企业需要不断进行内部的自我监管,既需要在事前解释环节就对算法设计进行内部沟通,又需要在事后解释中倒查企业内部的算法运作机制,保持对算法的内部动态监管。[3]

另一方面,可以根据算法所处的领域特征、影响性的不同而要求不同程度和类别的算法个案解释。例如,对于那些用户具有较多选择权、个案影响一般的算法决策,应允许自动化决策者自身设定个案解释的规则。例如,在企业应用算法进行不涉及意识形态与公共伦理的娱乐资讯的分发时,应允许企业在个案解释中进行自我规制,避免国家过多的强制性监管。但对于具有公共性影响的算法以及会对个体造成重大影响特别是会造成实际伤害的算法决策,国家应强制自动化决策者进行个案解释,以保护公共利益与个人的核心权益。例如,在医疗场景下利用机器人进行手术,此时应当充分保障患者对算法的个案知情权,患者不仅有权知晓手术机器人算法决策的一般规则,而且应当有权了解该机器人对其个人进行的手术的决策机制、过程与效果。[4] 在涉及外卖骑手人身安全、卡车司机罚款或者自动驾驶汽车安全的算法决策中,个人应当有权在这些情形中提出算法解释的请求。

---

[1] See Frank Pasquale, *The black box society: The Secret Algorithms That Control Money and Information*, Harvard University Press, 2016, p.33.

[2] See Neil M. Richards & Jonathan H. King, *Big Data Ethics*, 49 Wake Forest Law Review 393, 408 – 409 (2014).

[3] See Michael Guihot et al., *Nudging Robots: Innovative Solutions to Regulate Artificial Intelligence*, 20 Vanderbilt Journal of Entertainment and Technology 385, 385 – 427 (2017);金梦:《立法伦理与算法正义——算法主体行为的法律规制》,载《政法论坛》2021年第1期。

[4] See W. Nicholson Price Ⅱ, *Regulating Black-Box Medicine*, 116 Michigan Law Review 421, 465 – 471 (2017).

再次,就解释时间要求而言,在告知环节可以要求或倡导企业在事前进行模糊性解释。[1] 由于算法的自我演化与不确定性,算法向公众的告知可以描述算法的整体运行机制,让用户或消费者感知算法的具体运行情况,帮助个体作出更佳决策,[2] 而非对算法的所有参数和所有细节都进行描述。例如,网约车的算法可以向用户告知,其算法是否会将性别、收入、年龄、高峰期的车辆运行等情况纳入算法规则的解释说明中,但没有必要对某一个参数如何影响算法进行具体告知。[3] 此类描述不仅可以在一定程度上克服算法的不确定性问题,而且有利于克服系统性解释的针对性不强、侵犯商业秘密、被人利用等难题。因为此类解释可以在一定程度上消除用户较为普遍的疑虑,同时,由于此类描述较为笼统,此类解释也不会对企业的商业秘密造成严重侵害,一些钻空子的个人与企业也无法"算计"算法。

最后,就解释方式而言,自动化决策者可以根据自身能力、行业特征、用户数量与算法影响程度而选择人工解释或机器解释。在理念层面,人工解释具有一定的优先性,专业高效的人工解释更有利于信任的建立。同时,对于一些对个人或社会造成重大影响的算法,人工解释应成为兜底性要求,以便消费者或监管机构对企业或算法运用的主体进行算法监督。[4] 但对于其他并未产生重大影响、用户数量庞大的算法,要求企业或算法主体对所有个体都采取人工解释,并不现实。如果强行施加此类要求,其结果可能反而是企业关闭所有的解释与沟通渠道。因此,应当允许企业在一般情况下运用机器解释或自动化客服。机器解释如果运用得当,例如在事先充分设想场景,为用户提供

---

[1] 企业隐私政策的告知功能也有利于企业的自我规制。See Peter P. Swire, *The Surprising Virtues of the New Financial Privacy Law*, 86 Minnesota Law Review 1263, 1316 (2002).

[2] See Lilian Edwards & Michael Veale, *Enslaving the Algorithm: From a "Right to an Explanation" to a "Right to Better Decisions"?*, 16 IEEE Security & Privacy 46, 46–54 (2018).

[3] 这一进路类似于有的学者所提出的"反事实解释"。See Sandra Wachter, Brent Mittelstadt & Chris Russell, *Counterfactual Explanations without Opening the Black Box: Automated Decisions and the GDPR*, 31 Harvard Journal Law & Technology 841, 841 (2018).

[4] See David C. Vladeck, *Machines without Principals: Liability Rules and Artificial Intelligence*, 89 Washington Law Review 117, 150 (2014).

各类"反事实解释"或针对性解释,[1]机器解释也能有效起到提供"有效性信息"、沟通解惑的作用。此外,还可以鼓励企业或算法主体建立机器与人工的混合解释机制。对机器解释与人工解释的混合使用,将有助于减小自动化决策者的现实压力,能更有效地推动算法解释权的落地。

五、结语:算法权利的沟通信任之维

算法解释权首先是个人信息被保护权中的一种权利。对于这样一种权利,学界本身就已经产生很多争论,[2]是否应当将个人信息受保护权上升为法定权利。支持者认为,以个人信息受保护权制约信息处理者,有利于维护公民权益。[3] 反对者则认为,对于个人与信息处理者之间的关系,更应以私法自治的框架加以调整,个人信息受保护权只是个人合同性权利或者消费者权利中的一种。[4]

作为个人信息被保护权的一种,算法解释权不仅具有个人信息保护中的一般争议性问题,而且还具有特殊性问题。算法更具有黑箱性、不确定性、复杂性,因此相比个人信息的访问权、更正权、删除权等传统权利,算法解释权更具有争议。算法解释权是否可以成为一种一般性权利,还是仅仅指拒绝算法决策的特定性权利?算法解释权可以主张对算法进行系统解释还是个案解释,事前解释还是事后解释,机器解释还是人工解释?此类问题已经引起法律解释的争议与法律适用的困境。

本章对算法解释权进行原理反思,指出应当以信任关系重构算法解

---

〔1〕 See Sandra Wachter, Brent Mittelstadt & Chris Russell, Counterfactual Explanations without Opening the Black Box: Automated Decisions and the GDPR, 31 Harvard Journal Law & Technology 841,841 (2018).

〔2〕 参见周汉华:《个人信息保护的法律定位》,载《法商研究》2020 年第 3 期;王锡锌:《个人信息国家保护义务及展开》,载《中国法学》2021 年第 1 期。

〔3〕 See Paul M. Schwartz, Global Data Privacy: The E. U. Way, 94 New York University Law Review:771,771 (2019).

〔4〕 See Omri Ben-Shahar, Contracting Over Privacy: Introduction, 45 Journal of Legal Studies 1,11 (2016).

释权的基本原理。算法解释权的目的不是实现"没有意义的透明"[1]，或者建立个体对算法的绝对性控制。相反，算法解释权是为了在信息处理关系中搭建桥梁，在个人与自动化决策者之间构建信任、消除误解、减少疑虑。从信任沟通原则出发，本章主张将算法解释权视为一种程序性权利，而非实体性权利。[2] 在制度建构层面，应当根据算法自动化决策所位于的行业领域、市场化程度、个案影响、企业能力而对算法解释权的程度、时间和方式作不同要求。总之，算法解释权应当成为个体与自动化决策者之间的信任沟通机制，促进"负责任算法"[3]的实现。

---

[1] Lilian Edwards, Michael Veale, *Slave to the Algorithm? Why A "Right to an Explanation" Is Probably Not the Remedy You Are Looking for*, 16 Duke Law & Technology Review 18, 23 (2017).

[2] 信任沟通原则也开始逐渐为我国监管机构所采用。例如，由国家互联网信息办公室等九部委制定的《关于加强互联网信息服务算法综合治理的指导意见》第（十三）条规定："……做好算法结果解释，畅通投诉通道，消除社会疑虑，推动算法健康发展。"

[3] Joshua A. Kroll et al., *Accountable Algorithms*, 165 University Pennsylvania Law Review 633, 633 (2017).

第十章 人工智能作品的著作权争议:重构人机关系

前两章讨论了人工智能输入端与使用中的相关权利,本章进一步讨论人工智能输出端的相关权利。在此类权利中,最具有争议的是人工智能生成作品或人工智能生成内容的著作权问题。从质量上看,此类作品已经达到了较高的标准,单从外观上很难分辨人类作品和机器作品。在生成机制上,这类作品基本由人工智能机器自动生成,在作品形成过程中,用户仅输入提示词或命令进行创作,而非仅将人工智能作为工具或手段。由于著作权体系整体上以人类为中心而构造,人工智能生成作品的著作权问题在解释论与立法论上都引发了不小的争议。简单来说,此类作品是否可以受著作权保护?如果答案是否定的,[1]那么其原因或原理何在?如果答案是

---

〔1〕 整体而言,域外学者更倾向于在法律解释与立法层面否定人工智能作品的著作权,代表性文献参见 James Grimmelmann, *There's No Such Thing as a Computer- Authored Work—And It's a Good Thing*, *Too*, 39 Columbia Journal of Law & the Arts 403(2016); Jane C. Ginsburg & Luke Ali Budiardjo, *Authors and Machines*, 34 Berkeley Technology Law Journal 343(2019); Bernt Hugenholtz & João Pedro Quint, *Copyright and Artificial Creation: Does EU Copyright Law Protect AI-Assisted Output?*, 52 IIC-International Review of Intellectual Property and Competition Law 1206(2021); Daniel Gervais, *The Machine as Author*, 105 Iowa Law Review 2053(2019); Mauritz Kop, *AI & Intellectual Property: Towards an Articulated Public Domain*, 28 Texas Intellectual Property Law Journal 297(2020)。少数支持人工智能可版权性的文献,参见 Annemarie Bridy, *The Evolution of Authorship: Work Made by Code*, 39 The Columbia Journal of Law & the Arts 397(2016); Shlomit Yanisky-Ravid & Luis Antonio Velez-Hernandez, *Copyrightability of Artworks Produced by Creative Robots and Originality: The Formality-Objective Model*, 19 Minnesota Journal of Law 1(2018); Kalin Hristov, *Artificial Intelligence and the Copyright Dilemma*, 57 Idea 445(2017); Ryan Abbott & Elizabeth Rothman, *Disrupting Creativity: Copyright Law in the Age of Generative Artificial Intelligence*, 75 Florida Law Review 1141(2023)。

肯定的,[1]那么著作权的主体应当是人工智能的设计者、所有者、用户,还是人工智能本身?

本章指出,人工智能生成或输出作品的著作权保护与其训练数据或输入数据相关。利用版权数据进行人工智能训练,可能被认定为著作权法上的合理利用,也可能被认定为侵犯著作权:在前一情形下,法律应将人工智能作品视为公共领域作品,但可以对其提供反不正当竞争法上的保护或数据库特殊权利保护;在后一情形下,则应当赋予人工智能企业以著作权法上的经济性权利。此外,本章指出,人工智能作品的著作权问题揭示了独创性与人格理论的内在紧张关系,主观独创性与能动性/机械性二分的理念难以解释现实世界。借助对浪漫主义作者观的学术批判,本章指出,应对著作权制度进行解构与重构,将著作权制度视为一个制度工具箱,分析著作权各项制度的具体功能。对于完全自动化生成的人工智能作品,应赋予人工智能以署名权,发挥署名机制的信息传递与激励功能;对于可能带来高度公共风险的人工智能作品,则应同时对人工智能施加公法上的署名义务。一旦将著作权制度视为一个制度工具箱,而非全有或全无的整体性制度,著作权的很多传统问题可以得到更好的解决。

一、比较法下的人工智能作品著作权

对于人工智能作品是否可以受到著作权保护的问题,可以先从各国的实证法出发进行分析。整体而言,欧洲大陆与美国都坚持以人类为中心的著作权制度,否定人工智能的可版权性。而英国等英联邦国家和地区通过单独立法,为包括人工智能在内的所有计算机生成作品提供除人身权以外的著作权保护。

---

[1] 整体而言,我国学者则对人工智能作品的可版权性持更开放的立场,认为应当赋予人工智能作品以某种形式的著作权。代表性文献,参见吴汉东:《人工智能时代的制度安排与法律规制》,载《法律科学(西北政法大学学报)》2017年第5期;易继明:《人工智能创作物是作品吗?》,载《法律科学(西北政法大学学报)》2017年第5期;熊琦:《人工智能生成内容的著作权认定》,载《知识产权》2017年第3期。少数反对人工智能可版权性的文献,参见王迁:《论人工智能生成的内容在著作权法中的定性》,载《法律科学(西北政法大学学报)》2017年第5期;刘银良:《论人工智能作品的著作权法地位》,载《政治与法律》2020年第3期。

(一)欧洲对人工智能作品著作权的立场

根据欧盟法与欧洲各国的规定,首先,机器不能成为著作权法上的作者。在法律上,欧盟没有特别明确解释何谓"作者",[1]但在长期的法律实践中,欧盟一直坚持以人类为中心的著作权制度。例如,在《为人工智能技术发展的知识产权》的文件中,欧洲议会指出,为了"遵守与自然人有关的原创原则""并且'智力创作'的概念涉及作者的个性",应当认定"人工智能和机器人自主创作的作品不符合版权保护的条件"。[2] 在司法判决中,欧盟法院也一再强调著作权法所保护的对象仅限于人类。例如,在"标准出版社案"中,法院明确指出,"只有人类的创造受到著作权保护,这包括个人使用相机等技术协助的创造"。[3]

其次,对于由人工智能自动生成的作品,用户也难以成为其所有权人。如果用户仅将人工智能作为工具,对人工智能作品进行创新性的选择、编辑,则人工智能用户完全可能成为人工智能作品的作者。例如,在利用人工智能的过程中,用户可以通过其创造性的前期构思、中期执行或后期编辑而作出实质性贡献。然而,在本章所讨论的人工智能自动生成作品中,用户仅须输入相关指令或提词。在这一过程中,相关文本或图像由人工智能自动生成,用户在这一过程中没有实质的原创性贡献。正如欧盟著作权法的权威学者伯恩特·胡根霍尔茨(Bernt Hugenholtz)和若昂·佩德罗·昆泰斯(João Pedro Quint)所言,在这类自动生成的作品中,"除了用户生成的提示外,很难识别人类用户在构思、执行或编辑阶段的任何创造性选择""此类系统产生的任何人工智能辅助输出都不属于'作品'"。[4]

---

[1] 关于作者身份问题,欧盟2006年批准的《著作权与相关权利保护期的欧洲议会和理事会指令》第1条指出:"《伯尔尼公约》第2条所指文学或艺术作品的作者的权利应持续作者的一生(the life of the author)以及他死亡后70年(70 years after his death),不论该作品何时合法向公众提供。"

[2] European Parliament resolution of 20 October 2020 on intellectual property rights for the development of artificial intelligence technologies (2020/2015(INI)).

[3] Case C–145/10 – Eva-Maria Painer (2011) ECLI:EU:C:2011:798, para. 121.

[4] See Bernt Hugenholtz & João Pedro Quint, *Copyright and Artificial Creation: Does EU Copyright Law Protect AI-Assisted Output?*, 59 IIC-International Review of Intellectual Property and Competition Law 1190 (2021).

最后，人工智能设计者与企业也难以成为著作权人。当人工智能设计者或开发者参与某一特定作品的创造，为特定作品的产生提供原创性贡献时，人工智能设计者可能成为著作权人。人工智能的设计者也可能成为专利权人，因为其所设计的代码或算法可能符合专利保护的要件，但对于人工智能所自动生成的作品来说，人工智能设计者与人工智能作品之间没有直接的关联。从以人类为中心的著作权理念出发，人工智能设计者无法成为欧盟法上的作者。

（二）美国对人工智能作品著作权的立场

美国的著作权法与欧陆法类似，也不支持人工智能作品的可版权性。在文本上，美国法律没有明确规定何谓作者，[1]但其司法与法律实践一直默认作者为自然人。例如，在著名的"伯罗·贾尔斯平版印刷公司诉沙乐尼案"中，美国联邦最高法院写道：著作权所保护的作者必须是"人"（persons），著作权是"人类基于其自有天赋或智慧所创作的作品的专属权利"。[2]近年来，在另一个著名的猴子自拍案中，针对猴子利用相机自拍是否可以获得著作权保护的问题，美国法院也明确给出了否定答案，认定著作权上的作者只能是人类。[3]美国版权局也一直持有此种立场。针对完全自动化生成的人工智能作品，美国版权局明确拒绝对其进行版权登记，认为"由人工智能自主创作而没有人类行为者任何创造性贡献"的作品"不符合"著作权保护的条件。[4]

当然，美国著作权法也为人工智能作品的可版权性提供了一定的解释空间。对比欧陆国家的法律，美国著作权法淡化了人格保护色彩，更强调实用主义。美国法上的雇用作品（work made for hire）规则主张，如果作品是雇主指示雇员在工作中产生的，或者作品是在雇用范围内产生的，则"为其准备作品的雇主或他人应被视为作者"。[5]谷歌公司的著

---

[1] 美国《宪法》第1条第8款规定，国会确保"作者和发明者对其各自著作和发现的专属权利"。

[2] Burrow-Giles Lithographic Co. v. Sarony, 111 U. S. 53 (1884), p. 56-58.

[3] Naruto v. Slater, 888 F. 3d 418, 426 (9th Cir. 2018).

[4] U. S. Copyright Office Review Board, Decision Affirming Refusal of Registration of a Recent Entrance to Paradise at 2-3, https://www.copyright.gov/rulings-filings/review-board/docs/a-recent-entrance-to-paradise.pdf, 2023年6月20日访问。

[5] 17 U. S. C. § 201(b) (2011).

作权顾问、前爱达荷大学法学院教授安妮玛丽·布里迪(Annemarie Bridy)认为,美国著作权法的这一规则表明,事实上的作者(雇员或承包商)与法律上的作者(雇主或为其制作作品的其他人)不必一致。美国法可以将人工智能的程序员解释为雇主,将人工智能生成作品视为雇用作品,以此为人工智能企业提供合理激励。[1] 福特汉姆大学法学院的什洛米特·亚尼斯基·拉维德(Shlomit Yanisky-Ravid)教授则认为,如果用户购买了人工智能服务,用户也可以成为人工智能的雇主,从而通过雇用作品交易而成为著作权人。[2]

就法律解释而言,上述方案短期内仍然难以成为现实。美国《著作权法》在第 101 条第 1 款和第 2 款中对雇用作品进行了规定。针对上述第一种理解,美国联邦最高法院在"创意非暴力社区诉里德案"中认定,美国《著作权法》第 101 条第 1 款中"雇员"(employer)的定义必须按照机构法(agency law)来界定,明确否定了将机器视为雇员的可能性。[3] 针对上述第二种理解,美国联邦最高法院认为这类作品也不在第 101 条第 2 款所规定的九种情形范围内。如果要在美国法上将人工智能作品纳入雇用作品范畴,通过司法解释实现这一目标的可能性很小,除非未来美国对《著作权法》进行修改,在成文法上将人工智能作品纳入雇用作品的范畴。

(三)英国等英联邦国家对人工智能作品著作权的立场

与欧陆国家和美国不同,英国采取了计算机生成作品制度。1988 年《版权、外观设计和专利法》规定,计算机生成作品的著作权归"创作作品所需安排(the arrangements necessary)的人"所有。[4] 根据这一规定,人工智能本身虽然不可能成为其作品的著作权人,但人工智能设计者或企业却很有可能拥有此类权利。爱尔兰采取了类似制度,2000 年《版权及相关权利法》规定,当作品"为计算机生成,其作者不是个人时"

---

[1] See Annemarie Bridy, *Coding Creativity*: *Copyright and the Artificially Intelligent Author*, 2012 Stanford Technology Law Review 26 (2012).

[2] See Shlomit Yanisky-Ravid, *Generating Rembrandt*: *Artificial Intelligence, Copyright, and Accountability in the 3A Era-The Human-like Authors are Already Here-A New Model*, 2017 Michigan State Law Review 659 (2017).

[3] Creative Non-Violence v. Reid, 490 U.S. 730 (1989).

[4] Copyright, Designs and Patent Act 1988, c. 48 § 9(3) (UK).

"为作品创作作出必要安排的人员"为作品的所有者。[1] 除了英国和爱尔兰之外,其他英联邦国家也采取了类似制度。[2]

在司法实践中,对于何为"必要安排的人员"的问题,英国仍然存在争议。在 2007 年的"新星制作有限公司诉马祖玛游戏有限公司案"中,针对计算机游戏的著作权问题,英国上诉法院认为,游戏玩家不是游戏截图的作者,也没有进行任何创建图像所需的安排与行为。相反,法院认为,为制作截图作出必要安排的人是游戏的开发者。除了上述案例之外,目前仍然缺乏有关人工智能作品的案例。[3] 一些观点认为,人工智能的开发者和训练者为人工智能的开发投入了技能和劳动,应当被认定为"为作品创作作出必要安排的人员"和生成作品的作者。其他观点则认为,人工智能企业为技术开发提供了资金,应当被认定为权利所有者。

计算机生成作品的著作权与一般著作权存在区别。由于人工智能作品与个人人格没有直接联系,所以计算机生成作品的著作权首先排除了署名权、作品完整权等道德性权利。在著作权保护的年限上,对计算机生成作品的保护年限也有所减少,其期限为自然人死亡或法人终止后的 50 年,而非 70 年。此外,计算机生成作品制度也引发了欧盟的批评。在英国未脱欧之前,欧盟指出,欧盟对于"作品"的界定是统一的,不允许成员国对其进行更宽松的保护。对不符合"作者自身智力创作"的作品进行保护的行为与欧盟法院的判决存在冲突。[4]

(四) 中国对人工智能作品著作权的立场

与欧洲、美国的著作权法的相关规定类似,我国著作权法上仅规定了自然人、法人或者非法人组织两类作者。《著作权法》第 9 条规定:"著作权人包括:(一)作者;(二)其他依照本法享有著作权的自然人、法

---

[1] Art. 21 Copyright and Related Rights Act 2000 of Ireland.
[2] See Copyright Act 1994 (NZ), s 5(2)(a); Copyright Amendment Act 1994 (India), s 2; Copyright Ordinance 1997 (HK), s 11(3); 综述性研究参见 Andres Guadamuz, *Do Androids Dream of Electric Copyright? Comparative Analysis of Originality in Artificial Intelligence Generated Works*, Oxford University Press, 2017, p. 169.
[3] Court of Appeal (England and Wales) Nova Productions Ltd v. Mazooma Games Ltd & Ors (CA) [2007] EWCA Civ 219.
[4] See Lionel Bently & Brad Sherman, et al, *Intellectual Property Law*, Oxford University Press, 2022, p. 118.

人或者非法人组织。"第 11 条进一步规定，"创作作品的自然人是作者"，但"由法人或者非法人组织主持，代表法人或者非法人组织意志创作，并由法人或者非法人组织承担责任的作品，法人或者非法人组织视为作者"。此外，我国也在《著作权法》第 18 条中对职务作品进行了规定。从这些规定出发，有观点认为，我国的著作权法采取了类似欧洲国家以自然人作者为中心的立场，人工智能作品无法获得版权保护；也有观点认为，我国的著作权法具有类似美国的实用主义立场，我国关于职务作品的法律规定更进一步说明，我国与欧洲国家存在差别，我国的著作权法并不排斥对人工智能作品进行保护。[1]

从司法判决来看，我国法院对人工智能作品所作的裁决存在差异。在北京菲林律师事务所与北京百度网讯科技有限公司著作权权属、侵权纠纷案中，针对利用人工智能软件而形成的作品，第二审法院认定，人工智能作品的作者应当限于自然人。无论是人工智能软件本身，还是软件研发者和使用者，均不能成为人工智能作品的作者，此类作品也不能构成著作权法上的作品。[2] 然而，在深圳市腾讯计算机系统有限公司与上海盈讯科技有限公司侵害著作权及不正当竞争纠纷案中，法院则对利用人工智能生成的作品作出了略有不同的判决。深圳市南山区人民法院认为，该案中原告主创团队"在数据输入、触发条件设定、模板和语料风格的取舍上的安排与选择属于与涉案文章的特定表现形式之间具有直接联系的智力活动"，虽然作品生成属于计算机软件自动生成，"但从涉案文章的生成过程来分析，该文章的表现形式是由原告主创团队相关人员个性化的安排与选择所决定的，其表现形式并非唯一，具有一定的独创性"。[3]

二、基于自然权利与人格保护的分析

在对人工智能作品著作权保护进行比较法与实证法分析后，需要在学理与应然层面继续进行分析。费舍尔教授曾将著作权保护的目

---

〔1〕 李伟民：《职务作品制度重构与人工智能作品著作权归属路径选择》，载《法学评论》2020 年第 3 期。

〔2〕 参见北京知识产权法院民事判决书，(2019) 京 73 民终 2030 号。该案认定构成文字作品的部分属于法人作品。

〔3〕 参见广东省深圳市南山区人民法院民事判决书，(2019) 粤 0305 民初 14010 号。

的归纳为四类:(1)劳动价值保护;(2)人格保护;(3)创作激励;(4)实现公正和有吸引力的文化。[1] 而这四类目的又可以被大致归为两种,前两类目的可以被视为自然权利与人格保护,更多从"向后看"(backward looking)的视角进行论证;后两类目的则可以被视为广义的功利主义目的,更多从"向前看"(forward looking)的视角进行论证。同时,欧洲国家更强调前两类目的,而美国与英联邦国家则更强调后两类目的。[2] 本部分首先从前两类目的出发,分析人工智能作品的可版权性。

(一)劳动与自然权利的视角

著作权首先与劳动价值保护相关。这一类学说的核心观点是,付出劳动的主体应当对其财产享有权利。如同戈登教授所言,支持著作权财产化保护的观点认为:"侵占他人的劳动成果是不公正的,一个人不应当收割其他人播种下的东西。"[3] 从思想渊源看,这种观念可以追溯到洛克的劳动与自然权利论述。洛克认为,当个人"从自然状态中获取物品",他就"将自己的劳动与之混合,混入了自己的某些东西,从而使之成为自己的财产"。[4] 具体到人工智能作品上,这一观点可能推论出人工智能作品属于人工智能企业或设计者的结论,因为人工智能企业或设计者付出了相应劳动。

然而,正如前文所述,施加劳动并不必然导致作品享有著作权保护。即使是有形财产,劳动也不必然将无主物或公有物转换为私有财产。诺齐克曾经指出,将个人劳动所得的番茄汁倒入海洋,并不能导致个人劳动与海洋的混合,从而获得对海洋的财产权主张。[5] 在著作权问题上,

---

[1] See William Fisher, *Theories of Intellectual Property*, in Stephen R. Munzer (ed.), New Essays in the Legal and Political Theory of Property, Cambridge University Press, 2001, p. 1 - 8.

[2] See John Tehranian, *Parchment, Pixels, & Personhood: User Rights and the IP (Identity Politics) of IP (Intellectual Property)*, 82 University of Colorado Law Review 8 (2011).

[3] Wendy J. Gordon, *On Owning Information: Intellectual Property and the Restitutionary Impulse*, 78 Virginia Law Review 166 (1992).

[4] John Locke, *Treatise of Civil Government and A Letter Concerning Toleration*, Irvington Publishers, 1937, p. 105 - 106.

[5] See Robert Nozick, *Anarchy, State, and Utopia*, Basic Books, 1974, p. 175.

更难以直接推出劳动必然带来著作权保护的结论。从18世纪初,"英国就将知识产权从其他法律领域中独立出来,与其他形式的劳动截然不同。美国甚至法国也采取了类似的做法。其根本基础是承认知识企业以与其他劳动形式根本不同的方式为公众服务"。[1] 洛克本人也指出,著作权领域的劳动与其他领域的劳动不同,劳动并不必然导致对知识的垄断和专有化保护。[2] 几百年后,美国联邦最高法院在费斯特案中更明确澄清,著作权法仅保护人类创新的那部分信息,认为从"额头汗水"直接推论出著作权保护的思路将"损害著作权法的基本原理"。[3]

至于将人工智能作品视为孳息的观点,也难以成立。各国财产法或物权法都有关于孳息的规定,例如,我国《民法典》规定,"天然孳息,由所有权人取得;既有所有权人又有用益物权人的,由用益物权人取得。当事人另有约定的,按照其约定"。[4] 根据这一规定,土地上生长的稻麦、树木的果实、牲畜的幼畜、挤出的牛乳、剪下的羊毛等都将归属所有权人或用益物权人。然而,著作权保护的逻辑与对动产或不动产的孳息保护具有本质上的不同。对于动产或不动产上产生的有价值的外观、信息或数据,这类有价值的无体物如果并非人类所有并具有独创性,就无法得到著作权保护。例如,某人承租了一栋房屋,承租后该房屋外的藤蔓不断生长,使该房屋成为著名的旅游打卡景点,此时房屋的所有者和承租人都无权对房屋外观主张著作权。房屋的所有者和承租人可以采取措施进行自我保护,如设置栅栏防止游客拍照,但这类措施与著作权保护具有显著区别。[5]

---

[1] Jon M. Garon, *Normative Copyright: A Conceptual Framework for Copyright Philosophy and Ethics*, 88 Cornell Law Review 1315 (2003).

[2] See Peter King, *The Life of John Locke: With Extracts from His Correspondence, Journals, and Common-Place Book*, H. Colburn, 1830, p. 208-209.

[3] Feist Publ'ns, Inc. v. Rural Tel. Serv. Co., 499 U.S. 340, 347 (1991).

[4] 《民法典》第 321 条。

[5] 美国版权局曾经提到,对于在企业利用机器织布的过程中产生的花纹图案,其因为不符合著作权保护要件而无法得到保护。参见 U.S. COPYRIGHT OFFICE, COMPENDIUM OF U.S. COPYRIGHT OFFICE PRACTICES § 313.2 (3rd ed. 2014). § 306。

(二)人格保护的视角

从传统著作权法的人格保护目的出发,人工智能作品也难以联系特定的人类主体。人格保护认为,作品是作者人格的延伸,作者通过其在作品上的原创性贡献,将自身的人格凝结在作品上。对于人工智能作品是否凝结设计者或使用者的人格问题,需要在对人工智能作品进行区分的基础上给出答案。

一方面,如果使用者仅仅将人工智能当作创作工具,在作品创作中进行了具有独创性的构思、执行或编辑工作,则这类作品完全可能体现使用者的人格。在这类情形中,人工智能作品的角色接近于 Word、Template 等软件或模板生成工具,而使用者则可以将其意志较为明显和充分地体现在作品中。另一方面,如果人工智能的设计者在编码中嵌入了独创性的代码,并且直接导致了具体作品的生成,则此类作品无疑可以反映设计者的人格。这就像游戏作品的设计者设计游戏,但为游戏玩家提供了一定选择,或者作曲家在作品创作中进行了少量留白,为表演者即兴表演提供空间。在这类情形中,著作权法都将游戏设计者或作曲家视为作者。[1] 在后一类情形中,也可以按照雇用作品的规则,将人工智能企业或所有者拟制为人工智能作品的作者。[2]

就本章所讨论的 ChatGPT、文心一言等生成式人工智能而言,其作品的人格特征恰巧难以直接追溯用户或作者。就用户而言,其在这类作品中仅仅输入提词,其人格或智力性贡献非常微小,[3] 而人工智能的设计者也很难预见或控制具体作品的产生。仅从人格的角度来看,生成式人工智能作品虽然在客观性层面可以类比人类作品,但在具体的因果关系上很难与具体个体产生直接关联。正如丹尼尔·戈尔韦斯(Daniel J. Gervais)教授所言:"问题不在于特定的人工智能机器是否通常能产生'看上去类似'的创作性,而在于它是否导致特定作品看起来像作者原

---

〔1〕 See Rebecca Tushnet, *Performance Anxiety: Copyright Embodied and Disembodied*, 60 Journal of the Copyright Society of the U.S.A 209 (2013).

〔2〕 参见吴汉东:《人工智能生成作品的著作权法之问》,载《中外法学》2020年第3期;孙山:《人工智能生成内容著作权法保护的困境与出路》,载《知识产权》2018年第11期。

〔3〕 参见刘维:《人工智能时代著作权法的挑战和应对》,载《上海交通大学学报(哲学社会科学版)》2021年第2期。

创作品的选择。"[1]

三、基于功利主义与激励理论的分析

人工智能对作品的自动生成展示了一种多主体参与、海量用户共创的知识生产模式。从功利主义视角出发,可以发现对人工智能的使用者、设计者、所有者中的任何一个主体赋予著作权,[2]都可能产生不当激励或过度激励,较为恰当的方法是利用数据库特殊权利保护机制与反不正当竞争法制度对人工智能作品进行整体性保护。[3] 此外,赋予人工智能企业以著作权也会增加其侵权的可能性。在目前的法律环境下,维持具体人工智能作品的公共领域属性,仍然是最佳的制度策略。如果用于人工智能训练的作品必须获得著作权许可,则可以赋予人工智能企业对生成作品的著作权,以维持合理激励。

(一)合理激励的限度

首先,将著作权赋予人工智能使用者的方案并不合理。这一方案看似可以激励使用者不断利用人工智能生成作品,增加人工智能作品的产出,但必然对人工智能企业造成逆向激励。对于人工智能企业而言,如果著作权落入海量用户手中,则企业未来利用此类作品将面临众多侵权风险,这将导致人工智能企业缺乏将其产品开放给普通用户使用的动力。此外,这一方案也可能引发大量著作权冲突。对于自动化生成的人工智能作品,用户的提词或提问具有高度重复性,其产生的作品也必然具有一致性或相似性,这将导致同样或类似作品的权利被大量用户所主张。

其次,赋予人工智能的设计者以著作权也不合理。人工智能的设

---

[1] See Daniel Gervais, *The Machine as Author*, 105 Iowa Law Review 2099 (2020).

[2] 至于人工智能本身,萨缪尔森教授在20世纪80年代就指出,机器不存在激励问题,"如果不是人类作者,就不存在创作动机"。参见 Pamela Samuelson, *Allocating Ownership Rights in Computer-Generated Works*, 47 University of Pittsburgh Law Review 1224 (1986).

[3] 对于两种制度关系的分析,参见丁晓东:《互联网反不正当竞争的法理思考与制度重构——以合同性与财产性权益保护为中心》,载《法学杂志》2021年第2期;丁晓东:《新型数据财产的行为主义保护:基于财产权理论的分析》,载《法学杂志》2023年第2期。

计者一般都为大型企业所雇用或组织,已经具有收入、声誉等方面的激励。一般而言,人工智能产品的科技工作者除了希望获得相应的报酬外,其创作的动力主要在于人工智能系统本身通过生成作品而实现改进,而非获取终端作品的著作权。此外,法律可以对人工智能技术本身提供专利保护。[1] 在已有的多重激励下,再将人工智能自动生成作品的著作权赋予人工智能设计者,"几乎不会为其他程序员编写生成机器创作作品的程序创造额外的激励"[2] 对于用户和其他主体而言,这类赋权则可能带来负面激励。考虑到可能的侵权,用户将缺乏使用人工智能产品的动力,或者缺乏对公共领域的人工智能作品进行传播和利用的动力。

最后,赋予人工智能的所有者著作权也存在问题。支持这一方案的观点认为,人工智能所有者是人工智能的实际投资者与组织者,将其视为著作权人可以有效激励人工智能技术的发展,促进人工智能作品的生成。本章认为,这一方案可以适用于辅助性人工智能的场景,当人工智能所有者利用辅助性人工智能生成作品时,这一商业模式主要依赖于生成作品所产生的利润,此时对人工智能所有者进行赋权,可以有效激励投资。然而,对于本章所讨论的 ChatGPT、文心一言等人工智能而言,这类企业并不依赖通过作品的著作权收入获得的利润。[3] 在商业模式上,无论是美国的开放式人工智能(OpenAI)、谷歌、微软等企业,还是中国的百度、阿里等企业,其目标主要在于通过产品吸引流量和打造生态系统。当企业期望将流量变现时,这些企业也可以通过设置人工智能收费版本而实现该目的。此外,此类人工智能往往向海量用户开放,通过和用户互动而不断升级技术。如果人工智能所有者试图获得生成作品的著作权,那么用户将会更谨慎地使用这类人工智能,进而缺乏利用人工智能生成作品的动力。其结果将是人工智能作品的产出减少,人工智

---

[1] 参见杨利华:《人工智能生成物著作权问题探究》,载《现代法学》2021 年第 4 期。

[2] Robert Yu, *The Machine Author*: *What Level of Copyright Protection is Appropriate for Fully Independent Computer-Generated Works?*, 165 University of Pennsylvania Law Review 1264 (2017).

[3] 参见王迁:《再论人工智能生成的内容在著作权法中的定性》,载《政法论坛》2023 年第 4 期。

能产品的技术因为无法获得有效反馈而停滞不前。[1]

当然,法律可以利用反不正当竞争法对人工智能作品进行保护,或者在立法层面确立数据库特殊权利保护制度。从性质上看,人工智能作品的本质与数据并无不同,[2] 人工智能的本质就是一个大型协作的数据处理系统,通过用户在内的多方参与而实现对数据的有效收集、标注、训练、输出和改进。[3] 在这一过程中,对人工智能所有者所控制的数据进行整体性保护,可以避免人工智能产品的数据被其他企业整体性获取,为人工智能企业提供合理保护。具体而言,首先我国可以借助反不正当竞争法实现合理保护。目前,我国已经在数据竞争类案件中积累了较为丰富的经验,可以通过司法个案对大规模获取的人工智能产品数据进行保护。其次,我国也可以借鉴《与贸易有关的知识产权协议》和欧盟等部分国家所采取的数据库特殊权利保护制度。[4] 这一制度经常被视为特殊类型的知识产权制度,为数据库的整体或实质性部分提供保护,并且在投资要求和保护年限等方面具有一定要求。反不正当竞争法与数据库特殊权利保护制度可以为人工智能作品提供不同类型的保护,各有优劣。前者的优点是在我国有实证法的支撑,可以通过个案为人工

---

[1] 正因如此,国外很多人工智能企业都明确放弃了对生成作品的著作权,如 ChatGPT 的运营方 OpenAI 在用户协议中规定,"用户对使用 ChatGPT 时所输入的提示文字和输出的内容都享受完整的权利、所有权和利益",详见 https://openai.com/policies/。我国企业则相对更为保守,如在文心一言作画服务协议中,百度对人工智能生成作品主张拥有著作权,规定"百度在本服务中提供的内容(包括但不限于软件、技术、程序、代码、用户界面、网页、文字、图片、图像、音频、视频、图表、版面设计、商标、电子文档等)的知识产权(包括但不限于著作权、商标权、专利权和其他知识产权)属于百度所有,但相关权利人依照法律规定应享有权利的除外",详见百度网 2025 年 3 月 10 日,https://ai.baidu.com/ai-doc/NLP/ylahv0l89。

[2] 正如詹姆斯·格里梅尔曼所言,计算机科学最基本的见解之一是程序软件只是数据的另一种形式。这就是通用计算机成为可能的原因:我们可以像加载新数据一样简单地在它们上加载新程序。例如,Microsoft Word 就是一个程序,它可以由 1 和 0 组成的序列数字形式表示。这些比特是数据,可以从光盘上或通过下载来安装该数据。参见 James Grimmelmann, There's No Such Thing as a Computer-Authored Work-And It's a Good Thing, Too, 39 Columbia Journal of Law and the Arts 403(2016)。

[3] 参见陶乾:《论著作权法对人工智能生成成果的保护——作为邻接权的数据处理者权之证立》,载《法学》2018 年第 4 期;冯晓青、潘柏华:《人工智能"创作"认定及其财产权益保护研究——兼评"首例人工智能生成内容著作权侵权案"》,载《西北大学学报(哲学社会科学版)》2020 年第 2 期。

[4] See TRIPS Agreement, Article 10. 5; Directive 96/9/EC of the European Parliament and of the Council of 11 March 1996 on the legal protection of databases. 27 March 1996.

智能作品提供渐进性保护,但也存在规则适用不确定的难题;而数据库特殊权利保护制度的优点则是可以提供较为确定的法律规则,但其问题在于缺乏我国实证法支撑,而且其在域外的立法效果也一直面临争议。

(二)人工智能训练侵权责任的风险和约束

权利同时意味着责任,人工智能作品的版权化还需要考虑其潜在的侵权风险。目前,人工智能训练所使用的数据大多来自网络公开作品,这些作品中包含了大量版权作品。想要获得这些作品的授权,常常面临重重困难。例如,难以与部分版权作品的作者取得联系,部分版权作品作者不明,属于"孤儿作品"。[1] 有的著作权人可能采取钉子户策略,要求人工智能企业支付高对价;有的著作权人可能会采取事后追责策略,在人工智能公开其训练作品集后,基于未获得许可的作品提起赔偿诉讼。

对于利用著作权作品进行人工智能训练是否合法的问题,各国法律规定不一。例如,我国《著作权法》并未明确将机器阅读与文本训练视为合理使用,这引发了我国很多知识产权学者的批评或改革呼吁。[2] 我国国家互联网信息办公室发布的《生成式人工智能服务管理暂行办法》要求"尊重知识产权",[3] 但也未明确要求生成式人工智能企业必须获得著作权许可。美国著作权法强调保护创造性利用,[4] 为合理使用著作权作品提供了较大空间,但在"风格侵权"等问题上也存在变数。

在人工智能利用版权作品行为的合法性不确定的背景下,赋予人工智能企业著作权,将增加人工智能企业侵权的可能性。以美国著作权法

---

〔1〕 See Matthew Sag, *Orphan Works as Grist for the Data Mill*, 27 Berkeley Technology Law Journal 1503 (2012); Matthew Jockers, Matthew Sag & Jason Schultz, *Digital Archives: Don't Let Copyright Block Data Mining*, 490 Nature 29 (2012).

〔2〕 参见林秀芹:《人工智能时代著作权合理使用制度的重塑》,载《法学研究》2021年第6期;焦和平:《人工智能创作中数据获取与利用的著作权风险及化解路径》,载《当代法学》2022年第4期;万勇:《人工智能时代著作权法合理使用制度的困境与出路》,载《社会科学辑刊》2021年第5期;王文敏:《人工智能对著作权限制与例外规则的挑战与应对》,载《法律适用》2022年第11期。

〔3〕 参见《生成式人工智能服务管理暂行办法》第4条第3款。

〔4〕 See Pierre N. Leval, *Toward a Fair Use Standard*, 103 Harvard Law Review 1105 (1990).

中的四要素为例,要素一要求考虑"使用的目的和特点,包括是否具有商业性质或用于非营利教育目的"。[1] 如果人工智能企业对其作品主张著作权,则人工智能企业对版权作品的训练将更可能被认定为侵权。我国虽然没有在成文法中对四要素进行规定,但在相关司法实践中也将著作权利用的目的与特征纳入考虑范围。[2] 因此,维持人工智能作品的公共领域属性,即使单从人工智能企业规避风险的角度出发,也仍然是最佳选择。

如果未来的法律环境发生变化,使人工智能企业训练版权数据必须获得许可,则此时法律将可以赋予人工智能企业以著作权法上的相关权利。在这一情形下,人工智能利用著作权作品的成本将急剧增加。此时为人工智能企业提供著作权保护,可以为人工智能企业提供合理激励。对于中小型的人工智能企业来说,更是如此。这类企业比起大型企业更难搭建生态系统和通过其他手段获得收入,著作权保护可以帮助它们实现成本与收益的平衡。当然,在此类情形中,法律为人工智能企业提供的著作权保护未必与为人类作者提供的著作权保护完全一致。在后文中,本章将进一步指出,对著作权制度为人工智能发展所提供的激励应当可以进行解构与重构。法律为人工智能提供的著作权保护未必需要保持要么保护、要么不保护的二元结构。

四、独创性与作品人格的法理学反思

人工智能作品著作权不仅是一个法律解释或未来立法问题,更是一个关于著作权基本法理的问题。[3] 本部分从著作权的深层法理出发,分析著作权以独创性与自然人人格为基础的制度所面临的挑战。研究表明,即使在前人工智能时代,以创作者主观独创性和对人机二元的区分为基础的制度也无法完全成立,人工智能作品之所以引起不断关注,在于其更进一步凸显了这些基础性问题。

---

〔1〕 Copyright Act of 1976 (17 U.S.C. § 107).

〔2〕 See He Tianxiang, *Transplanting Fair Use in China? History, Impediments and the Future*, 2020 Journal of Technology Law & Policy 359 (2020).

〔3〕 参见李琛:《论人工智能的法学分析方法——以著作权为例》,载《知识产权》2019年第7期。

(一)著作权中的独创性标准问题

首先,人工智能作品凸显了著作权中的独创性标准问题。各国关于著作权独创性的实证法规则主要关注人类的主观创造性,以某一作品所体现的个体性作为标准。这种独创性虽然保护天才性的创作,但是也保护大量一般性甚至平庸的创作。在前文提到的伯罗·贾尔斯平版印刷公司诉沙乐尼案中,美国联邦最高法院就认定,虽然摄影照片借助于摄影技术才得以完成,但照片的形成离不开摄影师的构图与拍摄,因此具有独创性。其后,在布莱斯坦诉唐纳森平版印刷公司案中,针对被用作广告来宣传马戏团的三幅石版画(chromolithographs)是否可以构成独创性的问题,霍姆斯法官进一步指出,"人格总是包含一些独特的、不可简化的东西,只属于某个单独的个体",[1]即使是不具备独创性的广告海报,也可以受到著作权法的保护。

其次,与著作权制度对人类独创性的关注不同,人工智能与科技领域往往更为关注作品的客观创造性或历史创造性。[2] 人工智能专家与认知科学家玛格丽特·波登(Margaret Boden)指出,创造性可以分为心理创造性和历史创作性。心理创造性关注的中心是个体的主观心理与思维,只要其作品所体现的心理与思维能够体现其个体的独特性,就可以被视为具有心理创造性。而历史创造性指的是某一作品对于历史来说是新颖且具有价值的,其关注的是作品对于人类集体的客观价值。波登教授指出,在科学领域讨论创造性,人们往往指的是后者,至于个人的主观心理状态与个人特征,往往不被特别重视。[3] 布里迪教授进一步指出,心理创造性与历史创作性的二分刚好可以对应于著作权与专利对创造性与新颖性的要求。[4] 著作权的创造性仅仅关注某个思想在个人层面的新颖性,而专利法创造性的参考点则是现有技术的状态,若某项

---

〔1〕 Bleistein v. Donaldson Lithographing Co.,188 U.S. 239 (1903).

〔2〕 我国的很多知识产权学者也指出,法律应当更关注客观创作性。参见黄汇、黄杰:《人工智能生成物被视为作品保护的合理性》,载《江西社会科学》2019年第2期;谢琳、陈薇:《拟制作者规则下人工智能生成物的著作权困境解决》,载《法律适用》2019年第9期。

〔3〕 See Margaret Boden, *Computer Models of Creativity*, 30 AI Magazine 32 (2009).

〔4〕 See Annemarie Bridy, *Coding Creativity: Copyright and the Artificially Intelligent Author*, 2012 Stanford Technology Law Review 13 (2012).

专利仅仅对于个人来说具有新颖性，这不足以使其获得专利权保护。[1]

在传统社会，著作权理论关注心理创造性或人格创造性的倾向具有其合理性。仅仅关注主观意义而非客观意义上的新颖性，这可以使法官相对中立地对待所有作品，避免法官成为作品价值的裁决者。正如霍姆斯法官在判决书中所言："对于只受过法律培训的人来说……让自己成为插图价值的最终评判者，这将是一项危险的事业。"[2] 如果由法官来进行判断，可能导致某些先锋的天才作品无法得到著作权保护，也可能导致不受精英法官认可却受到大众认可的作品无法得到保护。相比专利技术，对著作权作品的判断标准更为主观，著作权关注心理创造性，可以避免由法官进行"审美裁判"的难题。

问题在于，随着技术的发展与创作的民主化，独创性标准的降低导致了大量无价值作品受到著作权法律的保护。在传统社会，能够获得出版和商用的作品往往非常少，因为传统社会的出版往往需要企业的投资与合作，只有少量作品可以进入市场流通，受到著作权保护的作者也仅限于少数群体。[3] 然而，在信息社会，每个人都可能成为作者，同时由于低标准的独创性，大量不具有历史创造性的作品受到了法律保护。如马克·莱姆尼（Mark Lemley）教授所言，创设著作权保护的独创性标准如此之低，"以至于一个人几乎不可能一天不创作多个受版权保护的作品。你必须完全远离电子邮件和社交媒体，避免自拍或视频，只写极短的短信，避免涂鸦"。[4] 莱姆尼教授是在美国法背景下做出的此类判断，我国和欧盟法律对于独创性的要求可能相对较高，但整体而言仍然存在类似问题。

人工智能作品更进一步凸显了传统著作权理论在独创性标准问题方面的困境。法律所保护的对象应有一定的价值，越有价值的财产，越

---

〔1〕 不过在专利法上，人工智能所进行的发明是否可以受到专利保护，同样也面临争议。2022年8月，美国巡回法院在一个案件中判决，美国专利法上的发明者必须是人类。在英国，此类技术则可能落入计算机生成作品的范畴。参见Reuters, UK Supreme Court Hears Landmark Patent Case Over AI "Inventor", https://www.usnews.com/news/technology/articles/2023-03-02/uk-supreme-court-hears-landmark-patent-case-over-ai-inventor, 2023年6月1日访问。

〔2〕 Bleistein v. Donaldson Lithographing Co., 188 U.S. 239 (1903), p.251.

〔3〕 See Mark Lemley, *IP in a World Without Scarcity*, 90 New York University Law Review 460 (2015).

〔4〕 Mark A. Lemley and Bryan Casey, *Fair Learning*, 99 Texas Law Review 743 (2021).

应受到法律保护。[1] 在大量无价值或低价值作品获得著作权保护的背景下,人工智能作品却可能因为缺乏主观独创性而无法获得保护,这种悖论凸显了著作权体系的内在紧张。[2]

(二)著作权中的人格与人机二分问题

人工智能作品也凸显了著作权中的人格或人性问题。传统著作权假设了人与机器的二分法,将人类视为具有自由意志和创造力的主体,将机器视为机械性、重复性的主体。[3] 这一人与机器的二元区分构成了传统著作权的基本假设。

事实上,即使在传统社会,人机二元区分的框架也并非绝对。[4] 人类的很多创作本身就具有随机性或机械性,并不是有意识构思和创作的产物。例如,纽约派的先锋艺术就以随机音乐(aleatory music)闻名,这个学派的一些艺术家崇尚东方的佛教与哲学,常常通过抛硬币的方式来进行谱曲,以实现佛教中"无我"的理念。甚至早在18世纪,莫扎特就根据掷骰子完成了一首名为"音乐骰子游戏"(Musikalisches Würfelspiel)的音乐,这首华尔兹的一部分是根据掷骰子而随机完成的。对于此类作品,著作权法常常予以保护。其理由是,创作者所设定的程序本身就具有独创性,创作者虽然借助了硬币或骰子进行随机创作,但这个过程本身是创作者设定的。[5] 此外,也有观点认为,这类作品的著作权没有竞争者,其他人不会希望拥有此类作品的著作权,公众也未必知晓作者的创作过程。[6]

"自动书写"(automatic writing)或"心理描述法"(psychography)是

---

[1] See F. Scott Kieff, *Property Rights and Property Rules for Commercializing Inventions*, 85 Minnesota Law Review 697(2001).

[2] 对主观独创性与客观独创性的分析,参见徐小奔:《论算法创作物的可版权性与著作权归属》,载《东方法学》2021年第3期。

[3] 就此而言,人工智能的自由意志与法律责任构成了一般性法理命题,参见朱振:《归责何以可能:人工智能时代的自由意志与法律责任》,载《比较法研究》2022年第1期。

[4] 关于人机关系,参见丁晓东:《论算法的法律规制》,载《中国社会科学》2020年第12期。

[5] See Dan L. Burk, *Method and Madness in Copyright Law*, 2007 Utah Law Review 587(2007).

[6] See Alan L. Durham, *Speaking of the World: Fact, Opinion and the Originality Standard of Copyright*, 33 Arizona State Law Journal 791(2001).

另一类具有"机械性"特征的创作。持有这种创作方法的创作者认为，其进行书写的灵感与渊源来自超自然的力量，个人在创造过程中没有起到任何作用。在历史上，这类案例也引起了不少争议。在某些案例中，尽管被告提出抗辩，认为作品源自神灵而非人类，法院还是驳回了这些意见。[1] 在个别案例中，法院甚至指出："著作权并没有明确要求作者必须是人类。"[2]

著作权历史中的上述案例说明，著作权理论中的人格或人性并不容易被辨识，人类创作与机器创作的区别未必泾渭分明。在很多情形中，人类的创作过程都具有随机性、机械性和无意识的特征，因此在某种程度上更接近于机器。正如人工智能先驱马文·明斯基(Marvin Minsky)所言："人类的大脑本身就是一台机器。"[3] 著作权理论假设了人与机器的本质性区别，将人类创作视为与机器具有本质性不同的过程。而人工智能的飞速发展恰巧对此二分法提出了挑战。这或许是人工智能作品引起如此多的关注的原因。随着人工智能技术特别是机器学习技术的发展，人工智能已经越来越远离机械性与预定性，相反，人类创造过程经常蕴含类似机器创造的特征。

五、著作权制度的拆解与功能性重构

面对著作权基础性问题日益凸显的现状，知识产权学界已经涌现了一批解构主义研究，这类研究可以帮助我们更深入理解著作权制度。然而，单纯的解构主义也无法有效应对真实世界的制度性挑战，著作权研究在借助解构主义理念的同时，需要对著作权制度进行重构。

(一)对"浪漫主义作者"概念的解构

在过去几十年里，著作权从历史的角度对"浪漫主义作者"(romantic author)概念进行了反思与批判。很多学者指出，现代著作权

---

〔1〕 See Oliver v. Saint Germain Found. , 41 F. Supp. 296, 299 (S. D. Cal. 1941); Garman v. Sterling Publ' g Co. , 1992 U. S. Dist. LEXIS 21932, at 7 (N. D. Cal. Nov. 5, 1992).

〔2〕 Urantia Foundation, 114 F. 3d at 958.

〔3〕 Pamela Mccorduck, *Machines Who Think: A Personal Inquiry into the History and Prospects of Artificial Intelligence*, A K Peters/CRC Press, 1979, p. 70.

制度将著作权的作者视为天才性、独创性的个体,这是一种历史的想象与建构。浪漫主义作者的想象不仅遮蔽了著作权的真实起源,而且影响了人们对现代知识产权制度的认知。玛莎·伍德曼西(Martha Woodmansee)在其经典研究中表明,在 18 世纪之前,笔者(writer)的概念与工匠(craftsman)的概念接近,笔者创作的产品类似于工匠所创造的产品,法律并不对其进行特殊保护。然而,经过浪漫主义运动,一种前所未有的"浪漫主义作者"的概念开始出现了,笔者的概念开始转变为从虚无(ex nihilo)中进行天才性创造的作者(author)概念。伍德曼西指出,这种概念体现的并非作者创造的实际情况,因为作者的创造必然无法离开其他作品,也无法离开社会与公共领域的智力贡献。[1] 马克·罗斯(Mark Rose)也指出,"原创天才的话语和……作者和作品的具体化所固有的问题"在今天仍然存在,它"掩盖了一个事实,即文化生产始终是一个挪用和转化的问题",[2] 而非天才作者的无中生有的创造。

其他学者则指出浪漫主义作者概念背后的相关权利斗争。例如,英国曾经将出版权赋予皇室特许经营的"出版商公司"(stationers company),该公司规定,非公司成员无权出版书籍,图书在出版之前必须获得公司许可。然而,在英国资产阶级革命的背景下,这一制度遭到了越来越多的反对。出版商意识到,其对出版权的垄断很难得到议会与公众的支持,于是出版商改变策略,支持以作者为中心的著作权,通过作者转让著作权而维持出版特权。[3] 法国的情形也具有类似性。在启蒙思潮的影响下,作者的创造性在法国被提到了前所未有的高度。但"最强烈地主张作者权利的不是作者,而是他们的出版商"。不少启蒙思想家担心,确立个人对作品的所有权会阻碍进步思想的传播,但出版商则期望通过作者的著作权实现对出版的控制。[4]

著作权的解构思潮深受文学和哲学解构主义的影响。1968 年,罗

---

[1] See Martha Woodmansee, *The Author, Art, and the Market: Rereading the History of Aesthetics*, Columbia University Press, 1994, p. 36 - 38.

[2] Mark Rose, *Authors and Owners: The Invention of Copyright*, Harvard University Press, 1993, p. 141.

[3] Rochelle Cooper Dreyfuss, *Collaborative Research: Conflicts on Authorship, Ownership, and Accountability*, 53 Vanderbilt Law Review 1214 (2000).

[4] See Jane C. Ginsburg, *A Tale of Two Copyrights: Literary Property in Revolutionary France and America*, 64 Tulane Law Review 1012 (1989).

兰·巴特发表了影响深远的《作者之死》。在该文中，罗兰·巴特解构了作者与作品的单一联系，强调应当将"作者"的概念替换为"编剧"，将文本从作者的概念中解放出来。在他看来，实际上，文本是类似海量数据处理的"一堆引文"，充满了"融合和冲突"（blend and clash），"没有哪个文本"是"独创的"。[1] 福柯的《谁是作者》进一步解构了浪漫主义的作者形象。在福柯看来，作者的功能在于其权力话语的功能，是"一种特定的功能原则，在我们的文中，人们通过它来限制、排斥和选择"。作者这一概念的出现是"思想、知识、文学、哲学和科学史上个体的特权时刻"。[2] 通过这种个性化，作者被纳入现代工业与资本体系下的财产社会秩序。

（二）对著作权制度模块的解构与重构

著作权理论对"浪漫主义作者"的批判主要指向对著作权的过度保护，并引发了学界对公共领域的重新思考。例如，詹姆斯·博伊尔（James Boyle）认为，浪漫主义的作者观"不仅仅在思考维持激励与效率、公共领域与私有权利之间的平衡时犯下一系列错误"，[3] 而且成为企业合法垄断信息的意识形态工具。莱西格（Lawrence Lessig）、本克勒（Yochai Benkler）、朗伊（David Lange）和卡普琴斯基（Amy Kapczynski）等学者也指出，浪漫主义作者的观念夸大了作者在创作中的独创性，忽略了公共领域的重要性。[4] 本章认同著作权理论对"浪漫主义作者"的反思与批判，但本章认为，这一批判应当为人工智能作品的法律保护提供新思考。尽管"浪漫主义作者"是一种历史建构，著作权制度的发展

---

[1] Roland Barthes, *The Death of the Author*, Routledge, 2010, p. 146.

[2] Michel Foucault, *What is an Author?*, in Donald Preziosi ed., *The Art of Art History: A Critical Anthology*, Oxford University Press, 2009, p. 321.

[3] James Boyle, *Shamans, Software, and Spleens: Law and the Construction of the Information Society*, Harvard University Press, 1996, p. 173.

[4] See Lawrence Lessig, *Free Culture: How Big Media Uses Technology and the Law to Lock Down Culture and Control Creativity*, The Penguin Press, 2004, p. 1 – 10; James Boyle, *The Second Enclosure Movement and the Construction of the Public Domain*, 66 Law & Contemporary Problems 33 (2004); Yochai Benkler, *Free as the Air to Common Use: First Amendment Constraints on Enclosure of the Public Domain*, 74 New York University Journal of International Law and Politics 364 – 386 (1999); David Lange, *Reimagining the Public Domain*, 66 Law & Contemporary Problems 470 (2003); Amy Kapczynski, *The Cost of Price: Why and How to Get Beyond Intellectual Property Internalism*, 59 UCLA Law Review 970 (2012).

史也充斥着权力斗争,但是这并不妨碍著作权制度对相关主体进行合理保护。这里更需要考虑的是,如何更好地利用和改造著作权制度。

著作权是李·芬内尔(Lee Fennell)所谓的模块化(modular)制度,具有整体性、不可分的特征。[1] 一项作品如果符合著作权保护的要件,就可以得到著作权保护;反之,如果一项作品不符合著作权保护的要件,这一作品就会落入公共领域,无法得到任何保护。这种全有或全无的制度设计有其合理之处。例如,从人格的角度看,这一制度可以保护作者的人格,特别是保护某些天才艺术家的人格。从社会运行的角度看,著作权制度可以为市场交易与社会协作提供有效的制度模块。相比更为精细的制度,著作权的排他性有利于减少社会的信息成本,促进著作权的市场交易。然而,模块化、整体性的著作权制度的正当性与优势并非绝对。[2] 从人格的角度看,上文对浪漫主义作者的反思表明,作者身份是一种历史的建构,其与作品并非一一对应的关系。从信息成本与社会协调的角度来看,当社会存在更为有效的信息机制时,多样化的制度模块就不会妨碍信息的有效识别与传递。[3] 在传统著作权之外提供更多样化的制度模块,可以为社会提供更为合理有效的制度供给。

已有的著作权制度已经提供了某些多样化的制度模块。例如,上文提到的 TRIPS 协议和欧盟法律制度中的数据库特殊权利保护规则,英国等英联邦国家和地区对计算机生成作品的保护规则,邻接权人对表演者的表演活动、录音录像制作者的录音录像、广播组织的广播信号以及出版者的版式设计所享有的专有权利,都与经典著作权制度存在区别。[4] 知识共享为创造者提供多种不同的著作权权利组合,避免全有或全无的著作权制度适用,这也可以被视为对制度模块的多样化拓展。然而,上述制度在更大程度上是作为例外规则存在的,缺乏法理学上的

---

[1] See Lee Fennell, *Slices and Lumps Division and Aggregation in Law and Life*, University of Chicago Press, 2019, p.17.

[2] See Henry E. Smith, *Property and Property Rules*, 79 New York University Law Review 1791–1794 (2004).

[3] 即使是模块化理论的大力倡导者史密斯教授,也指出著作权更接近于侵权法而非财产法。参见 Henry E. Smith, *Intellectual Property as Property: Delineating Entitlements in Information*, 116 Yale Law Journal 1742 (2007).

[4] 参见许明月、谭玲:《论人工智能创作物的邻接权保护——理论证成与制度安排》,载《比较法研究》2018 年第 6 期。

功能主义分析。学界仍需对著作权制度进行进一步解构与重构,需要在法理层面确定著作权不同制度的功能与作用,在此基础上对不同情形与不同作品适用不同的制度组合。

(三)人工智能的署名权利与义务

从功能主义视角出发,应当赋予人工智能以署名权。这一结论可能有些违背直觉,因为作者的署名权一般被认为是道德性权利或人身性权利,与作者的人格密切相关;而人工智能机器本身没有人格,赋予其署名权没有意义。然而,从功能分析的角度来看,署名却可以实现信息披露与信息传递,发挥重要的声誉激励功能。[1] 对于人工智能企业、设计者和参与者来说,人工智能生成作品如果可以署名或以某种方式登记,则相关主体都会在声誉机制上有所收获。对于人工智能作品的阅读者或欣赏者来说,署名或登记可以让阅读者、评价者更好地了解作品产生的渊源。例如,当学生利用人工智能进行辅助写作或绘画时,人工智能的署名可以帮助教师对其作品进行更为合理的评价。在对这类作品进行评价时,教师可以在一定程度上区分人工智能的贡献与学生自己的贡献。

不过,即使赋予人工智能署名权,这一权利的行使也仍然存在众多问题。首先,有的人工智能企业可能不愿意为其作品进行机器署名,为了获得人工智能生成作品的著作权,有的人工智能企业可能采取"不真实署名"的策略,将相关作品署名为人类作者,而不披露作品实际的创作者为机器。[2] 其次,有的人工智能企业可能索性放弃署名,以降低潜在的侵权风险。企业放弃署名无法减免其侵权责任,但可以降低被诉风险。对于"无主"作品,被侵权方可能置之不理,但如果作品署上了(常常是大型企业)名字,那么被侵权方提起诉讼的概率将会大大增加。最后,不同人工智能作品的署名也存在难题。例如,文字作品的署名可以被轻易抹去,用户只要对文字进行复制粘贴,就可以轻易地形成一篇非署名的相同文字作品;图片和视频的署名相对较难被去除,但直接在图

---

[1] See Christopher Jon Sprigman, Christopher Buccafusco & Zachary C. Burns, *What's a Name Worth? Experimental Tests of the Value of Attribution in Intellectual Property*, 93 Boston University Law Review 1 (2013).

[2] 对这一问题的探讨,参见姚志伟、沈燚:《人工智能创造物不真实署名的风险与规制》,载《西安交通大学学报(社会科学版)》2020年第1期。

片和视频上进行署名或标注,却可能降低图片和视频的质量与可重复利用性;音乐与声音作品中则很难添加可以为普通用户轻易辨识的署名。虽然音乐、图片和视频都可以在其文档格式中设置企业信息,但是这类信息不能被直观识别,很难直接发挥署名的信息识别功能。

基于上述复杂情形,本章认为,应该将人工智能的署名问题放置在市场信息机制与国家信息规制的视野下进行整体思考。目前,很多国家和地区都引入了基于风险的人工智能信息规制机制。例如,欧盟《人工智能法》草案对不同等级风险的人工智能采取不同规制方案,我国也对某些具有较高公共风险的人工智能进行了单独规制。对于人工智能的署名问题,我们也应坚持这一进路。一方面,对于具有较低公共风险的人工智能作品,应当允许企业自愿选择是否署名与署名方式,企业既可以放弃署名,也可以通过在图片和视频上采取显著标识,或者在相关文档格式中设置企业信息的方式署名。[1] 作为一种信息工具与激励机制,人工智能企业可以根据其技术特征和商业模式采取最有利的署名方式。另一方面,对于具有较高公共风险的人工智能作品,则应该要求人工智能强制署名或强制披露。在此类情形中,署名就不再是一个著作权或私法上的激励问题,而成为可能引起公共安全的风险问题。2022年,国家互联网信息办公室、工业和信息化部、公安部联合发布的《互联网信息服务深度合成管理规定》规定:"深度合成服务提供者对使用其服务生成或者编辑的信息内容,应当采取技术措施添加不影响用户使用的标识,并依照法律、行政法规和国家有关规定保存日志信息。"2023年,国家互联网信息办公室等七部门发布的《生成式人工智能服务管理暂行办法》第12条也再次强调:生成式人工智能"提供者应当按照《互联网信息服务深度合成管理规定》对图片、视频等生成内容进行标识"。这两部规范性文件的相关规定也说明,从功能主义的角度思考署名问题,可以发现这一传统著作权中的制度模块具有更为多样的作用与意义。

六、结语:版权权利的人机关系之维

人工智能作品之所以引起知识产权与法理学学者的持续性关注,是

---

[1] 人工智能作品著作权的协议优先立场,参见张吉豫:《论人工智能生成内容在著作权法中的界定》,载《月旦财经法杂志》2018年第42期。

因为人工智能作品颠倒了传统著作权法的基本假设。在传统著作权法中,作者是具有自由意志、独创性和独特人格的自然人,[1]而机器则代表了预定规则、机械性和非人格性。在传统社会,以此原型形成的著作权制度实现了自然权利理论与功利主义理论的高度融合。赋予作品具有独创性的作者著作权,既能保护作者人格,又可以合理激励创造。然而,正如我们在著作权的发展历程中所看到的,这一原型即使在传统工商社会也遭遇了挑战。例如,雇用作品与法人著作权的出现,就更多地反映了功利主义理论对著作权的影响。人工智能作为一种涌现性作品(emergent works),[2]进一步颠倒了传统著作权理论的原型假设:机器作品在外观上更接近人类作品;而很多受到著作权保护的作品反而更像是机器作品或随机性作品。[3]

面对适用对象的变化,本章先从传统著作权法的解释论与应然论层面对这一问题进行分析,借助各国法律规定与著作权基本理论,本章主张避免赋予开放交互式的人工智能著作权,采用数据库特殊权利保护与反不正当竞争法对人工智能作品进行整体保护。一方面,如果把著作权视为一种制度工具,那么传统著作权也完全可以解决人工智能作品问题,就像农业社会与工业社会的器械经过合理改造,也可以解决信息与数字社会的问题。即使在数字社会,传统的制度工具仍有其大量可以适用的空间和功能。另一方面,作为制度工具的法律应当更具有针对性,并且针对现实问题及时转型升级。面对人工智能作品带来的问题,更为深层的法理分析应当深入著作权制度的内部,对著作权进行更具颗粒度的(granular)制度功能分析。通过对著作权同时进行解构与重构,不仅人工智能作品的著作权问题可以被更好地解决,而且传统著作权中的疑难问题也可以得到更为有效精准的答案。在这个意义上,人工智能作品的著作权问题不仅是人工智能时代的问题,也同样是农业时代、工业时代和网络信息时代的问题。

---

[1] See Jane Ginsburg, *The Concept of Authorship in Comparative Law*, 52 DePaul Law Review 1063, (2003).

[2] See Bruce E. Boyden, *Emergent Works*, 39 Columbia Journal of Law & the Arts 377 (2016).

[3] 参见曹新明、杨绪东:《人工智能生成物著作权伦理探究》,载《知识产权》2019年第1期。

结语　在多维部门法制度中理解权利

　　数字时代的权利问题是老问题与新问题的叠加。老问题指的是权利理论的基础性问题，比如权利的正当性基础、权利泛化的挑战、不同权利的功能、权利行使的边界与限制。而新问题则是数字时代的科技变化与法律变化带来的权利理论问题。本书所分析的个人信息权利、数据相关权利、人工智能相关权利，无疑既涉及权利理论的基础性问题或老问题，也涉及这些新型权利或新兴权利所面临的新问题。

　　无论是老问题还是新问题，对权利的探讨都必须结合部门法制度进行讨论。离开部门法制度或不当结合部门法制度，抽象性地谈论某种权利是否可以成立、其权利边界与限制应当如何界定，这些对权利的探讨就可能失去支撑，甚至可能出现误读。以本书第一编讨论的个人信息权利为例，我国学界初期对个人信息权利的研究主要在侵权法视野下进行讨论，探讨个人信息应当作为一种权利还是权益。从路径依赖的角度看，可以理解这种视角，因为传统隐私权就依赖侵权法保护，而且隐私权的发端就源于对其是否可以成为一种权利的讨论。但随着讨论的深入，学界逐渐意识到，个人信息保护是一种权利还是权益并不那么重要。事实上，《个人信息保护法》同时使用"个人信息权益"和"个人在个人信息处理活动中的权利"的表述。更为关键的问题是，保护个人信息权利的制度主要不是传统侵权法。甚至可以说，个人信息保护制度之所以诞生，就是因为大规模微型侵权对传统侵权法的挑战。在此基础上，学界逐渐达成共识：理解个人信息权利，应当不局限于侵权法的制度框架，在合理的部门法制度视野下进行讨论。

　　本书对于其他权利的讨论也被放置在部门法制度的视野下。本书第二编讨论的数据新型财产权结合了财产法特别是知识产权法的部门法制度，并在知识产权制度下更近一步结合专利权、著作权、商业秘密、特殊类型数据库权利、公共领域等制度进行讨论。对数据来源者权和数据公平利用权则结合了宪法行政法、民商法、知识产权、消费者保护法、竞争法、个人信息保护法等不同部门法制度进行探讨。本书第三编对人工智能数据训练中的数据权利结合了宪法、行政法、个人信息保护法、知识产权法等部门法进行分析。对算法解释权结合了个人信息保护法、消费者保护法、宪法基本权利等部门法进行探讨。对人工智能作品的版权结合了著作权法、反不正当竞争法等部门法进行研究。

不过需要指出，本书所谓的部门法制度是多维、功能性的。任何部门法都是历史的建构，都会随着问题的变化而不断增加其观察维度、调整其制度功能。通常，传统部门法首先围绕一些典型场景建构其典型制度，例如，财产法所想象的不动产的排他性保护，合同法所想象的小资产者进行理性谈判的场景，侵权法所想象的一对一的过错侵权。随着社会的发展，部门法不断拓展非典型场景和调整其典型制度。例如，当财产权制度适用于知识产权，其制度就需要大幅限制权利保护、大幅扩张合理使用。当合同法制度适用于消费者权利、劳动者权利、个人信息权利，其制度就需要进行倾斜性保护、引入公法规制。当侵权法制度适用于产品责任侵权、个人信息侵权等场景，其制度就需要调整为侧重合理预防与公共治理。

在数字时代，对权利的分析更应在多维部门法制度框架中进行理解，因为数字时代的权利所面对的问题常常突破传统部门法的典型场景。以本书分析的典型个人信息权利为例，个人信息保护法是为了调整人机关系或信息处理关系而被创设，这种典型场景与传统私法或传统公法都有较大区别。因此个人信息权利应被视为实现数据合作治理的非绝对性、工具性、程序性权利。数据新型财产权、数据来源者权利、数据公平利用权是在数据价值凸显与数据治理背景下所提出的权利，其所应对的关系与传统动产或不动产都有较大区别，因此这些权利应被视为实现数据治理的非排他性、沟通性、行为规范性权利。在人工智能训练的典型场景中，数据权利面临的挑战是大规模微型权益的汇聚问题，因此各方的数据权利应当注重实现数据的公共性，同时创新对各方主体的权益保护。在人工智能算法自动化决策中，算法解释权面临的典型场景是人工智能决策的黑箱性与一般透明性原则的失效，算法解释权应当注重促进对自动化决策的信任，而非为了实现一般意义上的个体知情权。在人工智能作品的著作权保护中，著作权所面临的问题是人机关系的颠倒，即机器比人更具有客观创造性。因此人工智能作品的著作权应当突破浪漫主义作者观的传统想象，在人机关系重构的背景下对著作权进行制度拆解与重新组合。

突破单维部门法的制度想象并非易事。一旦人们建立了对某一制度的想象，这种想象就会支配我们，将我们的想象困在较为低维的空间里。而且低维的制度想象由于其适用成本较低，往往会在思想市场中占据优势地位。这种情形颇似刘慈欣在其《三体》中所描绘的"降维打击"：具有二维特征的"二向箔"可以将所有三维的空间降维坍塌为绝对平面。面对来自二维世界的打击，三维世界反而不具备竞争优势。不过对于法学研究而言，学术研究的目标正在于知识的解放，摆脱二维或低维空间对我们想象的束缚。本书对于数字时代权利理论的探讨，正是希望重新激活权利的多维部门法视角，实现知识的升维与制度的转型升级。